Saggistica 39

Ricostruire

I LUOGHI DI MEMORIA NELLE AMERICHE

Ricostruire

I LUOGHI DI MEMORIA NELLE AMERICHE

A cura di Guido Baggio, Michela Bella e Angela Di Matteo

BORDIGHERA PRESS

Library of Congress Control Number: 2022918021

Published by
BORDIGHERA PRESS
John D. Calandra Italian American Institute
25 W. 43rd Street, 17th Floor
New York, NY 10036

Saggistica 39
ISBN 978-1-59954-203-4

Indice

Introduzione

Guido Baggio, Michela Bella e Angela Di Matteo

Nel parlare di "luoghi della memoria" il primo riferimento è spesso a siti di interesse storico legati ad avvenimenti di carattere bellico. Tuttavia l'espressione "luoghi di memoria" racchiude nella sua matrice semantica una valenza assai più articolata. Un luogo di memoria può essere inteso come una unità significativa, tanto di ordine materiale che ideale, che la volontà degli esseri umani o il lavoro del tempo hanno reso elemento simbolico di una qualche comunità.

Vi sono "luoghi di memoria" che non fanno primariamente riferimento a spazi fisici ma a luoghi simbolici e che come tali hanno contribuito a formare la cultura di una comunità nonché, evidentemente, a condizionarne sia la narrazione della propria identità che il successivo corso degli eventi. Basti pensare alla vasta letteratura sulla memoria, sui miti e sui riti. E ancora, ai *topoi* letterari, vale a dire a quelle unità consolidata di significato che ricostruiscono nella loro persistenza una traccia linguistico-semantica che alimenta una memoria culturale. O, in ambito filosofico, si pensi alla questione della documentalità virtuale: i documenti, in quanto atti sociali iscritti su un supporto virtuale, determinano infatti luoghi di memoria, con tutta la problematicità che ciò può comportare riguardo alla loro conservazione, eliminazione o sovrascrittura e al ruolo che possono ricoprire nei processi di ricostruzione storico-culturali.

D'altro canto, parlare di luoghi di memoria consente anche di considerare la ridefinizione degli spazi fisici e di possibili spazi simbolici che nel processo storico plasmano gli ambienti urbani e con essi gli spazi dell'immaginario collettivo. Di questi ulteriori *topoi* si interessa un vasto e composito orizzonte disciplinare in grado di offrire differenti esemplificazioni dei possibili intrecci tra questi elementi. Basti pensare, anche qui, alle molte questioni connesse ai processi di ricostruzione del paesaggio urbano come luogo di memoria e di continuo mutamento: un luogo profondamente attraversato da dinamiche di riconoscimento, risemantizzazione e riappropriazione. Varie sono quindi le declinazioni e sfumature che segnano le possibili direzioni di ricerca sul tema nonché i potenziali sviluppi.

I saggi raccolti in questo volume, *Ricostruire. I luoghi di memoria nelle Americhe*, sviluppano il tema della memoria e dei suoi luoghi da una prospettiva multidisciplinare intervenendo nel dibattito contemporaneo grazie a una varietà metodologica che, dall'architettura, alla letteratura, la storia, la filosofia, le arti visuali, rivela una varietà prospettica che, anche arricchita dall'attenzione ad aspetti sociologici e antropologici, mette in luce le possibilità di recupero così come di riscrittura della memoria.

Il contributo di Chiara Vangelista, *AREIA, luogo di memoria delle migrazioni tra Europa e America (sec. XX-XXI)*, presenta un *excursus* sulla nascita e gli obiettivi di studio di AREIA, l'audio-archivio delle migrazioni tra Europa e America da lei fondato nel 2006. Sebbene non costituisca un luogo *della* memoria, in quanto custode di *corpora* documentali che riuniscono testimonianze orali precedentemente raccolte in singoli archivi da ricercatori e ricercatrici di storia delle migrazioni, per Vangelista AREIA si configura però come un luogo istituzionale, fisico e virtuale *di* memoria, dove poter ascoltare il passato per ricostruire nuovi significati nel presente.

Nanetto Pipetta: immagine e testo nella costruzione dell'epopea migratoria italiana nel sud del Brasile di Luis Fernando Beneduzi offre una lettura di *Vita e stória de Nanetto Pipetta. Nassuo in Italia e Vegnudo in Mérica per catare la cuccagna* di Aquiles Bernardi (Fra' Paulino da Caxias). Tra le prime narrazioni sul fenomeno migratorio italiano nel Rio Grande do Sul, l'opera accoglie i luoghi della memoria della letteratura di viaggio nelle Americhe, dalle difficoltà della traversata atlantica alla meraviglia della scoperta, attraverso una prospettiva cattolico-edificante che sovverte la tradizionale narrazione del migrante italiano grazie al racconto delle prodezze e soprattutto dei fallimenti dell'anti-eroe Nanetto Pipetta.

A partire dall'attuale commemorazione del quinto centenario del primo viaggio intorno al mondo della spedizione Magellano-Elcano (1519-1522), in *Las huellas de América en Sevilla, del siglo XVI al XXI: un recorrido actualizado en el quinto centenario de la primera vuelta al mundo* Eduardo del Campo ripercorre un itinerario delle tracce americane a Siviglia per evidenziare come la città spagnola accolga oggi una visione luminosa e mitologica del passato coloniale che priva la popolazione di quello sguardo critico su una città un tempo al centro delle spedizioni marittime di conquista.

La statua di Francisco Pizarro e il dibattito - mancato - sull'identità nazionale peruviana di Luigi Guarnieri Calò Carducci riflette sul mancato dibattito che si sarebbe potuto creare intorno alla ricontestualizzazione storico-artistica della statua equestre di Francisco Pizarro nello spazio urbano di Lima. Collocato in una zona ormai marginale della capitale, il monumento è stato nel tempo oggetto di diverse polemiche che però non ha dato vita a una più attenta rilettura del passato che sapesse creare, nell'orizzonte della memoria pubblica, una maggiore consapevolezza dei fenomeni costituitivi dell'identità nazionale.

Mario Cerasoli e Chiara Amato propongono, nel loro saggio *Memoria e Cubanidad, tra passato e futuro. Il progetto* Oriental Cuba Small Historical Centres, un viaggio affascinante nell'architettura cubana tra luoghi di memoria culturale, con varie stratificazioni storiche che vanno dall'eredità coloniale all'indipendenza con uno sguardo rivolto al futuro. Gli autori spiegano e descrivono il progetto di recupero della memoria urbana, architettonica e culturale dei piccoli centri patrimoniali delle province orientali cubane quale opportunità per ricostruire una cultura di integrazione e poliedricità.

La cerimonia di inaugurazione dell'edificio neoclassico "Marble Palace" nel 1917, subito dopo l'entrata in guerra degli Stati Uniti, è al centro dell'analisi storica di Daniela Rossini, *Un monumento all'azione umanitaria nelle guerre: il "Marble Palace" della Croce Rossa Americana a Washington DC (1917).* Un edificio che, oltre a celebrare la funzione delle donne nella guerra di secessione e svolgere rilevanti funzioni logistiche nel presente conflitto, anticipava nell'interpretazione dell'autrice il ruolo che l'attività filantropica stava assumendo nella società statunitense e le potenzialità materiali e ideologiche di questa nuova percezione culturale di sé.

Nel testo di Stefano Franceschini, *An Imprisoning Site of Passage: Symbolic and Physical Topography in Ambrose Bierce's "An Occurrence at Owl Creek Bridge*", i ricordi legati alla Guerra Civile, vissuta dallo stesso Bierce, vengono rintracciati nell'immaginario inquietante del suo racconto. Il rapporto tra narrazione, paesaggio onirico ed esperienza vissuta si saldano, nell'interpretazione dell'autore, nella figura del narratore punto di transizione tra le molteplici interpretazioni del racconto.

Giuliano Santangeli Valenzani, nel suo *The Hidden Traveler Becomes Visible: Il turismo afroamericano e la riconquista del paesaggio della Memoria nel Sud degli Stati Uniti (1968-1983)*, analizza alcuni aspetti significativi del tentativo, da parte del turismo culturale afroamericano di massa, di ribaltare la memoria collettiva e di riappropriarsi simbolicamente di alcuni siti storici e turistici delle regioni del sud degli Stati Uniti originariamente appartenenti alla tradizione bianca sudista. Tale tentativo, intrapreso tra la fine degli anni Sessanta e gli anni Settanta, ovvero durante la prima fase del turismo afroamericano, testimonia, di fatto, una riscrittura della narrazione e quindi della memoria da siti bianco-centrici a siti di *black heritage*.

L'attenzione di Cinzia Schiavini è rivolta al tentativo del teatro contemporaneo di *Mettere in scena la memoria dell'11 Settembre nel teatro arabo-americano*. In risposta agli attacchi terroristici e alle conseguenti ripercussioni in termini di discriminazioni subite da questo gruppo etnico, la scena teatrale newyorkese è divenuta il punto di partenza per la creazione di forme e spazi di luoghi/corpi di memoria in grado di contrastare una ricostruzione egemonica e profondamente divisiva dell'evento.

Il rapporto tra luoghi di memoria e attualità si rintraccia anche nel contributo di Angela Di Matteo, *De Buenos Aires a la Ciudad de México: reconstruir la memoria pública desde una perspectiva de género*, che prende in esame due casi di studio, l'installazione *Ser mujeres en la ESMA* di Buenos Aires e i graffiti lasciati sui monumenti di Città del Messico dopo l'emblematica manifestazione femminista del 16 agosto 2019. A partire dallo spazio normativo dello Stato, tanto nel contesto argentino quanto in quello messicano, l'analisi proposta indaga l'azione performativa del linguaggio sull'orizzonte sociale e culturale della contemporaneità per rileggere la memoria pubblica in prospettiva di genere.

Nel suo contributo *Re-immaginare la città come poesia: Paterson di Jim Jarmusch,* Sabrina Vellucci indaga l'operazione di adattamento da parte di Jim Jarmusch del poema epico *Paterson* di William Carlos Williams in narrazione cinematografica. L'autrice mostra come l'opera di Jarmusch, che riprende uno dei motivi ricorrenti nei suoi film, ovvero il nesso tra città e poesia, si ponga in continuità dialettica con l'opera di Williams attraverso una riscrittura che, affidandosi a elementi votati a rappresentare un'implicita opposizione all'egemonia globale della spettacolarizzazione, riflette il continuo processo di costruzione della memoria di una città.

In *Citizen: Building Collective Memory,* Livia Bellardini mette a fuoco l'analisi di Claudia Rankine sulla lirica sia per rilevare gli aspetti critici legati alla tradizione di questo genere letterario sia per interpretare la ricerca di Rankine di nuove forme liriche come un tentativo dell'autrice di ricreare storie e memorie individuali e collettive scevre da pregiudizi storici.

In *"Wraiths of Memories . . ." Henry Beston's Cape Cod in/and the American Tradition,* Stefano Maria Casella ripercorre alcuni passaggi di *The Outermost House* in cui Henry Beston descrive la sua "riscoperta" di Cape Cod, un luogo fondamentale e fondante della storia e della memoria statunitense nelle sue molteplici stratificazioni. Come nota l'autore, *The Outermost House* ripropone e rivive alcuni dei *topoi* più rilevanti e radicati della letteratura anticipando allo stesso tempo alcune tendenze letterarie e critiche e alcuni sviluppi etici, filosofici e spirituali che hanno caratterizzato la seconda metà del Novecento, dal superamento del tradizionale antropocentrismo verso una prospettiva biocentrica e post-umana, all'ambientalismo e alla sostenibilità.

Nella prospettiva in cui le narrazioni dedicate esplicitamente ad altri scrittori, siano questi contemporanei o del passato, raccolgono e definiscono una determinata tradizione letteraria, Enrico Mariani interpreta, nel suo lavoro *Discussing the Canon with John Fante and Carlos Bulosan: Immigrant Narratives as Sites of Memory,* la pratica di John Fante e Carlos Bulosan di inserire nelle loro narrative autobiografiche riferimenti a modelli letterari come una necessità sentita da entrambi di inserirsi nel canone letterario dominante al fine di legittimare la propria posizione intellettuale e sociale e contribuire alla costruzione di un nuovo canone globale.

Offrendo un nuovo sguardo sull'archivio autobiografico, quale luogo di memoria letteraria, in *Cinco escritores chilenos sobre cinco escritores chilenos. Formas de reivindicación de una historia larga desde la literatura*, Felipe Joannon analizza un *corpus* di biografie di scrittrici e scrittori cileni scritte da scrittrici e scrittori cileni durante il secondo decennio del XXI secolo per indagare come il racconto finzionalizzato della vita reale di alcune figure del passato, che accoglie al suo interno forme ibride non sempre vincolate alla tradizione precedente, sia portatore di una memoria storica in contrapposizione alla narrazione anti-storica del modello neoliberale.

La dimensione emergente *della memoria nell'atto fotografico di Berenice Abbott e Tina Modotti* di Laura Rossi considera la memoria come dimensione *emergente* dell'atto fotografico. La pratica fotografica di Berenice Abbott e Tina Modotti viene vista dall'autrice come azione in grado di costruire non un archivio materiale quanto, soprattutto, un corredo visuale di memorie collettive tra Messico e Stati Uniti nella decade tra il 1926 e il 1936. In particolare, per l'analisi dei lavori di Abbott e Modotti l'autrice si serve del concetto di *emergenza* teorizzato da George Herbert Mead all'interno della sua filosofia dell'atto sociale.

Due luoghi geografici e simbolici della cultura statunitense e la loro carica mitica sono investigati nel lavoro di Vito Zagarrio, *Archeologia simbolica della memoria filmica. La Monument Valley e il Lincoln Memorial.* Si tratta di luoghi geograficamente distanti ma culturalmente vicini che, a partire dalla riflessione sul fenomeno del "cineturismo", divengono nell'interpretazione dell'autore "metafore di una civiltà e allo stesso tempo metonimie di uno dei mezzi simbolici di rappresentazione di quella civiltà: il cinema."

Conclude questo viaggio nei luoghi di memoria nelle Americhe la riflessione di Anthony Tamburri sulla questione razziale negli Stati Uniti. Prendendo a riferimento il movimento Black Lives Matter, Tamburri analizza la ricezione da parte di alcuni italoamericani di tale movimento e di altre proteste avvenute in reazione all'omicidio di George Floyd. L'autore nota come le reazioni negative di alcuni rappresentanti della popolazione italoamericana a questi avvenimenti evidenzino da un lato una loro ignoranza rispetto alla storia degli Stati Uniti e dell'immigrazione italiana, dall'altro una mancanza di empatia nei confronti della sofferenza degli afroamericani. Una maggiore consapevolezza della propria storia da parte degli italoamericani probabilmente permetterebbe, ritiene Tamburri, una maggiore sensibilizzazione alla sofferenza patita da altri gruppi etnici.

AREIA, luogo di memoria delle migrazioni tra Europa e America (sec. XX-XXI)

Chiara Vangelista
Università degli Studi di Genova

Abstract: Nella prima parte di questo intervento vengono presentate la nascita, la storia e l'organizzazione di Areia, l'Audio-Archivio delle migrazioni tra Europa e America, fondato a Genova nel 2006, nonché le ragioni della decisione di organizzare un fondo documentale di testimonianze orali e scritte sui temi delle migrazioni storiche e attuali. Nella seconda parte sono proposte alcune riflessioni sull'archivio Areia come luogo multiforme di memoria: per i testimoni, gli studiosi e gli studenti, pur all'interno delle precise regole dettate dalla deontologia professionale dei ricercatori e dei responsabili dell'archivio.

Ringrazio per l'invito il Comitato Scientifico del CRISA e in modo particolare Camilla Cattarulla, che mi ha proposto di riflettere su AREIA come un luogo virtuale di memoria delle migrazioni tra Europa e America.

Non ho mai considerato AREIA un luogo *della* memoria, ma è un buon esercizio riflettere su AREIA come luogo *di* memoria. AREIA è il nome che è stato dato all'Audio-archivio delle migrazioni tra Europa e America, che ho fondato a Genova il 27 aprile 2006. Avevo invitato un piccolo gruppo di giovani ricercatori, che ora sono donne e uomini maturi, ognuno con la sua professione, e che allora avevano accolto con entusiasmo il progetto di depositare in un unico luogo i loro archivi personali, costituiti dalle registrazioni e dalle trascrizioni delle interviste che stavano effettuando nell'ambito di ricerche di storia delle migrazioni tra America ed Europa. In quell'occasione vi fu la proposta di fondare anche un'associazione che sostenesse l'archivio: un impegno importante, forse più di quanto i proponenti immaginassero, che per poco più di un decennio diede buoni risultati e contribuì a dare visibilità internazionale ad alcuni dei ricercatori là riuniti, che erano ai primi passi della carriera.

La decisione di creare un archivio non nacque dal nulla, ma dall'esperienza maturata nei lavori sviluppati all'interno del *Laboratorio Fonti e Metodi per lo studio dei processi migratori*, che avevo avviato a Torino alcuni anni prima, presso il mio allora dipartimento di afferenza e che, in base agli interessi dei numerosi partecipanti, in quei primi anni di attività si era concentrato sulla pratica della storia orale nell'ambito degli studi migratori.

Un breve cenno sul nome: perché AREIA, una parola che in portoghese significa sabbia? Il racconto della genesi del nome occuperebbe uno spazio eccessivo in questo mio intervento, portandomi fuori dal tema centrale. Mi limito a ricordare che, cercando un acronimo non banale o impronunciabile e lavorando per sottrazione, mi sono imbattuta in un acrostico suggestivo, il quale, come spesso accade, è il risultato di un adattamento, persino una mediazione, con il contesto di riferimento. Nel caso specifico, il contesto fu l'ufficio marchi e brevetti, che negò l'adozione di altri acrostici altrettanto interessanti, perché già registrati e dunque esclusivi. D'altra parte, *areia* — sabbia — era una parola evocativa, così come l'immagine che sta alla base del logo dell'archivio: i semi di tarassaco che, sospinti dal vento, si allontanano dal luogo di origine sino a posarsi e a germogliare in un terreno nuovo.

È necessario premettere che AREIA-Audio-archivio delle migrazioni tra Europa e America, non è un archivio: vale a dire AREIA, al pari di molti enti o istituzioni che negli ultimi decenni si sono auto-definiti archivi, è una raccolta di documenti di varia provenienza, che non è stata prodotta direttamente da AREIA, né da un'unica istituzione, né da un insieme coerente di istituzioni. In altre parole, AREIA non ha mai prodotto in prima persona, né commissionato, interviste a migranti tra Europa e America. AREIA è invece un luogo istituzionale, fisico e virtuale nel quale vengono custoditi *corpora* documentali costituiti da testimonianze orali relative alla storia delle migrazioni, prodotte all'interno di ricerche originali e autonome, concepite e sviluppate da storici e storiche latino-americanisti e svolte in America e in Europa, quasi sempre in entrambi i continenti. I fondi documentali di AREIA — audio e cartacei — sono suddivisi in cinque sezioni tematiche: le migrazioni dall'Europa all'America (dove Europa ha un significato geografico allargato, comprendendo anche la Russia e il Vicino Oriente); seconda sezione, le migrazioni dall'America Latina all'Europa; terza sezione, le migrazioni interne latino-americane; quarta sezione, le migrazioni tra America Latina e America del Nord. Infine, è presente una sezione denominata Miscellanea, nella quale sono custodite singole interviste, per lo più svolte da studenti, oppure prodotte nell'ambito di attività didattiche concernenti le migrazioni.

Dunque, AREIA non è un archivio, ma la somma di singoli archivi di ricercatrici e di ricercatori. Non è stato concepito come luogo *della* memoria; esso è un fondo comune di ricercatori di professione, prevalentemente storici, ma anche linguisti e sociologi. Faccio alcuni esempi di fondi prodotti da ricerche non storiche: Gigliola Maggio, italianista professoressa all'Università di São Paulo, ha regalato ad AREIA più di un centinaio di interviste fatte all'interno dello Stato di São Paulo a discendenti di italiani, allo scopo di analizzare la lingua degli emigranti nel corso delle generazioni; altro fondo importante è quello di Luca Fanelli, che ha svolto decine di colloqui registrati all'interno di un insediamento storico dei Sem Terra, partecipi dei grandi flussi migratori all'interno del Brasile. Stefania Pastorelli ha donato tutto il suo materiale, formato da decine di interviste alle donne fondatrici di una *barriada* storica di Lima. Ancora un esempio: la sessualità tra gli adolescenti ecuadoriani immigrati a Genova, ricerca condotta da Chiara Pagnotta e Francesca Lagomarsino[1].

In sostanza, AREIA è la somma di singoli archivi, prodotti da

---

1   Le ricerche che hanno prodotto le interviste conservate in AREIA sono sfociate in molti scritti scientifici. Anche tralasciando le tesi di laurea, magistrali e dottorali, la lista delle pubblicazioni sarebbe troppo lunga. Mi limito quindi a citare soltanto le monografie pubblicate nei primi anni del *Laboratorio Fonti e Metodi* e di AREIA: Beneduzi 2011; Fanelli 2002; Pagnotta 2010 e 2014; Pastorelli 2006; Vangelista 1999 e 2014.

ricerche con specifiche finalità e metodologie. Metodologie che sono state discusse e affinate all'interno del *Laboratorio fonti e metodi per lo studio dei processi migratori*, che ho citato precedentemente. Infatti, i componenti di quel laboratorio hanno contribuito a stilare le linee guida dell'Archivio AREIA. Esse avevano due scopi fondamentali: garantire ai testimoni la riservatezza, anche quando loro stessi non la ritenevano necessaria e, nello stesso tempo, proteggere i ricercatori dai plagi e da altri usi impropri delle fonti orali che essi stessi avevano prodotto. La messa a punto di tali regole ha costituito anche un'occasione importante di riflessione sulle procedure da seguire nella pratica dell'intervista, che sono palesi nelle tre schede prodotte dall'archivio: la scheda del catalogo generale, che contiene informazioni dettagliate sul testimone (il cui nome è qui fittizio, scelto dal testimone stesso o dalla ricercatrice), sul suo itinerario migratorio, lo svolgimento dell'intervista (data, luogo, ambiente, durata) e sulla forma — audio, o cartacea, o entrambe — nella quale l'intervista viene depositata in archivio. La scheda del catalogo contiene inoltre le disposizioni dell'autore dell'intervista relativamente all'uso della fonte stessa e, aspetto importante, sulla data dalla quale l'intervista potrà essere consultata dal pubblico dell'archivio, che comunque non è un pubblico generalista.

Il secondo schedario raccoglie le liberatorie dei testimoni, mentre il terzo è il cosiddetto schedario segreto, non consultabile, nel quale sono indicate le effettive generalità del testimone. Mentre il catalogo documenta nella sua interezza le interviste possedute anche in forma cartacea, esso non tiene conto di molte delle interviste che ci sono state consegnate solo in forma audio. Considerando lo sviluppo esponenziale della tecnologia avvenuto negli ultimi anni e forse ancor più durante questo periodo di pandemia, sarebbe arrivato il momento di una digitalizzazione completa dell'archivio, nelle parti testuali come sonore. Una digitalizzazione che avrebbe la finalità di facilitare le ricerche degli studiosi, e non quella di rendere le collezioni accessibili a un pubblico generale, dato che si tratta di documenti che esigono il complesso sistema di garanzia della privatezza del testimone e di difesa dai plagi per i ricercatori che è stato messo a punto nell'elaborazione delle schede cui ho già accennato.

Prima di concludere la parte iniziale del mio intervento e passare alle riflessioni che sono state stimolate dalle linee guida di questo convegno, ancora alcune informazioni su AREIA. L'archivio ha attualmente sede presso il Dipartimento di Antichità, Filosofia, Storia — DAFIST dell'Università degli Studi di Genova e, concretamente, nelle immediate adiacenze del mio antico studio. In tal senso, AREIA si uniforma alla generale consuetudine italiana, secondo la quale tali cosiddetti archivi erano dipendenti dalle antiche cattedre e ora, più modestamente, dagli insegnamenti. Per la ragione che ho indicato prima — la non catalogazione della maggior parte dei fondi esclusivamente audio — non posso fornire il numero preciso delle interviste depositate in AREIA, che ho calcolato attorno alle 400. Un numero consistente, se si tiene conto che non si tratta di interviste di tipo giornalistico, ma di testimonianze semi strutturate a schema aperto.

L'archivio ha avuto un flusso costante di donazioni durante un arco di dieci anni, dal 2006 al 2015. Negli anni successivi, invece, le donazioni, alcune anche cospicue, sono state solo librarie.

Non è questo il momento di proporre una riflessione sulle cause di questo fenomeno, se non per accennare che, nella prospettiva della mia esperienza didattica e di ricerca, l'intervista approfondita ha perso il significato di testimonianza di un passato e di fenomeni che altrimenti sarebbero stati coperti dall'oblio. In altre parole, si è persa definitivamente quella prospettiva che già era stata messa in discussione negli anni Ottanta del secolo scorso, ma — a mio avviso - non abbastanza: l'idea, cioè, di una storia orale militante, finalizzata, come si diceva, a "dar voce a chi non ha voce." Nella nostra attualità buona parte della popolazione americana ed europea ha voce e ha la possibilità, o l'illusione, di "avere voce" senza filtri, senza mediazioni.

In questo nuovo contesto, spesso si evita la pratica complessa di produzione, trascrizione e analisi della fonte orale, per entrare in una nuova frontiera, praticata soprattutto da antropologi e sociologi: quella dei luoghi virtuali di comunicazione. Non voglio addentrarmi negli aspetti metodologici di tali percorsi di ricerca, perché qui il tema è un altro, cioè: AREIA può essere, o diventare, un luogo di memoria delle migrazioni tra America e Europa? Ho accennato qualche minuto fa al fatto che Areia non è un luogo *della* memoria. E questo per diverse ragioni: AREIA non è produttore autonomo di testimonianze (per intenderci, non è un museo della persona, come quelli che sono fioriti all'inizio di questo secolo e che attualmente stanno gradatamente scomparendo dalle prime pagine dei motori di ricerca); per principio, Areia non accoglie video-interviste; tutela l'anonimato e la privacy dei testimoni; protegge gli autori dai rischi di plagio, almeno per quanto è di sua competenza; infine, è situato in un luogo non aperto al pubblico indifferenziato, ma in una struttura universitaria, alla quale si può accedere grazie a specifiche credenziali: essere docente, ricercatore o studente universitario.

La questione è capire in che modo AREIA non sia un luogo *della* memoria, ma sì, invece, un luogo *di* memoria. In base all'appello lanciato dagli organizzatori di questo evento, "i luoghi di memoria non fanno primariamente riferimento a spazi fisici, ma a luoghi simbolici, che come tali hanno contribuito a formare la cultura di una comunità, nonché a condizionare sia la narrazione della propria identità che il successivo corso degli eventi."

Provo a sezionare rapidamente le componenti strutturali dell'archivio AREIA. I diversi fondi documentali in esso custoditi hanno una genesi comune. Si parte da una testimonianza orale registrata su supporto magnetico o digitale; si parte dalle *testimonianze* migranti, non dai *ricordi* migranti. Requisito fondamentale della testimonianza è una specifica, palese, volontà di offrire la propria narrazione dei fatti (dunque, per intenderci, nessun registratore nascosto nel taschino, come fanno alcuni sconsiderati). L'intervista così concepita — vale a dire, essere il registro di una testimonianza — possiede una qualità intimamente collegata alla prima: essere il prodotto di una relazione sociale complessa, quella tra la ricercatrice e l'intervistato; tra quest'ultimo e il suo gruppo primario di appartenenza; tra il ricercatore e la comunità scientifica in generale, nonché la sua appartenenza sociale, politica, ideologica.

Ora, in AREIA si può seguire il passaggio dalla testimonianza — dunque dall'oralità in qualche modo imbrigliata nella rete degli elementi culturali, sociali e scientifici cui ho appena fatto cenno — all'analisi storica, antropologica, letteraria, sociologica e, infine, il passaggio dall'oralità alla scrittura scientifica. Si tratta di una trasformazione che non riguarda esclusivamente il codice di comunicazione, vale a dire il salto tra l'oralità e la scrittura. In questo passaggio vi è una trasformazione sostanziale: dalla testimonianza del singolo, all'analisi scientifica di un processo.

Per esprimermi a chiare lettere, la storia non è testimonianza, ma conoscenza; lo storico non è testimone, o mediatore, oppure, per scendere ancor più in basso nella graduatoria delle attribuzioni date ai ricercatori di storia orale, lo storico non è *portavoce* delle voci dei singoli, i quali, tra l'altro, hanno raramente bisogno di portavoce (mi riferisco ovviamente alle migrazioni storiche e attuali tra America Latina ed Europa, non all'odierna tratta dei migranti dall'Africa).

Il passaggio dalla testimonianza del singolo all'analisi scientifica di un processo specifico comporta già un importante salto concettuale; un nodo che il *Laboratorio fonti e metodi per lo studio dei processi migratori* citato in precedenza ha contribuito durante un certo periodo a dipanare. Ora però si vuole tentare un altro salto, entrare in una dimensione ancora diversa: può AREIA, che si è costituito progettualmente come un luogo fisico e virtuale di incontro tra l'oralità e la scrittura scientifica, tra le narrazioni biografiche e i processi storici, tra le singole identità e le comunità nazionali e transnazionali, essere considerato un luogo *di* memoria?

All'interno della lista delle possibili declinazioni del tema contenuta nella terza circolare di questo convegno, ve ne sono due che mi sono utili, nella loro funzione di chiavi interpretative preliminari: la prima, sono i *topoi* nella letteratura e la seconda, *città, territorio e patrimonio*. Uso queste indicazioni, con alcune modificazioni, che spero mi perdonerete. Nel primo caso, mi interessano i *topoi* non della letteratura, ma della narrazione migrante; nel secondo caso mi concentrerò sul patrimonio collettivo, senza addentrarmi negli aspetti legati al territorio.

La narrazione migrante, storica e attuale, mantiene formule che dall'oralità si trasferiscono nella scrittura — colta o popolare — e si trasmettono nel corso delle generazioni; valicano il ricordo personale per tracimare nella memoria collettiva. Anzi, spesso è dalla memoria collettiva che le singole testimonianze traggono legittimità ed entrano nuovamente nel circuito della comunicazione scientifica (Vangelista 2004).

Mi sto avviando alla conclusione, quindi farò solo dei rapidi esempi. Nel caso delle testimonianze delle migrazioni storiche si perpetua nel tempo il *topos* della miseria. La parola miseria ha un significato di forte impatto, non è equivalente a ristrettezze, fame endemica, mancanza di opportunità, fatica, povertà; *miseria* evoca immagini apocalittiche e degradanti, che mal si adattano al profilo del migrante, il quale, per concepire il progetto di espatrio, fa ricorso a strumenti di conoscenza, a un po' di denaro risparmiato o imprestato, e a reti sociali che mal si adattano allo scenario della miseria in senso stretto. Un libro di Javier Grossutti, pubblicato nel 2009, mette in discussione questo *topos* della memoria sin dal titolo: *Non fu la miseria, ma la paura della miseria. La Colonia della Nuova Fagagna nel Chaco argentino, 1877-1881*, mostrando il processo decisionale di un gruppo consistente di emigranti provenienti da un comune friulano, composto non da persone di misere condizioni, ma da contadini e piccoli proprietari i quali, come già affermarono osservatori a loro contemporanei, non erano spinti dalla miseria, ma erano attratti dalla prospettiva di aprire una nuova frontiera in Argentina, conquistando in tal modo il diritto alla proprietà della terra (Grossutti 2009).

Noto a margine che l'esibizione di una miseria immaginata e mitizzata nel racconto di sé e dei propri antenati ha origine da una serie di variabili legate all'esercizio di narrazione dei testimoni — potremmo persino dire dall'abitudine — stimolato a sua volta da un insieme composto di attori sociali, quali i maestri di scuola, gli amministratori comunali, alcuni storici professionisti o dilettanti, giornalisti, leaders politici anche stranieri, figure religiose, e così via. L'ascolto attento delle registrazioni delle testimonianze e la lettura delle loro trascrizioni possono cogliere l'intreccio di continui rimandi al contesto politico e sociale e nello stesso tempo a luoghi consolidati della narrazione comune.

Nel caso delle migrazioni attuali, faccio ricorso alle fonti custodite in AREIA e ai frammenti delle medesime, esposti nella mostra *Superare se stessi. Voci migranti tra Europa e America*, vero e proprio luogo itinerante di memoria, fisica e virtuale.

Immagino la reazione della ricercatrice Leslie Hernández Nova quando Carmen, testimone da lei intervistata a Laredo, in Perù, incorpora incoscientemente nel suo vissuto e nella sua memoria ciò che i MacDonald avevano teorizzato a metà degli anni Cinquanta del secolo scorso, la catena migratoria. Carmen, che è rimasta a casa, dice:

> Quello che è andato via per primo è stato mio fratello. Lui ha sette anni di laggiù. Mio fratello se n'è andato a 19 anni. È stata come una catena che ha tirato mia mamma. Dopo mia mamma ha tirato mio papà. Erano gli stessi che se ne andavano che lo contavano alla famiglia. Era come una catena (Hernández Nova in Vangelista 2014, 40).

Le testimonianze attuali (vale a dire relative alle migrazioni di questo secolo) contengono tutte un forte elemento dinamico. Alla catena che *tira* ad uno ad uno i componenti della famiglia, fa da corollario il passaggio, luogo di memoria per eccellenza. Dice Estela, intervistata a Genova da Chiara Pagnotta:

> Ringraziando il cielo è andata bene, sono passata, ho preso, uscita dall'aeroporto, l'autobus 100 e mia mamma mi aspettava a Brignole. Ho abbracciato quella piccolina di mia mamma, che ha fatto un sospiro e ha detto: "È passata quella tragedia". Perché è una cosa dura, dura, dura. Nel momento in cui uno prende l'aereo, non pensa al futuro, non pensa a cosa gli può succedere quando arriva qua, l'importante è arrivare. Quella è la cosa principale. Arrivare, e se c'è un parente, poterlo abbracciare, dirgli: "Siamo qua" (Pagnotta in Vangelista 2014, 46).

E ancora: Natalia, dal Perù a Torino, racconta a Leslie Hernández Nova:

> Era uno zaino nero, perché loro ti dicono perfino il colore, e come vestirti. Non vogliono problemi di valigia, all'aeroporto. Niente. In aeroporto non devi aspettare la tua valigia. Tu esci dall'aereo e subito vai verso la porta di uscita. La prima cosa è che uno entra

in Italia illegalmente, allora loro ti fanno passare di notte per certi posti e ti fanno camminare in montagna. Allora, per non essere visti nel buio, ti dicono di vestirti di nero per passare inosservati, e lo zaino, se devi saltare, te lo metti al petto, e poi devi avere scarpe sportive. Una cosa che non ti dia fastidio, perché non te lo dicono, ma corri sempre il pericolo che ti possa succedere qualcosa (Hernández Nova in Vangelista 2014, 45).

La catena che ti trascina, il terminal dell'aeroporto, il buio, il passo di montagna, le corse nella notte, facilitate dalle scarpe sportive . . . tutti luoghi di memoria còlti nella narrativa migrante, suscettibili di calcificarsi in formule ripetute dalle generazioni future.

Infine, un accenno alla seconda linea interpretativa suggerita da questo incontro: il *patrimonio* culturale comune, che viene costantemente accresciuto dall'inserimento nel tessuto sociale di nuovi attori, e tra di essi i migranti di prima e di seconda generazione. In tal senso le testimonianze custodite in AREIA — ma anche la stessa sede dell'Archivio — possono diventare luoghi di memoria, come ho potuto verificare nell'ambito della didattica universitaria e sperimentare in occasione della mostra *Superare se stessi*, soprattutto nelle esposizioni di Genova e di Torre Pellice, entrambe nel 2014.

Per quanto riguarda la didattica universitaria, nei corsi sia triennali, sia magistrali, era mia consuetudine effettuare almeno una esercitazione sulle fonti e in alcune occasioni ho organizzato una visita in AREIA, con analisi sia della struttura del catalogo, sia delle interviste. L'analisi approfondita e di gruppo di una fonte primaria, in qualsiasi epoca sia stata prodotta, è sempre stata un'esperienza molto apprezzata dagli studenti dei miei corsi, e svolta con entusiasmo. Nel caso delle interviste custodite da AREIA vi era un elemento in più, e quasi mi dispiace, ora che sono in pensione, di averne fatte così poche. Gli studenti si attardavano tra quelle pagine, le sfogliavano con delicatezza, le commentavano tra loro. Le due ore di esercitazione non furono mai sufficienti. Vi erano le domande e le considerazioni su aspetti metodologici legati alle singole interviste, ma, soprattutto, il rispetto e l'emozione di aggirarsi tra quelle frasi ricche di memoria e di esperienze, in alcuni casi condivise. L'atteggiamento era molto diverso, rispetto allo studio in aula di copie di alcune interviste, che era la pratica che adottavo più frequentemente.

Di fronte al *corpus* completo e con la possibilità di sfogliare quelle pagine, AREIA, in quelle occasioni e per quegli studenti, era diventato un luogo fisico di memoria.

Bibliografia

Beneduzi, Luis Fernando. *Os fios da nostalgia. Perdas e ruinas na construção de um Vêneto imaginário*. Porto Alegre: Editora da UFRGS, 2011.

Fanelli, Luca. *La scelta della terra. Studio di un insediamento rurale del Movimento Sem Terra in Brasile*. Torino: Zamorani, 2002.

Grossutti, Javier. *Non fu la miseria, ma la paura della miseria. La colonia della Nuova Fagnana nel Chaco argentino (1877-1881)*. Udine: Forum-Editrice Universitaria Udinese, 2009.

Pagnotta, Chiara. *Attraversando lo stagno. Storia della migrazione ecuadoriana in Europa tra continuità e cambiamento (1997-2007)*. Roma: CISU, 2010.

Pagnotta, Chiara. *La migración ecuatoriana a España e Italia. Historias, memorias e identidades, 1995-2007*. Quito: Corporación Editora Nacional, 2014.

Pastorelli, Stefania. *Lottare per la casa. Le donne delle barriadas di Lima*. Roma: Aracne editrice, 2006.

Vangelista, Chiara. *Terra, etnie, migrazioni. Tre donne nel Brasile contemporaneo*. Torino: Il Segnalibro, 1999.

Vangelista, Chiara. *Superare se stessi. Voci migranti tra Europa e America*. Torino: Primp Editoria d'Arte, 2014.

Vangelista, Chiara. "L'individuale e il collettivo nelle interviste biografiche. Note a margine di un'esperienza brasiliana", in Abrahão Menna Barreto M. H. (org.), *A aventura (auto)biográfica. Teoria & empiria*. Porto Alegre: EDIPUCRS, 2004, 487-529.

Nanetto Pipetta

IMMAGINE E TESTO NELLA COSTRUZIONE DELL'EPOPEA
MIGRATORIA ITALIANA NEL SUD DEL BRASILE

Luis Fernando Beneduzi
Università Ca' Foscari Venezia

Abstract: Fra il 1924 e il 1926, il frate cappuccino Achiles Bernardi ha
pubblicato, in forma dialettale, sul giornale "Staffetta Riograndense",
rilevante quotidiano etnico, "Vita e Stória de Nanetto Pipetta. Nassuo in
Itália e vegnudo in Mérica per catar la cucagna." Il testo, in un linguaggio
adeguato al mondo rurale, ha collaborato alla costruzione di una
memoria sull'immigrazione italiana nel Brasile meridionale. Si analizza il
processo di trasformazione di questo racconto in un luogo della memoria
dell'immigrazione italiana, plasmato a partire da interessi politici e religiosi.

Negli anni 70 del XIX secolo, all'interno di una politica nazionale di
occupazione della zona più meridionale del Brasile con la costruzione
delle cosiddette colonie imperiali, i primi immigrati provenienti
dall'Italia cominciarono ad arrivare in quella che allora era la Província
de São Pedro do Rio Grande do Sul. I festeggiamenti regionali dei
cinquant'anni dell'immigrazione offriranno un certificato di nascita
sia al fenomeno sia ai padri fondatori, indicando questo "primo"
arrivo come avvenuto il 20 maggio 1875, quando le famiglie Crippa,
Sperafico e Radaelli, raggiunsero un settore della colonia *Campo dos
Bugres* e battezzarono questa località *Nuova Milano*, il nome della
loro provincia di provenienza (Cinquantenario della colonizzazione
italiana nel Rio Grande del Sud 1925, 61-62).

In realtà, l'album commemorativo costituisce un documento di
fondazione dell'immigrazione italiana nella regione, con la narrazione
prodotta dai gruppi dirigenti e dalle élite di quel momento storico,
ovvero gli anni '20 del Novecento. Di conseguenza, sebbene di
nascita più recente rispetto alle altre due colonie imperiali *Conde
d'Eu* e *Dona Isabel, Campos dos Bugres* — che al momento del

cinquantenario era già Município de Caxias do Sul, la "perla delle colonie" — fu considerata come quella che aveva dato i natali agli insediamenti di italiani nel Rio Grande do Sul. Dato che si celebrava il contributo degli italiani al progresso civile ed economico dello stato, era naturale associare l'atto inaugurale dell'esperienza a quella che era la città economicamente più dinamica nella regione.

Infatti, gli anni '20 sarebbero stati per eccellenza il decennio di costruzione delle prime narrazioni strutturate sul fenomeno migratorio italiano nel Rio Grande do Sul e avrebbero prodotto memorie su un'epopea dell'immigrazione che sarà la base per i racconti successivi, consolidando una certa memoria sulla traversata dell'oceano, sul viaggio interno per raggiungere le proprietà agricole, sui primi contatti con la nuova terra: con una chiave retorica che enfatizza le difficoltà, rendendo la vittoria sulle avversità ancora più rilevante. In questo stesso contesto, fra 1924 e 1926, viene redatto da Aquiles Bernardi (Fra' Paulino da Caxias), in forma di racconti pubblicati in giornale, nello "Staffetta Riograndense", l'opera di cui si occuperà questo articolo, *Vita e stória de Nanetto Pipetta. Nassuo in Italia e Vegnudo in Mérica per catare la cuccagna.*

Prodotto originariamente in capitoli separati, che invitavano il lettore a conoscere la continuità della storia nelle successive edizioni del quotidiano, nel 1937 i diversi frammenti vengono raccolti in una pubblicazione, sempre utilizzando come lingua quel misto dialettale costruito dai diversi migranti — in maggioranza veneti, lombardi e trentini — che occuparono la regione di immigrazione italiana del Rio Grande do Sul. L'obiettivo di questo articolo è analizzare *Nanetto Pipetta* a partire da un doppio sguardo: in quanto parte delle narrative che hanno contribuito alla costruzione dei luoghi della memoria del fenomeno migratorio e, allo stesso tempo, in quanto luogo della memoria della medesima esperienza. Da una parte, il libro di Bernardi — in un linguaggio che riesce ad accattivarsi la simpatia del lettore e con immagini che sono rappresentative del suo quotidiano — contribuisce alla costruzione del "vero" vissuto migratorio; da un'altra, il libro stesso — punto di riferimento di un attivismo etnico, di matrice anche religiosa — diventa un luogo simbolico di manifestazione di una certa italianità o dell'essere veneti, di quello che oggi viene identificato con il *talian*.[1]

Il ricordo che plasma il passato
e i luoghi della memoria

Come primo passo è necessario presentare due concetti fondamentali nell'analisi che viene proposta: quello della memoria, nelle sue dinamiche (e dell'oblio), e quello dei luoghi della memoria. In relazione al primo, gli anni '20 sono caratterizzati da un momento di passaggio generazionale e dalla perdita dell'esperienza diretta del processo migratorio, pertanto, più che il vissuto dei primi anni dell'insediamento, si osserva la rielaborazione del suo racconto nelle seconde e terze generazioni. Di conseguenza, si costituiscono nelle narrative vestigia materiali o immateriali che diventano la cristallizzazione o l'incarnazione della memoria etnica, luoghi rappresentativi dove questo passato continua a vivere e ad evocare ai contemporanei questa presenza.

Marcel Proust enunzia chiaramente questo processo di trasformazione del vissuto in ricordo di ciò che fu. Da una parte, lo scrittore indica il presente come il tempo della perdita, della distruzione, del passato che si sfalda in un movimento inesorabile di smarrimento:

> Em mim, tantas coisas foram destruídas, coisas que eu
> julgava fossem durar para sempre, e se construíram novas,

1   Nel 2014 il *talian* è entrato a far parte dell'inventario nazionale brasiliano della diversità linguistica, utilizzato per riconoscere e valorizzare le lingue di riferimento all'identità dei differenti gruppi che costituiscono la società brasiliana, con il titolo "Referência Cultural Brasileira." Questa lingua — modo come è denominata nell'inventario — costituisce, in una base dialettale veneta, un misto di differenti dialetti italiani, come il lombardo e il trentino, insieme a vocaboli provenienti dal portoghese. Viene anche denominata da alcuni come il dialetto "veneto brasiliano" ed è il risultato dei contatti degli immigrati in particolar modo in alcune zone del Brasile, come gli spazi di immigrazione negli stati del Rio Grande do Sul e Santa Catarina, e in alcune città dello stato di Espírito Santo.

dando origem a penas e alegrias novas que eu não poderia
prever então, assim como as antigas se tornaram difíceis
de compreender [. . .] A possibilidade de semelhantes
horas nunca mais renascerá em mim" (Proust 2002, 45)

D'altra parte, nella stessa opera, Proust finisce per ritrovare queste
esperienze in eventi involontari che segnano il collegamento fra il
presente e l'esperienza che si pensava perduta definitivamente nel
passato. La ben nota narrativa sulla Madeleine, la quale attraverso
il sapore finisce per evocare sensazioni, sentimenti e un vissuto che
il personaggio del romanzo pensava non esistessero più, costituisce
il nesso mnemonico di presentificazione del vissuto. Percorrendo lo
stesso sentiero ci conduce anche Primo Levi, con i suoi Mnemagoghi,
sottolineando, in questo caso, non una memoria volontaria ma un
ricordo che deve essere conservato (Levi 1996). Qui, infatti, gli odori
dei composti chimici recuperano la sensibilità di momenti importanti
del passato, offrendo sensazioni che riportano in vita paure, gioie,
preoccupazioni, sentimenti di amicizia e di rabbia; tutto conservato
in fiaschi che possono essere aperti e fruiti all'occorrenza.

Entrambi gli scrittori ci parlano di una sparizione e della necessità
di conservazione; quindi, della costruzione di spazi di memoria dove
il passato venga salvaguardato, sia in un processo casuale sia in una
dinamica intenzionale di preservazione. Questa enfasi, indicava Pierre
Nora, avviene nei momenti di disorientamento, come quello della
Francia degli anni 70 che, nella perdita del suo ruolo di importante
potenza internazionale, aumenta la rilevanza dei luoghi della memoria
come spazi di rappresentazione della *grandeur* nazionale (Nora
1999). Nella percezione dell'autore, sono "de grands symboles de
reconnaissance collective" (Nora 1999, 347) ovvero realtà materiali
o immateriali dove la nazione o il gruppo etnico (caso specifico di
questo articolo) si sentono rappresentati nella loro identità.

A proposito dei luoghi della memoria, Mario Isnenghi usa
un'altra immagine molto evocativa nell'ottica di comprensione del
significato degli stessi: la "condensazione della memoria" (Isnenghi
1997, VII). In questa lettura, il patrimonio di memorie può essere
interpretato come qualcosa che viene sintetizzato, compendiato,
negli spazi dove il ricordo è conservato, una sorta di traduzione

abbreviata dei molteplici significati che porta con sé. Secondo l'autore, si osserva un processo di costruzione, di trasformazione e non di essenzializzazione, considerato che questi spazi rappresentano l'identità collettiva che è appunto cangiante e si trasforma nel tempo. Anche quando fa riferimento ad un'esperienza specifica — come la scuola — essa, nella sua liturgia e nelle sue dinamiche, finisce per rappresentare i diversi luoghi e meccanismi che costruiscono la pedagogia nazionale, e fondano il senso di appartenenza alla nazione. L'autore, in pratica, parla di un processo che avviene nei banchi scolastici ma che accade in misura diversa nei miti, nei riti, negli eventi che segnano l'autorappresentazione nazionale:

> costituisce un percorso di base attraverso cui un repertorio di «luoghi comuni» si è venuto formando e modificando nel tempo, scartando certe presenze e privilegiando altre: alternando cioè la *memoria* all'*oblio*, due meccanismi generativi dell'identità con i quali abbiamo avuto continuamente a che fare (Isnenghi 1997, VIII)

Pertanto, i luoghi della memoria — in quanto paradigmatici di un'identità collettiva — sono costruiti e trasformati nel tempo, rappresentano un certo momento storico e come le comunità si autorappresentavano in quello stesso momento o come le classi dirigenti volevano costruire un senso di appartenenza alla nazione, al gruppo etnico, ad un pubblico di riferimento. Questi continuano ad esprimere significati e ad incarnare una determinata collettività in quanto specchio del modo in cui i soggetti si percepiscono, e quindi finché sono in sintonia con il sentire del presente del gruppo nella rielaborazione del suo vissuto, della sua memoria, di quello che intendono essere il suo patrimonio.

Alcune sfaccettature del contesto migratorio e dell'opera di Bernardi

Con questi strumenti teorici si può tornare alla discussione precedente, ovvero al modo in cui gli anni '20 del Novecento, nel Brasile meridionale, si siano gettate le basi di quello che era il patrimonio materiale e immateriale del fenomeno migratorio italiano. In questo processo di elaborazione — che avveniva appunto nel contesto commemorativo dei cinquant'anni di quello che è stato definito l'arrivo primordiale, delle prime famiglie di Monza — erano presenti tre soggetti collettivi: l'élite coloniale, i dirigenti politici dello stato del Rio Grande do Sul e le classi dirigenti dell'Italia fascista. In tutti e tre i casi, la parola d'ordine era l'esaltazione della collettività etnica italiana come elemento importante nella costruzione della ricchezza locale (Beneduzi 2015). L'epopea diventa la definizione più adeguata di questa narrativa, che cerca di mettere in luce le prodezze e i fatti eroici che hanno segnato questo approdo delle popolazioni provenienti dalla penisola italica in questo nuovo mondo.

Alcune particolarità — fra cui l'isolamento — hanno caratterizzato questa occupazione della Regione Coloniale Italiana (RCI) del Rio Grande del Sud, localizzata nell'*Encosta Superior do Nordeste*, una pendenza fra i 300 e gli 800 metri di altitudine, distante circa 100 km dalla capitale dello stato, Porto Alegre (la zona più vicina) e separata da questa da una zona di immigrazione tedesca, occupata in particolar modo nella prima metà dell'Ottocento[2]. Infatti — fino all'avvento della ferrovia, all'inizio del Novecento — le comunità immigrate hanno vissuto staccate dal resto dello stato, con pochissimi contatti con la popolazione di lingua portoghese. Ciò ha contribuito anche allo sviluppo di una *koiné* dialettale, con le diverse parlate del triveneto italiano, che è diventata mezzo di comunicazione all'interno della comunità, e che si è costituito attraverso le specificità delle provenienze linguistiche degli abitanti delle singole nuove località fondate nell'insediamento migratorio. È questo misto dialettale — che oggi viene chiamato *talian* nell'inventario della diversità linguistica del Brasile, elaborato dall'Istituto del Patrimonio Nazionale — che sarà la base del testo redatto da Aquiles Bernardi.

In effetti, Nanetto Pipetta produrrà una certa rappresentazione di questa trasposizione culturale dalla penisola italiana alla terra di

---

2 A proposito dell'esperienza migratoria nel sud del Brasile e in relazione alla discussione di questo testo, si sottolineano i lavori di (Beneduzi 2011); (Cenni 2003); (Franzina 1992); (De Boni 1987)

arrivo degli immigrati, processo che ha significato diverse tipologie di adeguamenti, dalle relazioni di socialità a quelle di lavoro agricolo, in un processo di addomesticamento dello spazio. Come indicato nelle narrative, l'immigrante ha dovuto affrontare la *mata virgem* (la foresta vergine, intesa come inviolata), dissodare la terra, ma anche produrre una nuova cartografia che permettesse disseminare nel territorio i simboli architettonici — come capitelli e chiese — che caratterizzavano quelli che erano stati i loro luoghi di nascita e che rompevano con questa minaccia dello sconosciuto, con la paura dell'ignoto. In un certo senso, anche se con esagerazioni che provocano il riso nel lettore, lo scritto di Bernardi racconta questa ricerca della cuccagna in uno straniamento con la nuova realtà, nelle difficoltà di dover ripensarsi in un nuovo mondo, in nuove relazioni. Se, come Pipetta, l'immigrato cercava la cuccagna, in realtà si è ritrovato ad affrontare il duro lavoro, con tanto sacrificio, con una lotta estenuante che, tuttavia, ha prodotto la celebrazione, perché egli è arrivato alla vittoria e, diversamente dall'antieroe creato da Fra' Paulino, ha costruito la cuccagna: ma questo si vedrà più avanti.

All'interno del contesto degli anni '20 e della creazione narrativa dell'esperienza migratoria, è fondamentale conoscere — per capire più in profondità il doppio ruolo di Nanetto Pipetta, in quanto luogo della memoria, e nello stesso tempo co-produttore di luoghi della memoria dell'immigrazione italiana nel Rio Grande do Sul — la cultura rurale e religiosa dove la scrittura si inserisce. Come si è già indicato prima, Aquiles Bernardi (il Fra' Paulino da Caxias) era un frate cappuccino, legato a doppio filo con la base culturale dei racconti che hanno dato vita a Nanetto, perché parte dell'universo religioso e agricolo che circonda l'opera. Infatti, Bernardi era nato in una frazione rurale dell'attuale Comune di Caxias do Sul, figlio di Antonio Bernardi, proveniente dalla provincia di Treviso, e di Elisa Polesso, dalla provincia di Padova. Tânia Perotti associa questa combinazione dialettale familiare alla costruzione della scrittura di Fra' Paulino, che era stato educato in questo ambiente linguistico (Perotti 2007). L'esperienza di Bernardi — che può essere intesa come singolare-plurale — nella misura in cui è rappresentativa del vissuto comune dei primi immigrati, dal pagamento dell'appezzamento di terra (la colonia), agli scontri con la nuova realtà, vegetale e animale, incontrata — diventa punto di partenza della sua narrazione e anche punto di contatto con il suo pubblico lettore, ovvero, immigrati e seconde generazioni, che vedono in qualche modo il loro vissuto rispecchiato nelle peripezie di Pipetta.

Nel 1904 Aquiles comincia il suo percorso di formazione presso la congregazione dei frati minori cappuccini ad Alfredo Chaves, sempre nella Regione Coloniale Italiana[3]. Nel 1924 assume la carica di assistente direttore presso il giornale *Staffetta Riograndense*, nella città Garibaldi, quotidiano dove pubblica fra il 1924 e il 1926 gli episodi delle avventure (o sventure) di Nanetto Pipetta. Ciò che si nota è un frate cappuccino che, attraverso il personaggio che ha creato, dialoga con una cultura — quella delle comunità di immigrati italiani — dall'interno, ovvero con lo stesso linguaggio di tale cultura (Perotti 2007).

A questo punto, è importante riprendere la nozione di "cultura parlata", usata da Fernando Tempesti nell'articolo che analizza Pinocchio come un luogo della memoria dell'Italia unita (Tempesti 1997). Lo studioso usa questo concetto per uscire dal dilemma fra oralità e scrittura, pluralità presente anche nell'opera di Fra' Paulino, che in qualche modo trascrive l'oralità. Nel caso del veneto-brasiliano, secondo Orlandi (2000), l'articolazione fra i due linguaggi avviene anche nelle dinamiche di trasmissione, che non si limitano soltanto a quella delle pubblicazioni dello *Staffetta*, ma acquistano nuova vita, come fiabe, e rinascono attraverso i lettori che diventano moltiplicatori (cantastorie) all'interno delle comunità. Diversi sono i membri della comunità che hanno conosciuto Nanetto Pipetta attraverso i racconti orali degli episodi della sua storia, nelle feste comunitarie, negli incontri sociali o religiosi, nei *filò*[4], dove

---

3 Effettivamente il frate era un grande conoscitore della vita quotidiana della regione, dal momento in cui ha portato avanti lavori pastorali in differenti comunità, come Nova Trento, Veranópolis, Garibaldi, Paim Filho.

4 Il *filó* o la *veglia di stalla*, socialità molto comune nel nord Italia della seconda metà dell'Ottocento, è stata trasportata con gli immigrati veneto-lombardi al Rio Grande do Sul. In questo nuovo spazio, più che un momento di lavoro, era diventato uno incontro di svago e piacere, un'attività del sabato sera. Le famiglie ora si ritrovavano in una delle case della comunità per giocare,

le vicissitudini del ragazzo veneziano diventavano uno spazio di aggregazione del gruppo.

Così come Pinocchio, anche Pipetta era portatore di una cultura, diversa da quella dei libri e dell'erudizione ma costituita da codici identificanti e identificabili della società alla quale apparteneva:

> Pinocchio parlava una lingua, usava immagini e riferimenti, viveva e riviveva desideri, paure e miti, che quel pubblico conosceva e nei quali si riconosceva, nello spessore del proprio essere che era il cuore di quella cultura (Tempesti 1997, 121).

Anche Bernardi rappresentava nella sua opera quel pubblico che possedeva "la cultura di coloro che con i libri avevano avuto pochissimo a che fare; e molto con l'agire, con i mestieri" (Tempesti 1997, 121) e che, tuttavia, si specchiava in questo linguaggio che riprendeva il suo quotidiano, che giocava con le sue paure, che esorcizzava quell'universo nuovo, diverso, spaventoso che i migranti hanno incontrato dopo la traversata dell'oceano. Il testo riprende la semplicità della vita di tutti i giorni, con un linguaggio semplice e sgrammaticato che caratterizzava il soggetto medio di quella società agraria che si era sviluppata nella Regione Coloniale Italiana. Come afferma Luis Alberto De Boni, nella presentazione alla quarta edizione del libro, del 1975: "é um espelho da mentalidade dos primeiros imigrantes e retrata o estado de espírito daqueles colonos ante o fascínio e a realidade da vida 'ne la Mérica'" (Bernardi 1990).

Questa letteratura migrante e popolare — nella lettura di Mario Isnenghi — possiede anche un'altra caratteristica rilevante: è militante (Isnenghi 1983). Lo storico non fa riferimento esclusivamente a Nanetto Pipetta, ma ad un insieme di opere che nascono intorno a questa, anche come conseguenza del suo successo, tra le quali *Stória de Nino, fradelo di Nanetto Pipetta*, *Togno Brusafrati* o *Stória*

---

chiacchierare, mangiare e bere. Il tresette, la briscola o la scopa erano parte dei riti di socialità di solito appartenenti al mondo maschile. Alle donne, riunite intorno al focolare, a chiacchierare, cucire e ricamare, rimanevano i bambini che giocavano ai loro piedi. Fra i cibi, erano comuni, fra gli altri, il *pinhão* — una sorta di pinoli locali — *crostoli*, *sfregolar*, oltre il vino.

de Peder, che cercano di valorizzare un universo contadino di origine veneta, conservando una certa memoria del processo migratorio e di insediamento dei primi migranti. Nonostante il chiaro ruolo di intrattenimento di questa letteratura, il fatto che la medesima cerchi di produrre significati condivisi, integrare le diverse specificità delle comunità e costruire un'identità etnica collettiva, la trasforma in militante e caratterizzante di un gruppo specifico al quale apparteneva Bernardi, quello dei frati cappuccini.

Il giornale nel quale lavora e pubblica Bernardi — *Staffetta Riograndense*[5] — diventa un centro di irradiazione importante di questa letteratura militante, con una proposta editoriale chiara, sin da prima della sua creazione, che rispecchia il progetto dei frati cappuccini per la Regione Coloniale Italiana. Come già indicava nel 1904 in una lettera al vescovo Scalabrini il frate Bruno da Gillonay, il giornale cattolico avrebbe avuto la funzione di portare "ao seio das famílias, em sua língua materna, uma página do Santo Evangelho, explicada e comentada, uma história edificante, algum conselho de agricultura, alguma brochura adaptada às necessidades dos colonos" (Beneduzi 2008, 82). Di conseguenza, il giornale aveva la missione di rispondere alle necessità spirituali e materiali dei "coloni" italiani e la *stória* dell'antieroe Nanetto Pipetta adempiva a questa funzione, attraverso il ribaltamento del comportamento corretto.

È degno di nota che i cappuccini siano arrivati nel Rio Grande do Sul nel 1896, su richiesta del vescovo, con l'obbiettivo di creare uno spazio di promozione di nuove vocazioni religiose, nel quale le famiglie degli immigranti diventavano il luogo della semina e del raccolto. I frati scappavano dalla Francia, dove prima avevano subito la furia rivoluzionaria e poi gli scontri con la politica liberale, e, di conseguenza, erano molto agguerriti nella lotta contro tutto ciò che rappresentasse il mondo moderno e irreligioso, promuovendo

5 Il quotidiano, che esiste tutt'oggi con il nome di *Correio Riograndense*, denominazione che risale al 1942 ed è conseguenza delle leggi del governo Vargas di nazionalizzazione, è stato creato nel 1909 come *La Libertà*, nella città di Caxias do Sul. Nel 1910, con la direzione di Don Giovanni Fronchetti cambia il nome in *Il colono italiano* e si trasferisce a Garibaldi, dove, nel 1917, passa ai frati cappuccini con il nome di *Staffetta Riograndese*.

un'azione a 360 grandi nella RCI: le missioni popolari, le omelie, le scuole cattoliche e la stampa (Beneduzi 2008).

In questo senso, *Vita e Stória de Nanetto Pipetta* ha la funzione di trasformarsi in un racconto edificante, anche se al rovescio, poiché i fallimenti di Nanetto sono dovuti al suo modo di vivere sregolato, fuori dai canoni della morale cattolica. Luis Alberto De Boni identifica il personaggio di Bernardi con "um herói negativo, mal-sucedido em todas as circunstâncias", che quando ha cercato di prendere sul serio la vita, ha trovato la morte annegando nel Rio das Antas (Bernardi, 1990). Infatti, sin dall'inizio della narrazione, ovvero sin dalla sua nascita in un giorno di luna calante, Nanetto rappresenta l'inadeguatezza di comportamento: abbandona i genitori a Venezia per "catare la cuccagna" in un viaggio clandestino verso il Brasile, bestemmia, non dice le preghiere (se non in situazione di pericolo), è un codardo e, quando finalmente avrebbe potuto avere la sua colonia agricola e si sarebbe potuto sposare con Gelina, mettendo su famiglia, muore. Il fratello Nino, che è rimasto con i genitori e che espatria in Brasile portando con sé la madre, è lui che farà davvero l'America e sposerà la "morosa" di Nanetto. La storia è anche il racconto della sorpresa, della scoperta di un mondo sconosciuto costituito da cose del quotidiano, come le banane, i pappagalli, la farina di manioca, le scimmie, il *pinhão*, la patata dolce, il *chimarrão*, la vita nella foresta e nella solitudine, nella paura dell'ignoto.

Nel mondo alla rovescia che rappresenta, il protagonista di Aquiles Bernardi è il segno della pigrizia di quello che vuole trovare la cuccagna, l'opposto dell'immigrato festeggiato negli anni '20, che la cuccagna l'aveva fatta con il sudore della fronte. Lo scherzoso giovinotto veneziano che ha fallito nella sua esperienza migratoria era l'anti modello dell'immigrato industrioso che ha costruito paesi e città, quello che ha trasformato l'economia della regione e viene decantato nell'album del cinquantenario. Se lui (Pipetta) non era portatore di civiltà, non era un bravo lavoratore e tanto meno un buon cattolico, tutti luoghi della memoria dell'immigrazione italiana plasmati dai festeggiamenti del 1925, la sua triste fine esortava il lettore a non seguire la sua sorte e, invece, a camminare nei sentieri indicati dalla Chiesa.

Alla fine della storia, il confronto fra Nanetto e Nino mette in luce questo contrasto fra la vita fuori dai precetti della morale cattolica, che porta alla distruzione, e quella invece che, seguendo l'orientamento della religione, — questo era l'obiettivo del giornale — porta alla vittoria. Pipetta — il veneziano che aveva una grande paura dell'acqua — finisce per morire nel modo che aveva sempre temuto, forse punito per la maniera in cui aveva vissuto, mentre Nino vede diventare realtà il sogno dell'immigrato:

> Nanetto, poaro can, el gá constristá tanto la famégia, el ghe ze scampá par el mare e nol se gá mai negá; ma sul pí belo che el gera drio a far fortuna, a ciapar la cucagna, el ze caisto tel rio e el se gá negá, próprio come el se gera insuniá sul bapore cussolá sotto i caregoni sa ve recordé. Nino invese che el gá sempre fatto puito, e sempre el sercava de rallegrare la mamma, el gá próprio catá la cucagna anca coela de Nanetto sô fradelo. E el gá slevá una grossa famégia compagnada de tante benedession del sielo (Bernardi 1990, 186).

La narrazione di Bernardi è attraversata infatti dai luoghi immateriali della memoria dell'immigrazione nel sud del Brasile, seppur ribaltati, dove, a differenza del processo epopeico vissuto dal bravo immigrato italiano, si osserva il suo contrappunto, che ha portato al fallimento. Invece del buon cattolico, che era Nino così come l'immigrato festeggiato nel 1925, fedele alla Chiesa, ai santi, alle preghiere, al sacerdote, e rispettoso della famiglia, Nanetto era la caricatura del cattivo immigrato che non doveva essere imitato:

> - Nanetto vien quá? . . . dì sú la Ave Maria? . . .
> - Mamma, ze massa bonora desso?! . . .
> - Vien quá, bello, vien, che dopo te daró na balochetta de súcaro.
> - Eh! Nol me piaze gnanca?!
> - Varda che no te magni mia, seto, sa no te me dizi le orassion! . . . .
> - E mi no gó gnanca fame!
> - Vien quá se no ciapo na strópa éh!
> - E mi alora scampo via! . . .

-Vien quá te digo!...

-Gnanca bona no sí de ciaparme!... (Bernardi 1990, 14)

In realtà, a differenza del buon immigrato, Pipetta era un grande imbroglione, ma serviva da ammonimento a quei soggetti che, come lui, vivevano lontani dalla religione ricordandosi di Dio e della Madonna soltanto nei momenti di disperazione. D'altronde, la fine del veneziano può essere la stessa di questi soggetti, se non riprendono la retta via:

> Ó Madonna, Madonna, che bruta morte!... Ve prego, me ricomando, salveme!... Ó mamma cara. Ó popá, ó nonno, scuseme, perdoneme che son stá tanto e pó tanto cativo. Ma se mai rivo in Mérica!... Ah nó!... Vógio éssare bono e pó tanto bon!...» (Bernardi 1990, 35).

Nanetto in quanto rappresentazione di un'identità etnica

Ad ogni modo, Nanetto non è soltanto l'opposto dell'esperienza migratoria e di occupazione delle colonie imperiali nel Rio Grande do Sul, il suo "inventore", infatti, collega il vissuto del personaggio con quello dei racconti del cinquantenario e della memoria che si produce sul fenomeno migratorio, che costituisce anche la base delle elaborazioni narrative successive. I topoi che coinvolgono l'epopea — la grande difficoltà nell'insediamento degli immigrati, il sentimento di "tradimento" in relazione all'immagine costruita prima della partenza, la delusione — sono tutti presenti nella narrativa, perché, anche se Nanetto è l'immigrato in negativo, il problema è che ha dato risposte diverse alla realtà che ha affrontato, e non che abbia affrontato una realtà diversa:

> Coando sto toso i lo gá imbarcá in Portolegro, par végnare in te le colônia italiana; elo el se maginava che el fusse on paese come Venéssia, co tutte le sô comodità de case e strade e ponti e via te sétara. Si sí!...

Par végnare in suso ghe gá volesto na múcia de giornade
longhe, ma longhe! E pó pí longhe de coele che el gá
passá te le cálsere del bastimento, fora le prime! . . .

In princípio i ze vegnesti tel baporin sensa máchina, fin a
San Bastian. Che fadighe! Che strússi! . . . Tutti ghe tocava
ramenare; e sú! . . . E vai . . . Magnare poco e laorare tanto,
se nó no i ciapava gnanca coel poco!?" (Bernardi 1990, 95).

Di conseguenza, a differenza della terra della cuccagna che si
immaginava incontrare, quello che l'immigrato ha dovuto fare — e
fra questi anche Pipetta — è costruire questa cuccagna, con tanto
sudore della fronte. I coloni, infatti, hanno trovato la foresta, la
solitudine, le difficoltà anche della nutrizione dei primi momenti:
non esistevano le città, le parrocchie, i vecchi segni di riconoscimento
del territorio, tutto doveva essere costruito. Se da una parte l'America
è segno della delusione, come quando il protagonista esclama — "Ó
Mérica, Mérica! A te me ghe imbroiá, a te me ghe tradio! . . . A te me
ghé copá de fame!" (Bernardi 1990, 35); dall'altra, l'esasperazione
delle difficoltà nel momento della celebrazione del progresso civile
ed economico portato dagli italiani rafforza anche le prodezze di un
popolo che ha trasformato — con tanto lavoro — la realtà e fondato
paesi e città.

La vita di Nanetto Pipetta non finisce con i capitoli pubblicati
sullo *Staffetta Riograndense* negli anni Venti o con la produzione della
prima raccolta di questi racconti nel 1937; nel contesto del Centenario
dell'immigrazione italiana, nel 1975, la storia delle sventure del
giovane veneziano prende nuova forza con diverse edizioni (andate
tutte esaurite), con prefazioni e presentazioni a firma di nomi
che in quel momento erano importanti per gli studi migratori.
In verità, sempre di più, il personaggio guadagnava popolarità e
si trasformava in un simbolo di riconoscimento collettivo della
comunità di immigrati. In questo nuovo scenario spazio-temporale,
nuove raffigurazioni venivano associate alle rappresentazioni di
Nanetto, adesso con la commemorazione del mito della frontiera:
gli indios rappresentano la natura, che si contrappone alla civiltà che
si vuole costruire. Ed effettivamente, nell'espansione della frontiera
civilizzatrice essi devono essere allontanati o addomesticati, come si

fa con la foresta, facendoli diventare come il cane di Nanetto, Tupi, un animale di compagnia. L'immigrato al contrario è l'emblema del nuovo civilizzatore, invitato a scrivere una nuova storia della regione, a dare un nuovo significato a quel mondo primitivo.

In effetti, nonostante la morte nel Rio das Antas che avrebbe dovuto uccidere per sempre il personaggio, la sua "altra" vita è continuata nel tempo. In primo luogo, nella scrittura dello stesso Bernardi, fra il 1965-1967, nel medesimo giornale, ma con il nuovo nome di *Correio Riograndense*, nella narrazione delle esperienze di Nino, il fratello, raccolte poi, dopo la morte dell'autore, nel libro *Storia de Nino, fradelo de Nanetto Pipetta*; poi nella scrittura di Pedro Parenti, nel 1999, con *El ritorno di Nanetto Pipetta*, sia nella polifonia di diversi scrittori che a turno hanno creato nuove avventure fra il 2000 e il 2017, sempre nel giornale dei frati cappuccini. Il successo tra i lettori attratti dal ragazzo *vegnudo* da Venezia ha portato anche a nuove raccolte, con varianti delle sue avventure, come *Nanetto in meso i bulgari* di Antônio Baggio, pubblicato nel 2003, o *Nanetto nel Mondo* di Mario Gardelin, pubblicato nel 2006.

Tuttavia, la presenza di Pipetta non rimane soltanto vincolata alla stampa, ma prende vita in altri mezzi di comunicazione e in altri linguaggi, come nella rappresentazione teatrale del gruppo *Miseri Coloni*, nato a Caxias do Sul nel 1981, che ha portato sul palcoscenico i racconti di Bernardi dal 1987, con Pedro Parenti che dava volto e voce al protagonista. Nel 2006, sempre a Caxias do Sul, Pipetta diventa monumento nel parco che ospita i padiglioni della Festa dell'Uva, anche questa nata nel periodo in cui ha preso vita il personaggio e che costituisce la principale festa della regione, caratterizzata da una forte matrice etnica. Infine, nel 2016, uno dei carri allegorici presenti nella parata che fa parte delle attività della festa ha reso omaggio a Fra' Paulino e a suo "figlio", come riconoscimento di questa identificazione fra Nanetto Pipetta e la collettività di discendenti degli immigrati italiani nella Regione Coloniale Italiana.

Come si può osservare, Aquiles Bernardi, nella sua raccolta di racconti, negli episodi che hanno coinvolto il suo Nanetto, è riuscito a rappresentare, in una forte sintonia con la memoria che nel contesto del suo vissuto raffigurava il processo migratorio, l'esperienza dei primi coloni italiani nella RCI. Infatti, sia i lettori suoi contemporanei, che si immedesimavano nelle storie di Nanetto Pipetta, sia quelli posteriori, che vedevano il vissuto migratorio nella sua narrativa, sono rappresentativi della capacità dell'autore di costruire il passato. Nel tempo, questa abilità e sintonia hanno finito per produrre un luogo della memoria del fenomeno migratorio, che si è modernizzato negli anni, senza perdere il filo che permette ai discendenti di italiani di riconoscersi e di riconoscere in lui un collegamento con l'esperienza individuale-collettiva che è stata quella migratoria.

Bibliografia

Baggio, Antonio. *Nanetto in meso i bulgari*. Porto Alegre: EST, 2003.

Beneduzi Luis Fernando. "Fra risanamento religioso e rafforzamento della razza: il processo di costruzione della memoria dell'immigrazione italiana nel sud del Brasile negli anni 1920." *Zibaldone. Estudios italianos* 3.1 (gennaio 2015): 122-136.

Beneduzi, Luis Fernando. *Os fios da nostalgia. Perdas e ruínas na construção de um Vêneto imaginário*. Porto Alegre: Editora da UFRGS, 2011.

Beneduzi Luis Fernando. *Imigração itaiana e catolicismo: entrecruzando olhares, discutindo mitos*. Porto Alegre: PUCRS, 2008.

Bernardi, Aquiles. *Nanetto Pipetta. Nassuo in Italia e vegnudo in Mérica per catare la cuccagna*. 9. ed. Porto Alegre: EST, 1990.

Bernardi, Aquiles. *Storia de Nino, fradelo de Nanetto Pipetta*. Porto Alegre: EST, 1998.

Cenni, Franco. Italianos no Brasil: "Andiamo in 'Merica". 3. ed. São Paulo: Edusp, 2003.

CENTENÁRIO DA IMIGRAÇÃO ITALIANA. Porto Alegre: Edel, 1975.

CINQUANTENARIO DELLA COLONIZZAZIONE ITALIANA NEL RIO GRANDE DEL SUD. *La cooperazione degli italiani al progresso civile ed economico del Rio Grande del Sud.* Porto Alegre: Barcellos, Bertaso e Cia/Livraria do Globo, 1925.

De Boni, Luis Alberto. *A Presença Italiana no Brasil.* Porto Alegre: EST/ Fondazione Giovanni Agnelli, 1987.

Franzina, Emilio. *L'immaginario degli emigranti: miti e raffigurazioni dell'esperienza italiana all'estero fra i due secoli.* Treviso: Pagus, 1992.

Gardelin, Mario. Nanetto nel mondo. Porto Alegre: EST, 2006.

Isenghi, Mario. "Presentazione", in *I Luoghi della Memoria: simboli e miti dell'Italia unita.* Roma: Editori Laterza, 1997.

Isenghi, Mario. "Il Veneto nella America: tracce di uma letteratura popolare della emigrazione", in Franzina, Emilio (a cura di). *Un altro Veneto: saggi e studi di storia dell'emigrazione nei secoli XIX e XX.* Abano Terme (Padova): Aldo Francisci Editore, 1983.

Levi, Primo. *I racconti. Storie Naturali, vizio di forma, Lilít.* Turim: Einaudi, 1996.

Nora, Pierre. "Les lieux de mémoire", in Ruano-Borbalan, Jean-Claude (a cura di). *L'histoire aujourd'hui. Nouveaux objects de recherche, courants et débats, le métier d'historien.* Auxerre: Sciences Humaines Éditions, 1999.

Orlandi, Adriana. *Nanetto Pipetta: representação histórica, memória coletiva e identidade nas comunidades coloniais italianas do Rio Grande do Sul.* Porto Alegre: Programa de Pós-Graduação em História/UFRGS, 2000.

Parenti, Pedro. *El ritorno de Nanetto Pipetta.* Porto Alegre: EST, 2009.

Perotti, Tânia. Nanetto Pipetta: modos de representação. Caxias do Sul, Programa de Pós-Graduação em Letras e Cultura Regional/Universidade de Caxias do Sul, 2007.

Proust, Marcel. *Em busca do tempo perdido.* Rio de Janeiro: Ediouro, 2002.

Tempesti, Fernando. "L'opera", in Isnenghi, Mario. *I Luoghi della Memoria: simboli e miti dell'Italia unita.* Roma: Laterza, 1997.

Las huellas de América en Sevilla, del siglo XVI al XXI

UN RECORRIDO ACTUALIZADO EN EL QUINTO
CENTENARIO DE LA PRIMERA VUELTA AL MUNDO

Eduardo del Campo Cortés
Universidad de Sevilla

Resumen: La actual conmemoración del quinto centenario de la primera vuelta al mundo por la expedición de Magallanes-Elcano (1519-1522) reivindica la historia americana de Sevilla y su papel de puerto de la globalización, como celebraron la Exposición Iberoamericana de 1929 y la Exposición Universal de 1992. En este marco, el estudio traza un itinerario actualizado de las huellas y la memoria de América en la ciudad española y expone el intento de convertirla de nuevo en cabeza de puente transatlántico.

Introducción

Sevilla se convirtió tras la conquista de América a finales del siglo XV en el equivalente a la Manhattan de hoy, gracias a su monopolio como único puerto autorizado para comunicarse con las inmensas posesiones de ultramar del imperio español. Todo el que quería buscar fortuna en los territorios que abarcaban desde California a Tierra del Fuego debía pasar por Sevilla, la puerta de América en el Viejo Mundo. La dificultad para la navegación en el río Guadalquivir motivó que en 1717 se trasladaran las salidas a Cádiz, en la costa atlántica, con lo que Sevilla perdió su estatus exclusivo e inició un paulatino olvido de sus vínculos transoceánicos. Con todo, lugares emblemáticos de sus lazos americanos siguen vivos en la ciudad, como el Archivo de Indias o la Biblioteca Colombina. La actual conmemoración del quinto centenario de la primera circunnavegación del mundo por la expedición de Magallanes-Elcano (1519-1522) está impulsando una reivindicación pública de Sevilla como lanzadera de la globalización. En este contexto, el presente estudio recorre las huellas físicas y virtuales de la memoria de América en la ciudad, traza un itinerario actualizado y expone el intento de convertir de nuevo la capital andaluza en cabeza de puente con Iberoamérica.

Sevilla, capital de la comunidad autónoma de Andalucía, es en la actualidad la cuarta ciudad de España en población con sus casi 700.000 habitantes, aunque fue la más habitada del país a finales del siglo XVI, cuando era la cabecera de la Carrera de Indias y sumaba unos 120.000 pobladores. Su puerto de mercancías en el río Guadalquivir, a 90 kilómetros de distancia de su desembocadura en el océano Atlántico en Sanlúcar de Barrameda, es el único fluvial de España con la consideración oficial de "marítimo."

Libros imprescindibles como los de Chaunu (1983), Cascales (1990) y Morales Padrón (2009) abordan la relación histórica de Sevilla con América, pero falta un catálogo actualizado de los lugares americanos en la ciudad que incluya, además, los sitios memoriales erigidos desde 1992. Este trabajo quiere contribuir a avanzar en ese sentido.

La clásica obra de Chaunu, con sus mapas y estadísticas, retrata "un trozo de América tal como se la podía ver desde Sevilla en el siglo XVI y en la primera mitad del XVII" (1983, 7); es una historia económica fundamental para comprender el tráfico comercial atlántico que da sentido a los lugares americanos de la ciudad, pero no entra a valorar el peso que estos lugares tienen en la memoria e identidad colectiva.

El libro narrativo de Cascales ofrece un recorrido exhaustivo sobre los edificios de la Sevilla americana, con la ventaja añadida de su gran despliegue fotográfico; su fin es "tomarle el pulso al singular destino de Sevilla, cifrado en estos puntos cardinales: los Alcázares, el Arenal con su río, la casa Lonja y la Catedral. Es decir: el poderío militar, el cauce para el comercio, el destino americano y la iglesia patriarcal con feligreses en dos mundos" (1990, 13). Su limitación es temporal. Al cerrar su edición en 1990, en puertas de la Exposición Universal de 1992, no incluye lo sucedido en las últimas tres décadas respecto a la promoción del legado de ultramar.

El erudito trabajo del maestro americanista Morales Padrón, por su lado, se detiene también antes de la Expo de 1992. No tiene como objetivo señalar los lugares modernos consagrados al recuerdo de la historia americana de Sevilla, sino los espacios antiguos que sustentan esa historia, "testimonios aún permanentes de aquella grandeza y de aquellas relaciones Sevilla-América", aunque declara que el fin de su estudio es el mismo que el de un monumento de homenaje, "justificar un presente y un futuro enraizados en el pasado" americano (2009, 74).

Nuestro recorrido por los rastros o lugares de memoria americanos que jalonan las calles de la antigua Ispal de los fenicios, la Híspalis de los romanos o la Isbilia de los musulmanes (llegados todos ellos por la vía navegable) sigue un enfoque geográfico e histórico y comienza en orden cronológico por la figura del almirante Cristóbal Colón, epítome del descubrimiento y conquista del Nuevo Mundo desde su primera expedición de 1492.

Las estatuas de Cristóbal Colón

Cuatro monumentos erigidos en los siglos XIX y XX, estudiados con detalle por Rojas-Marcos (2019), recuerdan el vínculo de Cristóbal Colón con Sevilla y ensalzan su protagonismo con tintes heroicos. El navegante de origen genovés, contratado por los Reyes Católicos españoles para explorar la ruta occidental hacia China, visitó a los monjes del monasterio de Santa María de las Cuevas, en la isla de La Cartuja, en la orilla de enfrente del casco urbano, y sus restos mortales estuvieron depositados en su capilla de Santa Ana desde 1509 durante 30 años. En los jardines adyacentes al monasterio hoy ocupado por el Centro Andaluz de Arte Contemporáneo se alza una estatua de 1887 que conmemora ese vínculo. Representa a Colón de pie, a tamaño algo mayor que el natural, subido a un pedestal de mármol. La efigie colinda con un gigantesco ombú, el árbol que según la tradición plantó allí Hernando Colón, el hijo del marino. Esta especie es originaria de Sudamérica y, en ese sentido, el ejemplar actúa como un lugar botánico de memoria americana. Uno de los signos de identidad de la ciudad desde el punto de vista paisajístico y botánico es que sus parques se distinguen en España por la alta presencia de especies importadas de América. Esta característica es el claro testimonio, medio milenio más tarde, de los efectos a este lado del Atlántico del "intercambio colombino" que se produjo entre el Viejo y el Nuevo Mundo en el siglo posterior a 1492, el intercambio biológico más intenso y espectacular de la historia, como destaca Crosby (1972, 113).

También heroico es el mausoleo que aloja en la Catedral de Sevilla los restos de Cristóbal Colón traídos desde Cuba en 1899. Desarrollado entre 1891 y 1902, el imponente monumento funerario, obra de Arturo Mélida y Alinari, representa a cuatro reyes de armas de 260 centímetros de altura que sostienen a hombros en andas el féretro del almirante, y se sitúa dentro del templo junto a la puerta de San Cristóbal.

Aunque el primer viaje de Colón de 1492 partió del puerto de Palos de la Frontera, en la cercana costa atlántica de Huelva, su trayectoria está más ligada a Sevilla, que era el epicentro de las gestiones estatales en relación a la exploración y conquista de los nuevos territorios. En esta ciudad se constituyó, en dependencias del palacio del Real Alcázar, la Casa de la Contratación de Indias, agencia imperial encargada de todos los tratos con las posesiones de ultramar[1].

La tumba de Colón, que ocupa un lugar prominente y a resguardo en la Catedral, no es objeto de especial devoción popular u homenajes hoy en día, pero tampoco víctima de ataques. El monumento exalta al héroe y su misión evangelizadora y conquistadora como adelantado del cristianismo católico y del imperio español, pero, al estar fuera de la calle, su mensaje tiene un impacto público limitado. Sólo lo ven turistas y feligreses.

---

1   Que la Casa de la Contratación se fundara en Sevilla y no en Cádiz se debía a que la primera era "puerto interior, resguardado de ataques piráticos", contaba "con una gran tradición mercantil", era sede desde antiguo del "Almirantazgo de Castilla y el Tribunal del mismo" y funcionaba en ella la escuela de marinos conocida como "Universidad de Mareantes" (Morales Padrón, 1981, 215).

Entre 1917 y 1921 se construyó por suscripción popular a iniciativa de José Laguillo, director del periódico *El Liberal*, el tercer monumento aún existente en Sevilla dedicado al explorador. Formado por dos columnas de 22 metros unidas por una carabela, y presidido por un busto de Colón, el conjunto adorna el Paseo de Catalina de Ribera, en los jardines de Murillo, a las espaldas del Real Alcázar.

La cuarta y más reciente escultura dedicada en Sevilla al descubridor es de dimensiones colosales, con 42 metros de altura, 32 de anchura y 476 toneladas de peso. Se la conoce popularmente como El Huevo de Colón porque la efigie aparece enmarcada dentro de una estructura oval que alude a la famosa anécdota según la cual el descubridor puso un huevo de pie. El monumento, obra del escultor georgiano Zurab Tsereteli, fue un regalo del Ayuntamiento de Moscú con ocasión de la conmemoración del Quinto Centenario del Descubrimiento y la celebración en Sevilla de la Exposición Universal de 1992, aunque se inauguró en su emplazamiento en 1995, en el parque de San Jerónimo, junto a la dársena del río.

Otro de los grandes lugares ligados al navegante en la ciudad es la Biblioteca Capitular y Colombina, ubicada en una esquina de la Catedral con la calle Alemanes y gestionada por el Arzobispado. Esta biblioteca guarda los libros de Cristóbal Colón (incluido un ejemplar de las memorias del veneciano Marco Polo con anotaciones manuscritas del almirante genovés) y los que acumuló su bibliófilo hijo Hernando Colón. La Biblioteca Colombina es el gran complemento documental del vecino Archivo de Indias.

La expedición de Magallanes-Elcano

La Catedral, el palacio y los jardines del Real Alcázar y el Archivo General de Indias forman el conjunto declarado Patrimonio de la Humanidad por la Unesco, y todos ellos tienen relación con América. La Catedral, como hemos visto, alberga los restos de Colón y fue testigo del ir y venir de personas durante los siglos de mayor relación con el Nuevo Mundo; el Real Alcázar acogió audiencias de los jefes de Estado con los líderes de las expediciones y era la sede del Consejo de Indias y de la Casa de la Contratación, y, por último, el edificio de piedra del Archivo General de Indias se levantó como Lonja para uso de los mercaderes con intereses americanos, antes de transformarse a finales del XVIII en el archivo central del Estado de toda la documentación producida en los siglos de gestión de los territorios coloniales.

Este eje religioso, político y administrativo continuaba, al otro lado de la actual avenida de la Constitución, con el edificio de la Casa de la Moneda, la fundición donde se acuñaba moneda con la plata traída de minas americanas como la de Potosí, en Bolivia, y que hoy, en fase paulatina de restauración, ha dado paso a apartamentos de lujo. Siguiendo desde allí por la calle Santander, llegamos ahora, como entonces, a poco más de 200 metros, a los muelles del Guadalquivir donde cargaban y descargaban los barcos de América. Aquí, en el muelle de la Sal, a la derecha de la antigua Torre del Oro de la era musulmana, nos encontramos con una réplica a escala real de la nao *Victoria*, la nave principal de la flota de cinco barcos encabezada por el marino portugués al servicio de la corona española Fernando de Magallanes.

fig. 1. *La nao Victoria, réplica de la original, atracada en Sevilla.*

La expedición partió de Sevilla el 10 de agosto de 1519 con la misión de encontrar al oeste, bordeando el sur de América, un pasaje entre el Atlántico y el Pacífico y una ruta comercial alternativa hacia las islas de las Especias, hoy las Molucas, en Indonesia.

Como sabemos, Magallanes encontró el paso interoceánico que lleva su nombre, lo mataron en una refriega con los nativos en Filipinas y el español Juan Sebastián Elcano tomó el mando durante el resto de la singladura. Elcano, una vez cumplida la misión de llegar a las Molucas, decidió regresar hacia el oeste por el sur del océano Índico para escapar de los portugueses, en lugar de volver por la misma ruta de la ida. Fue así como completaron por accidente la primera vuelta al mundo de la historia, cuando la *Victoria* llegó de vuelta a Sevilla el 8 de septiembre de 1522 trayendo a bordo a sólo 18 hombres de los 239 que habían zarpado tres años antes.

Una réplica de este barco de madera, construido por carpinteros de ribera en Isla Cristina, circunnavegó de nuevo el planeta para participar en la Exposición Universal de Aichi, en Japón, en 2005. Una segunda réplica, de 2020, es en la actualidad el mayor reclamo del Centro de Interpretación de la Primera Vuelta al Mundo, que la Fundación Nao Victoria, con la colaboración de la Comisión Nacional para el Quinto Centenario y el Ayuntamiento de Sevilla, ha abierto de forma permanente en el paseo Alcalde Marqués de Contadero nº 2, frente a la embarcación.

La conmemoración del quinto centenario de aquel hito ha sido la ocasión propicia que las administraciones públicas, y en particular el Ayuntamiento de Sevilla, han empleado para reivindicar el papel de la urbe como puerta o *hub* de comunicaciones entre Europa, América y África. El objetivo es revitalizar ese signo de identidad transoceánico como catapulta económica.

Esta efeméride continúa el patrón de las conmemoraciones oficiales que en el último siglo y medio han promovido cíclicamente el perfil hispanoamericano de la capital del sur de España. Los rótulos y monumentos de esta *memorabilia* datan desde finales del siglo XIX hasta hoy, en la tercera década del XXI.

El 12 de octubre de 1919, día de la Hispanidad, el Ayuntamiento colocó una inscripción conmemorativa del cuarto centenario de la primera vuelta al mundo en el antiguo muelle de las Mulas, hoy plaza de Cuba, de donde partió la flota. Los promotores del homenaje prometían colocar más adelante "un más digno monumento" a la altura de "los valerosos nautas que coronan la más portentosa empresa de la raza española." La placa, aún en su sitio y en buen estado, está en la fachada del Instituto Hispano-Cubanos de Historia de América, junto al antiguo convento de Los Remedios, en la orilla derecha del río, que actualmente es una dársena cerrada por esclusas.

fig. 2. *Inscripción conmemorativa de 1919.*

Exposiciones de 1929 y 1992

Una década después, en 1929, se inauguró la Exposición Iberoamericana, un hito urbanístico que transformó Sevilla. Que la mayor feria o evento que había organizado la ciudad hasta la fecha estuviera dedicada a los países "hermanos" de Iberoamérica, incluidos Estados Unidos y Portugal, indica que la vocación transatlántica seguía viva y que las autoridades (empezando por el rey Alfonso XIII, su gran promotor) tenían interés por afianzarla, un siglo después de la traumática independencia de los territorios españoles de América y apenas tres décadas más tarde de la guerra con Estados Unidos de 1898 que supuso la pérdida de las últimas posesiones de ultramar en Puerto Rico, Cuba y Filipinas.[2]

---

2 Desde la segunda mitad del XIX estaban en auge los movimientos intelectuales hispanoamericanista y panlatinista que reivindicaban una identidad común de estos países, hermanados por su acervo español y latino.

En España, se intensificaba "la idea de América como una prolongación de

Con esta Exposición se quería celebrar la amistad, la hermandad y las relaciones fructíferas entre ambos lados del Atlántico, basadas en el respeto mutuo y la herencia cultural compartida. Para la Exposición Iberoamericana, y bajo la dirección inicial del arquitecto Aníbal González, se remodeló el parque de María Luisa como escenario del evento, plantando bajo la batuta del paisajista francés Nicolas Forestier un gran abanico de especies americanas, a tono con el tema del encuentro. También se construyeron pabellones nacionales en el parque y su entorno junto al río, la mayoría de los cuales sigue hoy en pie y en uso, como recuerdo cotidiano de los países que le dan nombre: los pabellones de Argentina y Guatemala son sede del Conservatorio de Danza, el de Chile acoge la Escuela de Artes, los de México, Brasil y Uruguay son dependencias de la Universidad de Sevilla, en el de Estados Unidos realiza sus actividades artísticas la Fundación Madariaga y el de Perú se destina al museo Casa de las Ciencias.

El callejero sevillano está permeado también por la celebración de 1929. A uno de los ejes de la Exposición se le dio el nombre de plaza de América, que mantiene, y el vecino barrio burgués de El Porvenir, de bellas casas-palacetes, trenzó su viario con nombres de lugares americanos, desde Montevideo a Brasil.

Tras la guerra civil española (1936-1939), que en Sevilla se cobró la vida de unas cuatro mil personas, en su mayoría civiles fusilados por los golpistas, la dictadura de Francisco Franco explotó durante cuatro décadas el viejo orgullo imperial español desde su óptica ultranacionalista y ultracatólica. Hubo que esperar hasta 1992 para que la España salida de la Transición celebrara su nuevo estatus de Estado democrático y moderno, y para ello el lema elegido fue el legado americano y la edad de oro de las exploraciones. El gobierno socialista de Felipe González, en el poder desde 1982, aprovechó el

la propia identidad nacional" (Valero, 2017, 26). Del Arenal, por su parte, ha explicado la evolución de las relaciones entre España e Iberoamérica y señalado que su estrecha afinidad emocional sigue siendo clave de la política internacional de la antigua metrópoli: "Ni siquiera la proyección europea, prioritaria en todo los sentidos en la política exterior de España, tiene una dimensión identitaria tan marcada y tan determinante del sentido y alcance con que se plantean las relaciones con América Latina" (2009, 22).

año emblemático del quinto centenario del descubrimiento europeo del Nuevo Mundo como gran ocasión para organizar en Sevilla una Exposición Universal y los Juegos Olímpicos en Barcelona.

La Expo 92 fue, como la de 1929, un revulsivo para la ciudad. Su recinto, en la antigua isla de la Cartuja, alrededor del antes nombrado monasterio cartujano adonde acudía Colón, lo ocupa hoy el Parque Científico y Tecnológico Cartuja (PCT), con 536 entidades, y el edificio Plaza de América, que contenía las exposiciones de la mayor parte de los países americanos, es la Escuela Superior de Ingenieros. El fluvial Jardín Americano, uno de los oasis vegetales de la Expo, lleno de especies tropicales, pasó también por una época de abandono pero se ha recuperado como lugar de paseo. El código postal adjudicado desde la Expo a la isla de la Cartuja, el 41092, recuerda de forma permanente con sus dos guarismos finales el valor simbólico del año colombino.

Pasados los fastos de 1992 y la resaca en forma de recesión de 1993 y 1994, la nueva inyección que revitalizaría la conexión americana de Sevilla llegó hacia finales del siglo XX. Coincidiendo con el boom económico que experimentaba España, a la ciudad empezaron a llegar miles de inmigrantes de lengua española procedentes de países americanos en crisis. Esta nueva presencia de mujeres y hombres, dedicados en su mayor parte a la hostelería, al cuidado de personas mayores y a otros trabajos de baja remuneración, ha servido como recordatorio callejero, vivo y auténtico de la relación entre Sevilla y América, más allá de los monumentos a Colón y de los documentos del Archivo de Indias.

La conmemoración de 2019-2022

Ya entrados en el siglo XXI, el horizonte del quinto centenario de la primera vuelta al mundo constituyó la nueva motivación para refrescar el tesoro que es el pasado americano de Sevilla. La asociación Civiliter, usando un lenguaje desprovisto del tono nacionalista de sus predecesores, logró que en 2010 se colocara una escultura en forma de esfera armilar en la Milla Cero del viaje, en reconocimiento al impulso que supuso para la globalización. La esfera, a pocos metros de la antes mencionada inscripción de 1919, está en un lateral de la plaza de Cuba, cerca de la esquina con la avenida de la República Argentina; dos nombres americanos para los dos lugares más destacados del rico barrio de Los Remedios, construido en los años 70 en la orilla de Triana.

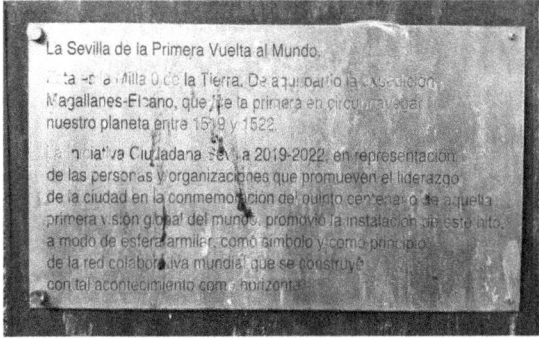

fig. 3. *Placa conmemorativa en el monumento de 2010*
a la primera vuelta al mundo.

Desde el monumento se observa, en la orilla del casco antiguo, el paseo fluvial del Muelle de Nueva York y el Palacio de San Telmo, antigua escuela de navegantes y hoy sede del gobierno regional de Andalucía. La escuela de San Telmo sucedió a la que había en la calle Pureza de Triana, en la Casa de las Columnas, actualmente usada como Centro Cívico del Ayuntamiento. En la cercana iglesia de Santa Ana reposa la escultura original de la Virgen de la Victoria, a la que se encomendaron los marinos de la expedición de Magallanes, que dio nombre a su nao más famosa. Lo primero que hicieron los supervivientes en cuanto tomaron tierra a su regreso de la vuelta al mundo fue peregrinar hasta la Virgen en la iglesia para agradecerle su triunfo.

Intelectuales, medios de comunicación, profesores, la élite cultural amante de la historia, espolearon a las instituciones públicas al ver que se acercaban los años del quinto centenario de la primera vuelta al mundo y que se corría el riesgo de no aprovechar la efeméride con actos a su altura. Finalmente, el Estado tomó las riendas de la conmemoración organizando una pléyade de actividades repartidas entre 2019 y 2022, aunque no han llegado a la intensidad de las de 1929 y 1992.

Al rebufo de la movilización institucional, se han montado eventos y creaciones culturales de todo tipo en torno a la expedición de Magallanes-Elcano y lo que representa como hito en la globalización. Se han hecho, con subvenciones públicas, documentales, películas, obras de teatro, exposiciones, publicaciones . . . Además del Centro de Interpretación y la nao *Victoria*, el Archivo de Indias ha servido de escaparate principal de la efemérides con varias exposiciones. La más reciente, que acabó el 19 de mayo de 2021, titulada La fábrica del mundo, exponía cómo la evolución de la cartografía construyó la imagen de América y del planeta, apoyándose para ello en mapas de sus ingentes fondos, como el mapa americano de Tomás López de 1792.

Desde que el personal del Archivo General de Indias, parte de la red estatal de archivos, comenzó en los años 90 del siglo XX la digitalización de sus fondos para ponerlos a disposición de los lectores de cualquier rincón del mundo, la memoria documental del lugar ha dejado de estar físicamente vinculada a sus muros para trasladarse al espacio virtual de Internet. Por seguridad, los legajos de papel que antes se almacenaban en las vastas salas del edificio principal se trasladaron a cámaras subterráneas, conectadas por un moderno túnel bajo tierra con el edificio de la acera de enfrente, en el número 5 de la calle Santo Tomás, que hoy sirve de sala de lectura.

El espacio del imponente edificio principal, decorado con carpetas vacías, se ha dedicado en las últimas dos décadas a un nuevo uso como escenario de exposiciones temporales relacionadas con América, para así llegar a un público más numeroso que el estrictamente investigador. El Archivo de Indias es de visita gratuita y se puede recorrer aunque no haya exposiciones temporales abiertas.

Como hemos visto, la mayor parte de los espacios que recuerdan el legado americano de Sevilla es fruto de una planificación estatal instigada por élites culturales ciudadanas, y no el resultado de una demanda popular masiva. Con todo, la población ha acogido bien estas iniciativas de conmemoración histórica e identitaria. Las protestas contra los fastos del 92, por su presunto carácter imperialista, fueron sonoras pero muy minoritarias, y no hay noticias reseñables de ataques ideológicos, por ejemplo, contra las estatuas de Colón, el monumento esférico a Magallanes-Elcano o cualquier otro elemento que recuerde la presencia española en América.

Más allá del recordatorio cíclico de la cultura americana de Sevilla, la asignatura pendiente es que esa memoria se traduzca en una relación más viva entre los dos continentes, con la capital andaluza como puerta y puente de Indias como hace cinco siglos. En definitiva, que aumenten las relaciones entre empresas y las conexiones de transporte. En este sentido, un buen ejemplo que seguir es el de la empresa sevillana de ingeniería naval Ghenova, que ha apostado, como nos ha explicado su director fundador, Francisco Cuervas, por su expansión americana abriendo grandes oficinas con decenas de empleados en Río de Janeiro (Brasil), Santa Cruz (Bolivia) y Cartagena de Indias (Colombia). El teletrabajo y la digitalización facilitan, junto al idioma común, el desarrollo trasatlántico de estas redes empresariales.

La relación con los "países hermanos" sigue viva también a través de la reciente inmigración, que es de doble sentido, americana y española. En los años de la recesión de 2008-2015 aumentó el éxodo de especialistas españoles en paro que se fueron a "hacer las Américas", como se suele decir en España a buscar fortuna en ultramar, de Chile a Paraguay y de Perú a Estados Unidos. Lo mismo que intentó sin éxito Cervantes cuando pidió y no logró embarcarse hacia la Nueva España.

Aún hay mucho margen para estrechar los vínculos, periódicamente resucitados. En esa dirección avanza la estrategia política estatal, regional y local que fomenta la memoria americana de Sevilla con el objetivo de mejorar sus oportunidades como cabeza de puente transatlántico dentro de un mundo globalizado. Su narrativa reivindica que el mayor paso de esa globalización se dio aquí hace quinientos años.

Otros hitos americanos

Los hitos urbanos que recuerdan la ligazón americana de Sevilla no se detienen sólo en las aventuras de Colón, Magallanes y Elcano, cabezas visibles de los miles que hicieron la travesía. En sus calles hay más etapas de esta exploración urbana y marcas que ensalzan a otros protagonistas. Valgan tres ejemplos. En la calle Pajaritos, una placa sin fecha marca el lugar donde estuvo la imprenta del alemán Jacome Cromberger y recuerda que de aquí salió su operario Juan Pablos para establecer en Méjico en 1539 la primera imprenta de América, filial de la sevillana. En la calle Sierpes, un azulejo municipal de 1988 informa del sitio donde estuvo el jardín botánico medicinal de Nicolás Monardes (1493-1588) y ensalza su papel como "introductor de la materia médica americana en Europa." Una de las plantas americanas que Monardes estudió aquí fue la del tabaco. Y un rótulo de 1966 en la iglesia de la Magdalena, antiguo convento dominico de San Pablo, en la calle San Pablo, honra al sevillano Bartolomé de las Casas como defensor de los indígenas en el lugar donde fue consagrado como obispo de Chiapas.

En la avenida de Kansas City, junto a la estación de trenes de Santa Justa (construida para la Expo 92 y adonde llega el primer tren de alta velocidad que se puso en servicio en España, precisamente en ese año, entre Madrid y Sevilla), mira al horizonte la estatua de un indio montado a caballo, regalo de la ciudad estadounidense hermanada con la española. Otras esculturas ecuestres regaladas por países americanos son la del general San Martín, obsequio de la Federación de Sociedades Españolas de Buenos Aires por la Expo 92, en la calle Torneo, y la del otro libertador, Simón Bolívar, donada por el gobierno de Venezuela en 1981, que abre sus brazos frente al pabellón argentino de la Expo del 29.

Desde el sector de la investigación académica, mantienen activa la vocación americanista de Sevilla organismos como la Escuela de Estudios Hispano-Americanos (dependiente del estatal Centro Superior de Investigaciones Científicas, CSIC), en la calle Alfonso XII, o los prestigiosos departamentos de Historia de América (en la Facultad de Historia) y de Literatura Española e Hispanoamericana

(Facultad de Filología) de la Universidad de Sevilla, ubicados en la antigua Real Fábrica de Tabacos. Este edificio, el mayor de la ciudad, evidencia el vínculo económico entre Sevilla y América por los siglos en que aquí se asentó el monopolio de la fabricación de cigarrillos y puros con el tabaco traído de las plantaciones de Cuba.

Junto al río, en la calle Temprado del viejo barrio portuario del Arenal, espera desde hace años su rehabilitación el vacío edificio de las Reales Atarazanas medievales que ordenó construir Alfonso X el Sabio en el siglo XIII como astilleros para fabricar barcos. Además de haber servido de escenario para la filmación de escenas fantásticas de la serie Juego de Tronos, la Fundación Museo Atarazanas quiere que este espacio, una vez restaurado, acoja un museo dedicado a la historia de las relaciones de Sevilla con América.

El extenso patrimonio memorial de la Sevilla americana tiene como otras escalas físicas el espectacular Palacio de Dueñas de la Casa de Alba, en la calle Dueñas, donde Américo Vespucio se casó en 1500 con la sevillana María Cerezo. El navegante y cartógrafo italiano al servicio de la corona española (una calle principal lo recuerda en la antigua Expo del 92) desempeñó en Sevilla el cargo de piloto mayor de la Casa de la Contratación de Indias, lo que quiere decir que era el mayor responsable de las exploraciones al nuevo continente. Dos obras de Vespucio llevaron a que el cartógrafo Martín Waldseemüller, en su mapa de 1507 *Universalis Cosmographia*, denominara la tierra descubierta como América (en forma femenina, como los demás continentes), en honor al explorador. En la entrada de este palacio de la Casa de Alba, la familia más importante de la aristocracia española, no hay ninguna placa que rememore la boda que celebró en sus jardines el hombre que originó sin saberlo el nombre del nuevo continente.

El memorial americano de Sevilla complementa sus marcas físicas en el territorio con una creciente presencia virtual en internet que deslocaliza los lugares de recuerdo y facilita su difusión mundial, como prueban la digitalización del Archivo de Indias y recursos *online* sobre el viaje de Magallanes-Elcano como la página especial de Google Arts and Culture o los portales de la Comisión Nacional (vcentenario.es) y del divulgador Tomás Mazón (rutaelcano.com).

Como conclusión

Como hemos comprobado en este itinerario (que no agota todos los registros, calles ni rótulos), no existe un único lugar memorial que capitalice la exaltación o recuerdo del papel decisivo de Sevilla en América, y lo que el paseante se encuentra más bien es un reguero de espacios e hitos, la mayor parte de ellos colocados desde finales del siglo XIX, coincidiendo con la pérdida de América, a instancias de las autoridades y de la élite cultural. La población ha acogido estos monumentos con naturalidad aunque sin devoción, entre la conciencia del pasado de unos y la tranquila indiferencia de los más.

Las tres grandes conmemoraciones estatales de 1929, 1992 y 2019-2022 que han impulsado la recuperación de la memoria americana de Sevilla han apelado como inspiración positiva a la época de esplendor de la ciudad cuando era el puerto exclusivo de comunicación con América. Todas ellas han fomentado las relaciones fraternales de encuentro y cooperación con los antiguos territorios coloniales después del fin del imperio español de ultramar. Se destacan los aspectos ejemplares del pasado, no los cruentos, presentando en conjunto una memoria americana que es luminosa, no trágica. Estas conmemoraciones han servido como excusa movilizadora y palanca de cambio para la transformación social, económica y urbanística de la capital del sur de España. La movilización ha alentado y acrecentado a su vez el recuerdo y el mito del pasado.

La conmemoración actual de la primera vuelta al mundo recuerda el papel de la ciudad en esa gesta globalizadora con el fin de promover de nuevo su candidatura en el mundo interconectado del siglo XXI como puente, puerta o *hub* entre Europa, América y África. Estas iniciativas del Estado, animadas por élites intelectuales y económicas, no responden a una demanda popular, pero la población las ha acogido de buen grado. No hay ataques ideológicos contra los lugares conmemorativos ni derribos de estatuas. La memoria americana es así un poso que impregna la ciudad aunque los habitantes no sean conscientes de ella.

fig. 4. *Esfera armilar en el lugar de donde partió
la primera vuelta al mundo.*

Bibliografía

Cascales Ramos, Antonio. *La Sevilla americana.* Sevilla: Alfar. 1990.

Chaunu, Pierre. *Sevilla y América. Siglos XVI y XVII.* Sevilla: Editorial Universidad de Sevilla. 1983.

Crosby, Alfred W. *The Columbian Exchange: Biological and Cultural Consequences of 1492.* Westport: GPG. 1972.

Del Arenal, Celestino. "Identidades, valores e intereses en las relaciones entre España y América Latina", 21-86. En *España y América Latina 200 años Después de la Independencia. Valoración y Perspectivas,* Celestino del Arenal (ed.). Madrid: Instituto Real Elcano / Marcial Pons. 2009.

Morales Padrón, Francisco. *Historia del Descubrimiento y Conquista de América.* Madrid: Editora Nacional. 1981.

Morales Padrón, Francisco. *Sevilla en América, América en Sevilla. Sevilla*: Instituto de la Cultura y las Artes (ICAS). 2009.

Rojas-Marcos González, Jesús. "Los monumentos a Cristóbal Colón en Sevilla", en García Cruzado, Eduardo (Coordinador), *Actas de las Jornadas de Historia sobre el Descubrimiento de América.*

Tomo IV, 75-116. Universidad Internacional de Andalucía (UNIA), Ayuntamiento de Palos de la Frontera, 2019.

Valero Juan, Eva. "La fraternidad hispano-americana a debate: el diálogo cultural del 98". *Kamchatka. Revista de análisis cultural* 9 (Julio 2017): 25-45.

La statua di Francisco Pizarro e il dibattito - mancato - sull'identità nazionale peruviana

Luigi Guarnieri Calò Carducci
Università degli Studi Roma Tre

Abstract: La statua equestre dedicata a Francisco Pizarro, *conquistador* del Perù e fondatore della capitale peruviana, inaugurata a Lima nel 1935 davanti alla cattedrale, dopo un primo spostamento nel 1952, nel 2003 è stata posizionata, dopo un lungo e dibattuto iter, in un altro spazio pubblico, meno centrale. Le vicende relative alla collocazione della statua sono relazionate al dibattito sulle caratteristiche dell'identità storica e attuale del paese. Nella figura di Pizarro prevale il *conquistador*, con tutto il significato predatorio e anti-indigeno che questo implica, oppure il fondatore della città, in una prospettiva più asettica, primo interprete, suo malgrado, del Perù meticcio? Un dibattito inconcluso.

Le statue sono sempre state oggetto di protesta. Oggetto attraverso il quale si manifesta il dissenso nei confronti di provvedimenti del governo e di decisioni non condivise da una parte dell'opinione pubblica; oppure, come tentativo di sottolineare un cambiamento politico, atteso da molto tempo, come nel caso dell'abbattimento delle statue in occasione di cambi di regime, in URSS, Afghanistan, Iraq, Albania, in altri paesi. Vi sono occasioni in cui le statue simboleggiano un passato che si rifiuta e la cui celebrazione pubblica, risultante dall'esposizione di quei monumenti, risulta insopportabile e se ne chiede quindi la rimozione: negli Stati Uniti d'America, statue di generali appartenenti all'esercito confederale, combattenti quindi in nome della perpetuazione del regime schiavistico negli stati del Sud durante la guerra civile; o, negli Stati Uniti così come in Gran Bretagna, monumenti a personaggi implicati nel commercio di schiavi.

Talvolta, a scatenare la protesta sono stati anche i maltrattamenti e le morti procurate dalle forze dell'ordine a cittadini di origine africana, come negli Usa negli ultimi anni. Vi è poi l'onda più lunga della *cancel culture*, che da politicamente corretta e progressista, è divenuta strumento di campagne d'odio basate sull'ignoranza e sostenute dall'uso del rete telematica: le statue di Cristoforo Colombo sono oggetto di protesta non perché collegabili a qualche provvedimento governativo del momento, ma perché il personaggio è stato accusato di genocidio dei *taíno*, originari abitanti dei Caraibi scomparsi del tutto pochi anni dopo la conquista spagnola, e di aver introdotto la schiavitù di stampo europeo nel Nuovo Mondo. In America Latina, nel solco di proteste scatenate da episodi di violenza nei confronti di minoranze o di provvedimenti impopolari da parte del governo, bisogna ricordare l'abbattimento della statua di Pedro de Valdivia a Concepción, Cile, alla fine del 2019; quello della statua di Sebastián de Belalcázar a Popayán, nel 2020, in Colombia.

Il presente studio riguarda una statua che non è stata fatta oggetto di attacchi o tentativi forzosi di abbattimento ma le lunghe vicende legate alla sua esposizione, spostamento, rimozione e riproposizione. Ossia, riguarda le vicende, svoltesi nell'arco di circa settanta anni, della statua equestre di Francisco Pizarro a Lima. In questo caso, sotto accusa, non è stato tanto il personaggio, quanto l'espressività implicita nell'opera d'arte, in quanto il cavaliere ritratto nella statua equestre sembra esprimere, a cavallo e con la spada sguainata, minaccia, violenza, protervia, e celebrare, quindi, proprio la conquista spagnola.

Pizarro nella storia del Perù

Il 26 giugno del 1541 il breve governo di Francisco Pizarro sul Perù, la cui conquista era iniziata meno di dodici anni prima e che non era ancora completata, terminò. Il marchese, originario di Trujillo, in Extremadura, fu assassinato dai seguaci di Diego de Almagro, suoi rivali, in un'imboscata tesagli nel suo stesso palazzo, con un colpo di spada alla gola. Ricerche forensi sulla salma, a distanza di secoli, hanno accertato che ricevette altri sedici colpi di spada. Morte violenta, come del resto, quella che egli inflisse ai suoi rivali spagnoli in Perù, nonché alle stesse popolazioni autoctone oggetto di invasione. La figura di Francisco Pizarro è una delle più controverse tra quelle dei *conquistadores*. Da sempre considerato analfabeta, rozzo, uomo non all'altezza della situazione, contrapposto all'istruito e stratega Hernán Cortés, *conquistador* del Messico, su di lui grava l'infamia, tra le mille azioni deprecabili, di aver fatto condannare a morte con un processo farsa l'Inca Atahualpa, dopo nove mesi di prigionia, e averlo fatto giustiziare. Pizarro non ha mai goduto di una gran fama, dentro e fuori del mondo iberico, personificando l'avventuriero senza scrupoli e spietato, una sorta di prototipo delle malefatte spagnole nel Nuovo Mondo. Studi più recenti hanno evidenziato, al contrario della preminente vulgata, le sue capacità di comando, maturate dopo lunghi anni - decenni - di apprendistato e di dure esperienze precedenti l'impresa peruviana, sottolineando le capacità di mediazione e di governo nel territorio più esteso e più lontano dalla madrepatria, percorso da conflitti e tensioni continue tra spagnoli e indios, ma anche tra gli stessi spagnoli (Varón Gabai 2000; Lavallé 2005; Mira Caballos 2018).

La statua di Pizarro era stata inaugurata a Lima nel 1935, nella piazza più importante della capitale del Perù, la Plaza de armas. Nel 1952 fu spostata in una piazzetta adiacente denominata, appunto, Plaza Pizarro. Il 27 aprile 2003 il sindaco di Lima ordinò il ritiro della statua equestre di Francisco Pizarro e la sua sistemazione in un deposito comunale. L'idea di togliere la statua del marchese non era nuova, giacché in diverse occasioni era stata fatta oggetto di critiche la presenza, davanti alla cattedrale, della statua del conquistatore spagnolo. Nessun paese latinoamericano ospitava qualcosa di simile, inoltre, in una posizione così preminente. In Messico, un paese che per importanza storica, vicende legate alla conquista spagnola e identità culturale può ben essere paragonato al Perù, non c'è una statua di Hernán Cortés, ma quella di Cuauhtémoc, l'ultimo re azteco sconfitto da Cortés, eretta nel 1887 lungo il Paseo de la Reforma. In Perù, durante la dittatura militare di Velasco Alvarado — una dittatura "progressista", durata dal 1968 al 1980 — lo storico

Juan José Vega aveva proposto che la statua di Francisco Pizarro fosse rimossa e sostituita da quella di Tupac Amaru II, il discendente degli Inca che aveva promosso una rivolta in grande stile contro le autorità spagnole nel 1780. Ciò non si realizzò. Fu tolto, invece, un ritratto del marchese dal palazzo del governo e fu sostituito da quello dell'inca. Questo sì fu un atto assai controverso, e anche un po' contraddittorio, giacché la sala principale del palazzo del governo si chiamava "salón Pizarro", e la casa del governo insisteva su ciò che era stata proprio la casa di Pizarro a Lima. L'ambasciatore di Spagna lo considerò un'offesa a uno degli eroi nazionali, ma non ci fu nessuna protesta pubblica, né alcun provvedimento diplomatico.

Nel 1985, su proposta dell'architetto Santiago Agurto Calvo, il consiglio comunale di Lima decretò l'esposizione di un monolite in omaggio a Taulichusco, un capo indigeno della zona di Lima che nel 1535 era stato privato - pare - dei suoi territori dagli spagnoli. Agurto, negli anni successivi, condusse una battaglia d'opinione finalizzata a rimuovere la statua del marchese dalla piazzetta omonima. Agli inizi del 2003 raggiunse il suo scopo. Il nuovo sindaco di Lima, Luis Castañeda Lossio, dispose il ritiro della statua dalla piazzetta. Al posto del monumento fu posta una bandiera nazionale e una fonte ornamentale (Varón Gabai 2006).

Le statue di Pizarro a San Francisco e a Trujillo

Le vicende legate all'esposizione della statua di Pizarro sono solo in parte legate a una sorta di rinascita ispanista in Perù; si collocano piuttosto in un contesto di relazioni artistiche e culturali, anche politiche, in senso lato del termine, esistenti negli anni Venti e Trenta del XX secolo, in una sorta di triangolazione di occasioni pubbliche, coincidenze e relazioni tra Stati Uniti, Spagna e Perù.

La presenza e la diffusione, tutto sommato abbastanza limitata, di monumenti relativi a personaggi della conquista spagnola in America è un fenomeno collocabile nel XX secolo, ossia in un periodo in cui i risentimenti seguiti all'indipendenza, dall'una e dall'altra parte, erano lontani nel tempo e parzialmente superati dalle conseguenze della guerra USA-Spagna del 1898. La sconfitta della Spagna, soccombente di fronte alla potenza nordamericana, paragonata a una sorta di "Golia anglosassone", aveva generato un'ondata di solidarietà verso la vecchia metropoli con il conseguente recupero della radice ispanica, considerata nel dibattito seguito in vari paesi, negli anni successivi, densi di grandi trasformazioni sociali e politiche, costitutiva dell'identità latinoamericana. Grazie anche ai tentativi del governo franchista di consolidare un sentimento comune di ispanicità nei paesi un tempo dominati, a partire dagli anni Trenta si manifestò la tendenza a installare statue di *conquistadores*, quasi sempre opere di artisti della penisola iberica: il monumento a Sebastián de Benalcázar, a Popayán nel 1938, realizzato da Víctor Macho; quello a Gonzalo Jiménez de Quesada a Santa Fe de Bogotà nel 1960, di Juan de Ávalos; a Pedro de Valdivia a Santiago del Cile, nel 1962, opera di Enrique Pérez Comendador. Nello stesso periodo, artisti latinoamericani frequentavano la Academia de San Fernando di Madrid. Bisogna ricordare che il recupero di temi legati al passato coloniale nei monumenti artistici non riguardò solo l'America latina ma anche gli Stati Uniti, dove si affermò lo stile architettonico "Mission", una moda che si diffuse dalla California alla Florida (Gutiérrez Viñuales 2003:377-380; Gutiérrez Viñuales 2004: 201-211).

Quest'ultima tendenza fu favorita anche dalla realizzazione, nel 1915, a San Francisco, della Panama Pacific International Exposition. Quest'evento, oltre che rientrare nella programmazione di Esposizioni internazionali, già avviata da decenni, celebrava l'apertura del canale di Panama, avvenuta qualche mese prima, e la ricorrenza della scoperta dell'Oceano Pacifico, avvenuta per la verità 402 anni prima ad opera di Vasco Núñez de Balboa; inoltre, si festeggiava la ricostruzione della città, distrutta da un terremoto nel 1906. L'Esposizione di San Francisco fu una mostra di notevole portata, alla quale parteciparono moltissimi paesi: ben ventidue ebbero il loro padiglione. Gran Bretagna e Germania non parteciparono per via della guerra in atto. L'Esposizione fu non solo un ambizioso tentativo di mostrare i progressi in campo scientifico e tecnologico in chiave di esaltazione delle potenzialità del continente, ma anche l'arte del tempo e il mito della storia americana. Parte di questo mito consisteva nel presentare le grandi figure del passato. In un contesto culturale di nuovo slancio artistico, di rinnovamento degli spazi pubblici, di avvicinamento tra le diverse parti del continente, si ricorse anche alla retorica della conquista d'America. Statue dei *conquistadores* Hernan Cortés e Francisco Pizarro furono commissionate ad artisti del tempo e posizionate davanti alla Tower of Jewels, un'alta costruzione tempestata di gemme brillanti che simboleggiava la ricchezza del continente. (Ludeña 2016; Markwyn 2014: 33-34)

Lo scultore Charles Rumsey fu incaricato di realizzare la statua del conquistatore del Perù. Rumsey era originario di Buffalo, dove era nato nel 1879, in un ambiente favorevole alle arti: suo zio era architetto, sua zia una pittrice che aveva realizzato il poster per l'esposizione Panamericana di Buffalo del 1901, alla quale lo stesso Charles aveva partecipato con la scultura di un indio. Dopo gli studi Rumsey aveva trascorso alcuni anni a Parigi dove aveva frequentato Emmanuel Fremiet, scultore dedito alla realizzazione di statue equestri, soggetti mitici, eroici, e animali in lotta. Sua è la statua di Giovanna d'Arco nella capitale francese. Rumsey, inoltre, era un appassionato di cavalli, era un buon fantino, partecipava a concorsi ippici e giocava a polo. Al ritorno negli Usa, svolse il lavoro di arredatore di case di lusso e di scultore. Nel 1910 sposò Mary Harriman, figlia del milionario e magnate Edward Henry Harriman, industriale nel campo delle ferrovie. Il matrimonio ebbe una certa risonanza e contribuì alla sua definitiva affermazione come artista. Nel 1913 partecipò all'Armory Show, a New York, il primo evento che introdusse l'arte moderna negli Usa. Poco dopo ricevette l'incarico per la statua equestre che realizzò per l'Esposizione del 1915. Rumsey studiò dettagliatamente il personaggio oggetto della statua commissionatagli in occasione dell'Esposizione di San Francisco. I dettagli dell'armatura furono ispirati da quelle presenti nell'armeria reale di Madrid, che Rumsey aveva visitato. La statua fu premiata con una medaglia di bronzo. L'autore, come ricordato, aveva una speciale predilezione per i soggetti equestri, data la sua passione per l'ippica e per il gioco del polo, e aveva tratto ispirazione dalle numerose foto scattate durante la pratica di questi sport. Tornò in Francia tra il 1917 e il 1918 per partecipare alla Grande Guerra come ufficiale di cavalleria, testimone diretto del declino del cavallo come fattore strategico nei conflitti. Rumsey morì nel 1924 in una gara automobilistica. La vedova rimaneva con l'immane lascito delle sue opere che cercò negli anni successivi di promuovere o collocare in via definitiva in varie località (https://burchfieldpenney.org/art-and-artists/people/profile:charles-cary-rumsey).

La statua di Pizarro ebbe almeno tre versioni. Una di queste è esposta ancora oggi davanti all'Albright-Knox Art Gallery di Buffalo, città natale di Rumsey. Un'altra è tuttora a Trujillo, città natale di Francisco Pizarro. L'ultima è la statua poi esposta a Lima.

La statua in Trujillo ha avuto un destino curioso, giacché avrebbe dovuto rimanere in Francia, dove già era nei primi anni Venti, dopo essere state esposta in una mostra, ma grazie al duca d'Alba finì in Spagna. Jacobo Fitz-James Stuart, XVII duca d'Alba, fu dal 1930 al 1931 Ministro degli Affari Esteri di Spagna. Durante la guerra civile spagnola, il duca d'Alba diventò rappresentante ufficiale del governo di Franco a Londra. Un particolare nella biografia del duca: vinse una medaglia d'argento nel polo ai giochi olimpici di Anversa del 1920. Secondo una testimonianza, il duca d'Alba aveva conosciuto la vedova di Rumsey durante un viaggio negli Usa. In una cena svoltasi in un prestigioso club ippico di New York cui erano presenti entrambi, sarebbe venuto a conoscenza dell'esistenza della statua di Pizarro e Mary Harriman gli avrebbe comunicato l'idea di donarla alla Spagna. Il duca avrebbe poi fatto da tramite per il trasferimento della statua che dal 1927 era a Parigi in quanto esposta in una mostra internazionale. La statua di Pizarro fu inaugurata a Trujillo, il 9 giugno del 1929, alla presenza della vedova di Rumsey, il sindaco della cittadina, l'ambasciatore degli Usa, il primo ministro Antonio Primo de Rivera. Il 1929 fu, tra l'altro, un anno di grande risonanza internazionale per la Spagna, giacché ospitò sia l'Esposizione internazionale, a Barcellona, sia quella Iberoamericana a Siviglia. Due anni prima era stata inaugurata a Siviglia la statua equestre del Cid, opera di una scultrice statunitense, ancora oggi visibile (Núñez Seco 1985; Pino Díaz 2016: 224-226).

Rinascita ispanista e spazi pubblici:
la statua di Pizarro a Lima

La statua attualmente in Perù vi arrivò sempre grazie all'opera di diffusione svolta da Mary Harriman, vedova di Rumsey, in occasione del quarto centenario della fondazione della capitale del Perù, 1935. In Perù, negli anni Venti, durante il governo di Augusto Leguia, protagonista di un progetto politico tendenzialmente e almeno nella sua prima parte innovatore, ci furono due anniversari importanti: il centenario dell'Indipendenza del Perù, nel 1921; quello della battaglia di Ayacucho, risolutiva per la definitiva indipendenza, nel 1924. Entrambi gli eventi furono ricordati dai monumenti innalzati nel periodo. In quegli anni, Lima si adornò di diverse sculture celebrative, opera sia di scultori stranieri, sia di artisti nazionali. I monumenti furono tutti collocati nel perimetro della Lima coloniale, in piazze di riferimento delle principali vie portanti della capitale. I canoni estetici che rappresentavano i soggetti — eroi nazionali dall'indipendenza in poi — si rifacevano a modelli europei, tentando di dare un'immagine di modernità e di una società in progresso, al passo con i tempi. In questa prima ondata di monumenti, prevalsero gli eroi del Perù indipendente, politici, militari o scienziati. Nel 1926 apparve invece il monumento a Manco Cápac, fondatore della dinastia inca, atto che in qualche modo segna il culmine della politica indigenista di Leguía, inizialmente salutata anche da molti attivisti impegnati sul fronte della difesa dei diritti degli indios come innovativa, poi fortemente criticata e osteggiata. L'opera, tra l'altro, non fu commissionata dal governo, ma donata dalla comunità giapponese in Perù (Cabanillas Delgadillo 2017; Hamann Mazuré 2011).

All'inizio degli anni Trenta la crisi economica, la caduta del governo di Leguía, le tensioni politiche e sociali, portarono il Perù a vivere una lunga fase di feroce lotta interna che nella storiografia è spesso ricordata come una vera a propria guerra civile. Il generale Óscar Benavides, già presidente dal 1914 al 1915, richiamato dopo l'assassinio del presidente Miguel Sánchez Cerro, avvenuto nel 1933, governò in modo autoritario fino al 1939, reprimendo le fazioni avverse e stringendo relazioni assai amichevoli con l'Italia fascista del tempo, almeno fino a quando le esigenze di compattezza politica continentale, portata avanti dagli Usa a più riprese e in modo sempre più stringente nelle conferenze panamericane, lo permisero (Guarnieri Calò Carducci 2007: 156-165).

Nel 1535, anno, come si è detto di celebrazione del quarto centenario di fondazione della capitale peruviana, il sindaco di Lima, Luis Gallo Porras, decise di collocare la statua di Pizarro di fronte alla chiesa del Sagrario, al lato della Cattedrale metropolitana di Lima. Un luogo di enorme rilievo, che la Chiesa peruviana per prima contestò, giacché il vescovo considerò la collocazione di un cavaliere armato, praticamente a ridosso del tempio, come una profanazione di un luogo sacro (figura 1).

fig. 1. Inaugurazione della statua di Francisco Pizarro, Lima, 1935

La statua di Lima, alta quattro metri, larga un metro e lunga tre, fu inaugurata il 18 gennaio dal presidente del Perù alla presenza dell'ambasciatore degli Usa e di quello di Spagna. Quest'ultimo aveva proposto di affiancare un'altra statua, a simboleggiare le comuni radici culturali tra Spagna e Perù, quella di Garcilaso del Vega, detto "el Inca" - simbolo massimo della sintesi della cultura dei colonizzatori e di quella inca: un'opera da realizzare a spese della colonia spagnola in Perù, progetto che tuttavia non si realizzò. Anche se solo una serie di combinazioni avevano favorito l'evento della sistemazione del monumento a Pizarro, è chiaro che con l'inaugurazione della statua in quel preciso momento storico prevalse un discorso di giustificazione di tipo ispanista. La parola *hispanidad* acquisisce un significato e una carica molto più forte, in quel periodo perché ricorda il dibattito politico, ideologico, letterario, che si era svolto per tutti gli anni Venti in Perù, a proposito della questione indigena, ma ricorda anche l'impossibilità di negare il passato della dominazione spagnola che aveva lasciato due enormi macigni culturali, visibili da chiunque: la lingua iberica e il cattolicesimo, tra l'altro intimamente connessi. "Hispanistas" erano stati chiamati gli scrittori della generazione del '900 che avevano rivalutato il retaggio spagnolo in Perù. Il dibattito sulla *hispanidad*, quindi, si collegava al tema dell'identità storica peruviana e poteva però essere utilizzato per accentuare un discorso di taglio politico.

Gli spostamenti successivi

L'inaugurazione della statua, dunque, suscitò proteste e un dibattito pubblico, ma nulla cambiò fino al 1952, quando, di nuovo sindaco Luis Gallo, si decise lo spostamento in una piazzetta adiacente alla Plaza de Armas, al posto di un a casa coloniale appartenuta a Martín de Alcántara, fratello da parte di madre di Francisco Pizarro e tra i fondatori anch'egli della città. Fu una decisione dell'allora presidente della repubblica Manuel Odría, per ragioni non chiaramente esposte. Di sicuro, erano note le osservazioni delle autorità ecclesiastiche sulla non congruità della presenza, peraltro assai ravvicinata, di un elemento artistico così evidente accanto alla cattedrale di Lima. La statua fu trasferita tra la notte del 26 luglio e il 28 luglio, anniversario dell'indipendenza del Perù, nella nuova sede, di fianco al Palazzo del Governo (figura 2).

La decisione incontrò nuovamente molte critiche, soprattutto per il fatto che non era stata presa dopo un dibattito pubblico sul tema. I difensori della permanenza della statua davanti alla cattedrale, negli anni, avevano sempre fatto leva non tanto sulla celebrazione della radice ispanica del paese, in qualche modo ricordata dal monumento, quanto sul carattere eminentemente meticcio del Perù e che, pertanto questo elemento doveva e poteva essere pubblicamente rappresentato nelle sue due anime, la spagnola e l'india. I detrattori del monumento non premevano sulla assoluta contrarietà alla presenza di un monumento a Pizarro, quanto sull'atteggiamento che esprimeva il personaggio rappresentato nella statua: il cavaliere in tenuta da guerra e con la spada sguainata, che esprimeva quindi tutta la violenza propria di un conquistatore. Ci furono alcune iniziative per un nuovo spostamento della statua, in posizione più centrale, o più periferica, ma nessuna di fatto ebbe seguito.

fig. 2. Nuova ubicazione della statua di Pizarro, Lima, 1952

Nel 1991 l'architetto Santiago Agurto Calvo iniziava la battaglia in favore della rimozione della statua, per le seguenti ragioni: il monumento ledeva con la sua espressività, la *peruanidad*; era stato creato per la patria del conquistatore, ma non aveva senso nel paese dei conquistati; era un segnale evidente dell'arroganza dei governanti e del disorientamento e del complesso d'inferiorità dei governati. Agurto proponeva di rimuovere la statua opera di Rumsey al fine di rendere pubblica una nuova scala di valori nazionali. Poteva essere proposta l'immagine di Pizarro come fondatore di Lima, non altro. Anche in questo caso, la battaglia non era in assoluto contro la figura del marchese, in quanto, ad esempio, era molto più sobria, mai messa in discussione, la statua di Pizarro installata a Piura, dono della comunità spagnola, che rappresentava un uomo a piedi, in cammino, non armato, con lo scettro del governante: un Pizarro fondatore e legislatore, non un conquistatore (figura 3). Agurto fu eletto consigliere comunale, rafforzando così la sua posizione. Il consiglio comunale votò lo spostamento della statua già nel 1997, ma l'atto fu realizzato solo sei anni dopo. Il 24 giugno del 2001, tra l'altro, in occasione del solstizio d'inverno nell'emisfero sud, il monumento fu coperto da una tela su cui erano stampati motivi dell'architettura incaica, dall'artista Juan Javier Salazar - non nuovo a questo tipo di operazioni - in una sorta di riappropriazione simbolica. La cosa in verità non ebbe una grande risonanza. La rimozione della statua equestre ebbe luogo il 26 aprile del 2003, in modo improvviso, dopo cinquantuno anni di permanenza nella Plaza Pizarro. Anche questa volta non ci fu nessun dibattito pubblico. I media riportarono, solo successivamente, le posizioni di chi era a favore o contro l'operazione (Varón Gabai 2006: 232-235).

fig. 3. La statua di Francisco Pizarro a Piura

Dopo essere rimasta per un anno e mezzo in un deposito, la statua fu posizionata, il 19 ottobre del 2004, in un'estremità del

Parque de la Muralla, sempre in una zona centrale della città, ma meno rappresentativa e frequentata, a lato del fiume Rímac. La statua, senza piedistallo, appare destinata quasi a scomparire nel terreno, sovrastata dalle infrastrutture che la circondano (Martuccelli Casanova 2019) (figura 4).

fig. 4. La statua ubicata nel Parque de la Muralla, Lima, 2004

Tra le reazioni più veementi, dal punto di vista letterario, ci fu quella di Mario Vargas Llosa che, in un articolo apparso su *El País* l'11 maggio del 2003, dall'eloquente titolo "Los Hispanicidas" criticava la decisione. Tra le tante frasi taglienti del suo scritto, si può ricordare:

> Lástima que los señores Castañeda Lossio y Agurto Calvo no tengan del Perú la noción generosa y ancha que tenían los incas del Tahuantinsuyo. Ellos no eran nacionalistas y en vez de rechazar lo que no era incaico, lo incorporaban a su mundo multicultural: los dioses de los pueblos conquistados eran asimilados al panteón cusqueño y desde entonces, al igual que los nuevos

vasallos, formaban parte integrante del Imperio incaico
(Vargas Llosa 2009: 225).

Il nodo cruciale della postura di Vargas Llosa non è sul diritto di
critica, che ognuno ha, ma sull'obbligo dell'autocritica che, come
peruviano, chi tiene le redini di un paese deve porsi, di fronte alle
ingiustizie del presente:

> Criticar a Pizarro y a los conquistadores, tratándose de
> peruanos, solo es admisible como un autocrítica, y que debería
> ser muy severa y alargarse siempre hasta la actualidad, pues
> muchos de los horrores de la conquista y de la incorporación
> del Perú a la cultura occidental se siguen perpetuando hasta
> hoy [. . .] No son los conquistadores de hace quinientos años
> los responsables de que en Perú de nuestros días haya tanta
> miseria, tan espantosas desigualdades, tanta discriminación,
> ignorancia y explotación, sino peruanos vivitos y coleando
> de todas las razas y colores"(Vargas Llosa 2009: 226).

Lo storico José Antonio del Busto criticò duramente la decisione,
dicendo che Pizarro

> podrán sacarlo de ahí, pero jamás de la historia [. . .]
> los peruanos no somos vencedores ni vencidos, somos
> descendientes de los vencedores y de los vencidos. Somos
> el resultado de ese encuentro. Podemos ser indigenistas e
> hispanistas, pero por encima de todo debemos ser peruanistas.
> El peruanismo une, cicatriza; el indigenismo y el hispanismo
> mal entendidos dividen, descuartizan. Nuestra obligación es
> integrarnos, no desintegrarnos (Benito 2017: 49).

Alcune considerazioni finali

Il Messico, grazie anche alla produzione artistica culturale dei tempi
della rivoluzione, ha elaborato il concetto di "raza cosmica", che
identificherebbe il nuovo messicano, figlio di tutti i retaggi etnici e
culturali preesistenti. La Plaza de las tres culturas si riferisce proprio
alla pluralità delle identità dei messicani. Ciò non è bastato, tuttavia, a

incorporare i simboli del passato di dominazione spagnola nell'eredità collettiva. Nel marzo 2019, il presidente López Obrador ha chiesto al Papa e al re di Spagna le scuse ufficiali per il comportamento della Chiesa e della Corona durante la conquista. L'8 novembre 2019 si sono compiuti 500 anni dal primo incontro tra Moctezuma e Hernán Cortés. Questa commemorazione metteva in luce una censura storica a cui fece riferimento Octavio Paz: i messicani dimenticano o negano periodi del loro passato. Uno di quei periodi che sono stati rimossi maggiormente è quello che si riferisce alla conquista spagnola del Messico e alla creazione del vicereame della Nuova Spagna che vide Hernán Cortés l'iniziatore della presenza spagnola, durata trecento anni. Al momento c'è una sola via dedicata a Cortés in Messico, moltissime sono invece le strade dedicate agli eroi aztechi. È evidente come nella nomenclatura cittadina ci sia un'evidente assenza di riferimenti al periodo vicereale (Castillo 2019).

Nell'ottobre del 2020, l'amministrazione comunale di Città del Messico ha ritirato la statua di Cristoforo Colombo dal viale in cui sovrastava, con il motivo di restaurarla per i numerosi oltraggi cui era stata sottoposta. L'occasione, a detta del sindaco, è stata utile per promuovere un dibattito pubblico sull'eventuale riposizionamento o la definitiva rimozione e sistemazione in un museo.

In Perù, invece, la statua di Pizarro c'era, e continua ad esserci, anche se privata della sua originaria imponenza artistica — la rimozione del piedistallo con le scritte e i bassorilievi ivi presenti è un vulnus all'espressività — e collocata in una posizione oramai marginale della città, seminascosta dalle infrastrutture viarie che la circondano, buona per girarci attorno nei giuochi di bimbi. In questo modo, si è impedito una delle conseguenze della messa in discussione dei personaggi del passato e dei monumenti a loro dedicati: la restituzione a questi ultimi di una rappresentatività artistica, non più politica, quindi il recupero di una funzionalità strettamente estetica, o storico-artistica. Resta, enorme come un macigno, ben più grande della stessa statua, la questione della comprensibilità attuale del passato che non passa per i libri di storia o per approfondite analisi scientifiche, ma per la consapevolezza diffusa di un passato comune, in cui convivono violenza, contrapposizione, tratti di un'altra cultura che poi diviene fattore costitutivo di una nuova cultura nazionale. Nel caso del Perù, lo scontro sulla statua equestre di Pizarro simboleggia il dibattito mancato su un'identità nazionale che non ha mai dato ragione dello stato di sottomissione in cui furono tenute le popolazioni indigene durante la dominazione spagnola, stato che tuttavia garantiva spazi di vita, di sociabilità, di conservazione della propria cultura, al contrario di quanto realizzato dallo stato repubblicano, nei successivi, ormai, duecento anni di vita. Le conseguenze della conquista e della colonizzazione, da questo punto di vista, sono in qualche modo ancora da assimilare. Non sono certo al centro di problemi quotidiani dei peruviani, ma è proprio nell'assenza di un dibattito pubblico che si nota l'assenza di una visione omogenea, sintetica, del proprio passato.

Bibliografia

Benito, José Antonio. "José Antonio del Busto, biógrafo de Santa Rosa, maestro de la peruanidad." *Mercurio Peruano* 530 (2017): 47-56.

Cabanillas Delgadillo, Virgilio Freddy. "Arte y nación. Escultura pública en Lima." *Investigaciones sociales* 21.38 (2017): 127-137.

Castillo, Mauricio. "¿Por qué no hay avenidas llamadas Hernán Cortés?" *El Universal*, 8 settembre 2019.

Charles Cary Rumsey (1879-1922) in [https://burchfieldpenney.org/art-and-artists/people/profile: charles-cary-rumsey]

Drinot, Paul. "Historiography, Historiographic Identity and Historical Consciousness in Peru." *Estudios Interdisciplinarios sobre América Latina y Caribe* 15. 1 (2004): 65-87.

Guarnieri Calò Carducci, Luigi. "Perù: la tentación fascista y las relaciones con Italia en los años Treinta", in E. Scarzanella (a cura di), *Fascistas en América del Sur*, Buenos Aires, Fondo de Cultura económica, 2007, 93-165.

Gutiérrez Viñuales, Rodrigo e Gutiérrez, Ramón. "Construcciones iconográficas de las naciones americanas y España". In *América y España, imágenes para una historia. Independencias e identidad 1805-1925.* Madrid: Fundación Mapfre, 2006, 8-46.

Gutiérrez Viñuales, Rodrigo. "El papel de las artes en la construcción de identidades nacionales en Iberoamérica." *Historia Mexicana* 52.2 (2003) 341-390.

Gutiérrez Viñuales, Rodrigo. *Monumentos conmemorativos y espacio público en Iberoamérica.* Madrid: Cátedra, 2004.

Holguín Callo, Oswaldo. "Historia y proceso de la identidad en Perú. El proceso político-social y la creación del Estado." *Araucaria. Revista Iberoamericana de Filosofía, Política y Humanidades* 1 (1999): 151-169.

Lavallé, Bernard. *Francisco Pizarro. Biografía de una conquista.* Lima: Instituto Francés de Estudios Andinos/Instituto Riva Agüero, 2005

Ludeña, Hugo, "Charles Cary Rumsey y la estatua ecuestre del conquistador Francisco Pizarro." 2016 [https://intidomain.org]

Majluf, Natalia. *Escultura y espacio público. Lima 1850-1879.* Lima: Instituto de Estudios Peruanos (Documento de trabajo n. 67), 1994.

Markwyn, Abigail M. *Empress San Francisco: the Pacific Rim, the Great West, and California at the Panama-Pacific International Exposition.* Lincoln: University of Nebraska Press, 2014.

Martuccelli Casanova, Elio. "Estatuas móviles. El caso del monumento a Francisco Pizarro en Lima." *Illapa. Mana Tukukuq* 16.16 (2019): 124-139.

Mazuré, Johanna Hamann. "El nacimiento de lima: La imposición de un nuevo orden". *On the w@terfront*, 19 (2011), 23-37, [https://raco.cat/index.php/Waterfront/article/view/249795].

Mira Caballos, Esteban. "Francisco Pizarro y la conquista del Perú: visiones de ayer y de hoy." in Lorenzana de La Puente F. e

Mateos Ascacíbar F. (a cura di) *España y América. Cultura y civilización. V Centenario del nacimiento de Pedro de Cieza de León, cronista de India (1518-1554)*. Llerena: Sociedad Extremeña de Historia, 2018: 57-81.

Núñez Seco, Luis. "La estatua de Francisco Pizarro en Trujillo." *XIV Coloquios históricos de Extremadura*, 1985 [https://chdetrujillo. com/tag/la-estatua-de-francisco-pizarro-en-trujillo/]

Pino Díaz, Fermín del. "La erección en España de tres estatuas de héroes, obra norteamericana." *La albolafia: revista de humanidades y cultura* 7 (2016): 217-230.

Vargas Llosa, Mario. "Los hispanicidas." *El País*, 11 maggio 2003 (In Vargas Llosa, Mario. *Entre sables y utopías. Visiones de América Latina*, Madrid: Santillana, 2009, 223-229).

Varón Gabai, Rafael. "La estatua de Francisco Pizarro en Lima. Historia e identidad nacional." *Revista de Indias* LXVI.236 (2006): 217-236.

Varón Gabai, Rafael. "Porras y los estudios pizarristas." *Histórica* XXIV. 2 (2000): 485-497.

Memoria e Cubanidad, tra passato e futuro

IL PROGETTO ORIENTAL CUBA
SMALL HISTORICAL CENTRES

Mario Cerasoli e Chiara Amato
Università degli Studi Roma Tre

Abstract: Il recupero della memoria urbana, architettonica e culturale dei piccoli centri patrimoniali, sospesi tra l'eredità coloniale spagnola della *Leyes de Indias* e quella simbolica della *Revolución Castrista*, è l'obiettivo del progetto "*OCSHC — Oriental Cuba Small Historical Centres: una strategia integrata per il recupero intelligente e la valorizzazione dei centri storici minori delle provincie orientali di Cuba*", finanziato dall'Agenzia Italiana per la Cooperazione allo Sviluppo, nato da un'iniziativa congiunta tra la *Oficina del Conservador de la Ciudad* di Santiago di Cuba e il Dipartimento di Architettura dell'Università degli Studi Roma Tre.

Crocevia di memorie

Cuba è, tra gli stati dell'America Latina, uno dei primissimi territori ad essere stati scoperti dalla spedizione di Cristoforo Colombo nel 1492, scenario di lì a poco della fondazione di due tra le più antiche città di fondazione spagnola: dapprima Santiago nel 1515, e poi La Habana nel 1519, entrambe per mano del *conquistador* Diego Velázquez de Cuéllar. In esse sono anticipate quelle "istruzioni" urbanistico-edilizie riportate nella *Ordenanza de Carlos I*, del 1523 che daranno poi vita, a partire dalla *Ordenanza de Felipe II* del 1573, a quel *corpus* normativo meglio conosciuto come *Leyes de Indias*. Ma Cuba è stata anche tra gli ultimi possedimenti spagnoli ad ottenere l'indipendenza, nel 1902, a seguito della guerra ispano-americana del 1898.

Quasi quattro secoli di storia in cui l'impronta culturale spagnola — e più in generale europea — ha lasciato numerosissime testimonianze, che si sono via via mescolate alle culture degli schiavi provenienti dalle più svariate regioni dell'Africa tra il XVI secolo fino all'abolizione della schiavitù nel 1887, dando così vita a un territorio caratterizzato da un patrimonio, materiale e soprattutto immateriale, di incommensurabile ricchezza e varietà.

Ma anche la storia contemporanea di Cuba, dall'indipendenza fino ad oggi, ha portato il suo consistente contributo di "memoria": da quella della cosiddetta *"republica mediatizada"* nata sotto il controllo degli Stati Uniti D'America che, tra momenti di grande splendore anche economico e altri — forse la maggioranza — di oppressione, si protrasse fino al 1959; a quella della *Revolución* dei *Barbudos*, guidata da Fidel Castro, che ha liberato Cuba dalla dura dittatura di Fulgencio Batista durata oltre venticinque anni e che ha segnato un cambiamento radicale nella politica estera e nelle alleanze internazionali, con il deciso avvicinamento all'Unione Sovietica, da allora e fino alla sua caduta nel 1991.

Da quel momento Cuba vive una storia apparentemente anacronistica, da un lato rappresentando quasi un baluardo di un modello — sicuramente imperfetto — di società socialista, dall'altro cercando di sopravvivere nel mezzo di una economia globalizzata che, giorno dopo giorno, mette duramente alla prova il popolo cubano per via delle scarse risorse economiche, ormai centrate prevalentemente sul turismo, e del feroce — e immorale — embargo imposto dagli Stati Uniti.[1]

Oggi è proprio la "memoria" che si fa àncora di salvezza, laddove il recupero della memoria urbana, architettonica e culturale dei piccoli centri patrimoniali, diventa una opportunità per ricostruire una cultura secolare che si fonda su integrazione e poliedricità.

---

1 Il primo atto dell'embargo degli Stati Uniti contro Cuba risale al 1960, come ritorsione della Presidenza Eisenhower al decreto "nazionalizzazioni" firmato dal Ministro dell'Industria Ernesto "Che" Guevara. Da allora, l'embargo è stato più volte accentuato: nel 1962, con il Proclama 3447; nel 1963, con il *"Cuban Assets Control Regulations"*; nel 1996, con la Legge Helms-Burton, che per la prima volta colpisce anche istituzioni e imprese anche non statunitensi che effettuino scambi con Cuba; fino al 2021, quando il Dipartimento di Stato sotto la presidenza Trump ha designato Cuba come paese "sponsor del terrorismo", per "aver ripetutamente fornito supporto ad atti di terrorismo internazionale, garantendo un porto sicuro ai terrorismo" (New York Times, 11 gennaio 2021, https://www.nytimes.com/2021/01/11/us/politics/cuba-terrorism-trump-pompeo.html).

L'approccio cubano al patrimonio urbano storico

La questione del patrimonio storico, materiale e immateriale, riveste un ruolo chiave a Cuba fin dalla prima metà del XX secolo, quando nel 1928 viene conferita autorità al Presidente della Repubblica di imporre la *Declaración de Monumento Nacional* con l'obiettivo di avviare un processo di protezione del patrimonio costruito (il primo caso fu quello della Cattedrale de La Habana, nel 1934).

Di lì a poco, nel 1938, viene istituita la *Oficina del Historiador de la Ciudad de La Habana*, fondata e diretta da Emilio Roig de Leuchsenring con l'obiettivo della tutela e del recupero del centro storico de La Habana.

Nel 1940, la nuova Costituzione stabilisce che la Cultura, in tutte le sue manifestazioni, costituisce un interesse primario dello Stato che deve giocare un ruolo attivo nella conservazione del patrimonio culturale nazionale nonché nella protezione speciale dei monumenti e dei luoghi nazionali notevoli per la loro bellezza naturale o per il riconosciuto valore artistico e storico.[2]

Ma è dalla metà degli anni Sessanta, poco dopo la pubblicazione della Carta di Gubbio[3] in Italia, che si va consolidando a Cuba la consapevolezza della necessità di preservare il patrimonio urbano

---

2 Constitución de Cuba, 1940. Sección segunda "*Cultura*":
   - Art. 47: "*La cultura, en todas sus manifestaciones, constituye un interés primario del Estado. Son libres la investigación científica, la expresión artística y la publicación de sus resultados, así como la enseñanza, sin perjuicio, en cuanto a esta, de la inspección y reglamentación que al Estado corresponda y que la Ley establezca*".
   - Art. 58 "*El Estado regulará por medio de la Ley la conservación del tesoro cultural de la Nación, su riqueza artística e histórica, así como también protegerá especialmente los monumentos nacionales y lugares notables por su belleza natural o por su reconocido valor artístico o histórico*".

3 La Carta di Gubbio è una dichiarazione di principi sulla salvaguardia ed il risanamento dei Centri Storici, sottoscritta da alcuni fra i maggiori urbanisti italiani, guidati da Giovanni Astengo, e un gruppo di Sindaci, parlamentari e studiosi, al termine del Convegno Nazionale per la Salvaguardia e il Risanamento dei Centri Storici (Gubbio, 17-18-19 settembre 1960), che da origine, di lì a poco, all'Associazione Nazionale Centri Storici e Artistici (ANCSA). Consultabile su: https://www.ancsa.org/la-storia-e-larchivio/la-prima-carta-di-gubbio-1960/

storico quale baluardo dell'identità culturale del popolo cubano. Ciò grazie anche e soprattutto alla partecipazione quale osservatori di alcuni architetti cubani al "II Congresso internazionale di architetti e tecnici dei monumenti storici," tenutosi a Venezia dal 25 al 31 maggio 1964, in cui si formula la *Carta di Venezia per il restauro e la conservazione di monumenti e siti*.[4] Da questo scambio con il mondo della cultura e dell'accademia italiana, trovano origine i programmi di analisi e catalogazione dei più importanti centri storici di Cuba, come quelli de La Habana, Trinidad e Santiago de Cuba.

L'importanza del patrimonio storico e culturale viene confermata nella nuova Costituzione del 1976, approvata dall'Assemblea Nazionale del *Poder Popular*. La lettera *i)* dell'articolo 38, Capitolo V (Educazione e cultura), stabilisce infatti che "*El Estado vela por la conservación del patrimonio cultural y la riqueza artística e histórica de la nación. Protege los monumentos nacionales y los lugares notables por su belleza natural o por su reconocido valor artístico o histórico.*"

A seguito di questo processo culturale, nel 1977 vengono approvate le prime due leggi organiche per la protezione del patrimonio, la Legge n° 1 *Ley de Protección al Patrimonio Cultural*, e la Legge n° 2 *Ley de los monumentos nacionales y locales*. Già a partire dall'anno successivo, vengono identificati i primi siti, complessi e edifici di alto valore storico, architettonico e urbano da sottoporre a protezione, inclusi tra essi i primi siti di fondazione cubana.

Successivamente l'UNESCO, nel 1982, dichiara la Città Vecchia de La Habana e il suo sistema di fortificazione Patrimonio Culturale dell'Umanità, seguito negli anni successivi da altri 8 elementi del patrimonio culturale cubano, sia materiali che immateriali (*Trinidad* e la *Valle de los Ingenios*; il Castello di *San Pedro de la Roca* a *Santiago de Cuba*; il paesaggio archeologico delle prime piantagioni di caffè nel sud-est di Cuba; il Parco Nazionale *Alejandro de Humboldt*; il centro storico di *Cienfuegos*, la *Tumba Francesa* e il Centro storico di *Camagüey*).

L'inizio degli anni '90, segnato dalla fine dell'Unione Sovietica e dalla conseguente caduta dei sistemi socialisti dell'Europa orientale, trascina Cuba dentro una grave crisi economica, il cosiddetto

---

4   Consultabile su: https://www.icomositalia.com/_files/ ugd/57365b_130d4bb1f83245e38c44e0e6ead2decc.pdf

"Periodo Especial"; ma proprio questa crisi diviene un'opportunità per ripensare radicalmente il sistema di tutela e valorizzazione del patrimonio e per aprire la strada a nuove strategie e azioni, anche e soprattutto grazie al lavoro di Eusebio Leal Spengler, *Historiador* della città de La Habana dal 1967.

Di fronte alle drammatiche restrizioni del tempo, Leal propone un nuovo modello di gestione e al tempo stesso valorizzazione del patrimonio storico de La Habana Vieja. Ciò è reso possibile dall'approvazione del Decreto Legge n° 143 del 1993,[5] che conferisce alla *Oficina del Historiador* l'autorità di amministrare il turismo e le attività commerciali come parte del complesso patrimoniale, anche attraverso l'imposizione di tasse a tutte le attività situate nella Città vecchia con il fine di reinvestire gli introiti proprio nella riqualificazione dell'area e nella tutela del patrimonio.

Questo nuovo modello di gestione, che di fatto responsabilizza tutti gli operatori economici, viene adottato anche da altri centri storici cubani, rispondendo a principi comuni ma adattandosi alle diverse caratteristiche, peculiarità e necessità locali.

Ad oggi sono presenti sul territorio cubano dieci *Oficinas*:[6] quelle del *Historiador* a La Habana e Camagüey e quelle del *Conservador* a Trinidad, Santiago de Cuba, Cienfuegos, Bayamo, Baracoa, Sancti Spiritus, Remedios, Matanzas e Valle de Viñales.[7] Insieme, formano la *Red de Oficinas del Historiador y del Conservador de las Ciudades Patrimoniales de Cuba*, istituita nel 2008[8].

---

5   Decreto Ley 143 de 1993, "Sobre la Oficina del Historiador de la Ciudad de La Habana".

6   Il modello di gestione adottato dalle nuove Oficinas è regolato da un quadro normativo generale e ricalca quello adottato da Eusebio Leal per La Habana Vieja, pertanto di tipo misto, basato sia sull'allocazione delle risorse da parte dello Stato che su meccanismi di autogestione delle attività economiche collegate alla valorizzazione del patrimonio.

7   La differenza tra le due denominazioni sta nel fatto che le *Oficinas del Historiador*, oltre alla pianificazione, protezione e gestione del centro storico, funzioni comuni a tutte le *Oficinas*, sono anche responsabili degli archivi storici delle città in cui si trovano i centri storici.

8   L'istituzione viene sancita al termine di un incontro tra l'*Historiador* e i *Conservadores* presso l'Hotel *Ambos Mundos* de La Habana.

Non per ultimo, la Riforma Costituzionale, approvata dall'Assemblea Nazionale del *Poder Popular* a luglio del 2018 e ratificata dal referendum costituzionale nel febbraio 2019, ribadisce ed espande i concetti di patrimonio e protezione, e nel Titolo III "Fondamenti di politica educativa, scientifica e culturale", all'articolo 32 recita: "*El Estado orienta, fomenta y promueve la educación, las ciencias y la cultura en todas sus manifestaciones. En su política educativa, científica y cultural se atiene a los postulados siguientes: (. . .) defiende la identidad y la cultura cubana y salvaguarda la riqueza artística, patrimonial e histórica de la nación; (. . .) protege los monumentos de la nación y los lugares notables por su belleza natural, o por su reconocido valor artístico o histórico.*"

Oggi, Cuba vanta un corpus legislativo sulla conservazione del patrimonio storico culturale ampio e coerente, in linea con i più evoluti principi nazionali e internazionali in materia, oltre a diverse istituzioni attive nella pianificazione, tutela e valorizzazione del patrimonio.

I programmi di recupero non si concentrano più unicamente sui grandi centri storici come quello de La Habana, ma si stanno rivolgendo anche ai complessi e centri patrimoniali più piccoli e meno conosciuti, riconosciuti nel loro insieme quali luoghi di memorie individuali e condivise. Al tempo stesso, vengono condotti studi su nuove componenti da inserire tra gli elementi che compongono il patrimonio culturale, come per esempio i porti, le riserve marine, più in generale, i *paesaggi culturali*.

Quest'ultima componente costituisce una nuova frontiera anche dal punto di vista turistico, considerato che coinvolge il patrimonio industriale cubano legato alle produzioni tradizionali di zucchero, caffè, tabacco, diffuse soprattutto nelle zone meno urbanizzate e in particolare nell'Oriente, ad oggi meno inserito negli itinerari turistici.

Anche questi territori, se messi a sistema, possono contribuire a far nascere una rete culturale e socioeconomica, in grado di indurre turismo consapevole basato sugli elementi di identità e memoria, e promuovere un'economia basata sul "*Hecho en Cuba*" (fig. 1, Santiago de Cuba).

La "cubanidad" orientale. Tra miti del passato e problematiche contemporanee

Cuba è la sintesi di tante e diverse culture che hanno influenzato la formazione della sua gente, una immensa riduzione di etnie e memorie che supera qualsiasi altro fenomeno storico.

Nella parte orientale dell'isola, caratterizzata da un ricco sistema di catene montuose (Sierra Maestra a sud, Sierra Cristal nella parte centrale e una parte delle montagne Maniabón a ovest), sono presenti luoghi di straordinaria importanza per memoria storica e stratificazione di eventi e culture che attraversano gli ultimi cinque secoli.

Ma soprattutto sono i luoghi esprimono quella *"cubanidad"* di cui parla Fernando Ortiz nel 1940, perché Cuba è al tempo stesso una terra e un popolo, laddove le sue peculiarità nascono dal grembo della sua terra.

In questo vasto territorio, che va dai limiti della provincia di Camaguey fino a Punta Maisì, e comprende le Province di Santiago, Guantanamo, Holguin, Las Tunas e Granma, si concentrano i primi insediamenti della colonizzazione spagnola del XVI secolo, a partire da Bariay, nell'attuale Municipio di Rafael Freyre, che fu il luogo dove sbarcò Cristoforo Colombo nel 1492.

Un territorio che, già dal XVIII secolo, comincia a specializzarsi nella produzione del tabacco, ma anche dello zuccherò e del caffè, favorito dall'arrivo di rifugiati francesi provenienti da Haiti dopo la Rivoluzione del 1791. Ed è proprio l'industria del caffè uno dei motori di sviluppo della parte orientale di Cuba, attraverso la diffusione dei primi *cafetales*, i nuclei edilizi delle piantagioni di caffè che dal 2000 sono dichiarati Patrimonio Mondiale dall'Unesco.

Sempre l'Oriente è teatro della durissima Guerra dei dieci anni, tra il 1868 e il 1878, che *"rappresentò il primo tentativo cubano di raggiungere l'indipendenza dalla Spagna"* (Bonanno 2018) e che anticipa solo di vent'anni l'ultima decisiva guerra di indipendenza, quella scoppiata nel 1895 a Baire, una piccola città tra Bayamo e Santiago, e che, con l'appoggio militare statunitense, porta alla nascita della Repubblica di Cuba nel 1902.

Da allora è forte la presenza diretta e indiretta degli Stati Uniti nelle vicende della neonata Repubblica, sancita inizialmente dalla cessione della base navale di Guantánamo alla Marina statunitense, e dai grandi investimenti che riattivano le piantagioni di zucchero e la produzione di caffè, oltre all'estrazione del nichel, estratto nella Sierra Maestra.

Un "progresso" che, in quegli stessi decenni, si rispecchia nella Cultura, con l'affermarsi dapprima dello stile l'Art Déco e poi del Razionalismo dettato dal Movimento Moderno nelle architetture delle città dell'Oriente. Parimenti al consolidarsi della produzione dei sigari e, grazie all'ingegno del catalano Don Facundo Bacardi, del rum, esportati *in primis* negli Stati Uniti e in tutti i paesi occidentali.

Ma è ancora l'Oriente ad essere protagonista prima del clima di repressione e violenza del Governo del Presidente Gerardo Machado (1924-1933), che aveva cercato di liberare Cuba dalla soggezione economica degli Stati Uniti, e successivamente della dittatura di Fulgencio Batista, dal 1952 al 1958, che al contrario si lega ancor più strettamente agli Stati Uniti ricevendone in cambio un esplicito appoggio.

Quest'ultima è la scintilla che fa scoppiare la rivolta guidata da Fidel Castro che, organizzata nelle montagne dell'Oriente, la Sierra Maestra, porta alla caduta della dittatura e alla nascita della attuale Repubblica Socialista di Cuba.

L'Oriente custodisce gelosamente molti dei luoghi della *Revolución*. Oltre Santiago, dove si trova la Caserma Moncada, uno dei luoghi da cui ha avuto inizio la rivolta contro la dittatura di Batista, e dove il 1° gennaio 1959 Fidel Castro entrò vittorioso, dichiarandola capitale provvisoria di Cuba, c'è la costa di Manzanillo, nella Provincia di Granma (che prende il nome dall'imbarcazione utilizzata dai rivoluzionari per sbarcare sull'isola) e altri siti che hanno preso il nome dagli eventi e dagli uomini della Rivoluzione, come i Municipi di *Segundo Frente* "Frank Pais" e di

Tercer Frente, entrambi nella Provincia di Santiago, dove sono presenti monumenti e musei dedicati.

Tuttavia, se si fa eccezione per quelli situati nella capitale o a Santiago, i luoghi delle "memorie" a Cuba sono poco valorizzati, soffocati dalla concorrenza del turismo massivo che si orienta unicamente sulle spiagge caraibiche.

Da anni, infatti, a causa della costante crisi economica che Cuba attraversa soprattutto per via dell'embargo sempre più stringente degli Stati Uniti, acuita recentemente dalla situazione legata alla pandemia, i piccoli centri patrimoniali delle province orientali soffrono dinamiche demografiche, socio-economiche e culturali che si incontrano in molti altri contesti geografici.

I fenomeni di spopolamento e progressivo invecchiamento della popolazione, dovuti dapprima al superamento di quell'economia di tipo rurale legata alla coltivazione della canna da zucchero e del caffè, che ha mantenuto in vita questi territori nel tempo, e alla concentrazione delle opportunità di lavoro e di servizi e attrezzature nelle grandi città del paese (soprattutto l'Havana) e nelle località turistiche più frequentate (Varadero, Playa Larga, Cayo Coco, ecc.), stanno lentamente portando queste realtà all'oblio e alla perdita del ruolo di "presidio territoriale" che avevano, con la conseguente perdita della "memoria" collettiva.

Queste dinamiche sono accentuate dalla difficoltà degli spostamenti e dalla bassa efficienza e affidabilità delle infrastrutture di trasporto, ferrovie e strade, che non consentono una facile mobilità all'interno dell'isola e che di fatto minano alla base lo sviluppo di un turismo alternativo.

Ne scaturisce una fragilità dei territori minori, che va ad intaccare il grande patrimonio storico-culturale di centri urbani, edifici rappresentativi, chiese, piazze, monumenti, ma anche dell'edilizia "minore", testimonianza della storia del popolo cubano che, oltre al degrado fisico, subisce fenomeni di deterioramento di tipo sociale, funzionale ed economico che si estendono facilmente e rapidamente.

Per questi contesti, dal carattere fortemente identitario, è necessario adottare strategie già utilizzate dalle grandi città patrimoniali, secondo il modello lanciato da Eusebio Leal a La Habana, e costituire una rete di *"piccole città patrimoniali"* (*red de pequeñas ciudades patrimoniales),* dotata di un quadro normativo specifico di gestione e finanziamento che, unita al decentramento delle competenze recentemente introdotto dalla Costituzione del 2019 e alla partecipazione di attori locali ed esterni, sia in grado di stimolare l'autogestione economica e la capacità di attrarre quote sempre maggiori di investitori e turisti.

Questo è il quadro in cui si inserisce il progetto di cooperazione "*Oriental Cuba Small Historical Centres*" (fig. 2 Centro patrimoniale di Bayamo, fig. 3 Centro patrimoniale di San Luis).

Per una tutela e valorizzazione del patrimonio urbano storico. Il progetto OCSHC

Il progetto "OCSHC — Oriental Cuba Small Historical Centres: Una strategia integrata per il recupero intelligente e la valorizzazione dei centri storici minori delle provincie orientali di Cuba", finanziato dall'Agenzia Italiana per la Cooperazione allo Sviluppo (AICS), nasce da una iniziativa congiunta tra la *Oficina del Conservador de la Ciudad* di Santiago di Cuba e il Dipartimento di Architettura dell'Università degli Studi Roma Tre, con la collaborazione della *Universidad de Oriente*.

Obiettivo generale del progetto è il recupero e la valorizzazione del patrimonio storico dei centri minori della parte orientale di Cuba, attraverso la definizione di una strategia integrata per la costruzione di una *red de pequeñas ciudades patrimoniales*.

Il progetto è rivolto ai piccoli nuclei storici urbani dei municipi ubicati nella parte orientale di Cuba, in particolare nelle provincie di Granma, Santiago di Cuba, Holguín y Guantánamo, e propone uno scenario di sviluppo sostenibile e solidale sulla base del recupero e della valorizzazione del patrimonio storico urbano, finalizzato a un riequilibrio territoriale rispetto alle dinamiche che interessano le aree di Cuba più urbanizzate, densamente popolate e congestionate a livello di turismo, commercio, consumo di suolo.

Al fine di promuovere e sviluppare tra le comunità locali la coscienza comune e il senso di appartenenza rispetto al patrimonio storico urbano, nel progetto OCSHC è prevista una prima fase di formazione disciplinare rivolta alle figure amministrative e tecniche e alla mano d'opera specializzata, coinvolte nelle attività di recupero urbano e architettonico, che costituisce la base culturale per l'attuazione del progetto e per l'avvio di un processo di recupero e di valorizzazione dei centri patrimoniali minori.

Il progetto, in linea con gli obiettivi generali e in continuità con le attività di formazione, propone, come primo approccio al territorio, una campagna di analisi del patrimonio storico urbano attraverso l'uso di nuove tecnologie di rilievo per la costruzione di un Catalogo patrimoniale digitale.

Il Catalogo sarà di supporto per le attività del *Consejo Nacional de Patrimonio Cultural* del *Ministero de la Cultura* della Repubblica di Cuba e delle altre istituzioni decentrate, specialmente quelle con competenze nei territori interessati dalla rete delle *Oficinas* degli *Historiador* e dei *Conservadores* di Cuba.

Attraverso poi la realizzazione una serie di *Talleres de Planeamiento estratégico participativo de conjunto patrimoniales,* workshop itineranti che coinvolgeranno il personale amministrativo, tecnico e dei municipi interessati, il progetto intende sensibilizzare le comunità locali al valore del patrimonio urbano e architettonico dei centri minori di Cuba.

Il progetto OCSHC prevede, nella sua fase ultima, la formazione del Piano di Recupero del centro patrimoniale della cittadina "ferroviaria" di San Luis, a poche decine di chilometri da Santiago de Cuba. Questa attività vedrà la partecipazione diretta del personale tecnico-amministrativo e dei tecnici qualificati formati durante la prima fase delle attività previste.

San Luis, dichiarata "ciudad" nel 1898, si trova nella provincia di Santiago de Cuba, a 19 km dal capoluogo, ed è situata strategicamente all'intersezione tra il *Ferrocarril Central* (la linea La Habana-Santiago de Cuba) e la trasversale Manzanillo-Guantanamo. Ciò ha reso da sempre San Luis un vitale centro di riferimento commerciale ed economico per l'intera regione, che produce canna da zucchero, caffè e vari frutti. A San Luis in particolare si sono localizzati gli impianti di lavorazione del caffè e di raffinazione dello zucchero.

San Luis costituirà di fatto un laboratorio sperimentale per il recupero. Nella sua area centrale infatti è stato individuato un edificio patrimoniale, l'ex cinema *Tolima*, che sarà oggetto di un intervento di recupero architettonico e che, durante l'attuazione del progetto OCSHC, ospiterà i corsi di formazione continua della mano d'opera specializzata in restauro del patrimonio e le attività socioculturali a disposizione della comunità.

Il *Cine Tolima* (ex Teatro Parra), situato a due *quadras* dalla *Plaza de Armas* di San Luis, è stato costruito nel 1910 e nel tempo ha subito due restauri, nel 1956 e nel 1966, funzionando continuativamente fino al 2002 e diventando poi sede provvisoria della Pinacoteca comunale e luogo di incontri culturali, per essere infine abbandonato.

L'edificio conserva tuttavia ancora oggi le sue originarie caratteristiche architettoniche eclettiche, che uniscono lo stile *art déco* e lo stile neoclassico, e continua a rappresentare un riferimento dal punto di vista sociale per gli abitanti di San Luis.

La sua costruzione si lega ad un periodo di particolare fermento economico della città e del Paese e all'aspirazione di crescita culturale dell'allora classe media, formata da piccoli produttori, commercianti e intellettuali.

Il *Tolima*, una volta recuperato, sarà a disposizione della comunità locale e sarà sede di ulteriori attività di formazione, ricerca e soprattutto di approfondimento culturale e tecnico. Inoltre, per promuovere il ruolo della Cooperazione italiana, ospiterà anche una caffetteria, dove sarà possibile degustare i prodotti del progetto *MásCafé*,[9] così come un piccolo museo del caffè in Oriente.

Il progetto OCSHC[10] avrà una durata di tre anni, a partire da settembre 2022 e vedrà coinvolti, oltre al Dipartimento di Architettura dell'Università Roma Tre e alla *Oficina del Conservador de la Ciudad de Santiago de Cuba*, anche la *Facultad de Construcciones* della *Universidad de Oriente* e il *Poder Popular* del *Municipio de San Luis* (fig. 4 Schema di funzionamento del progetto OCSHC).

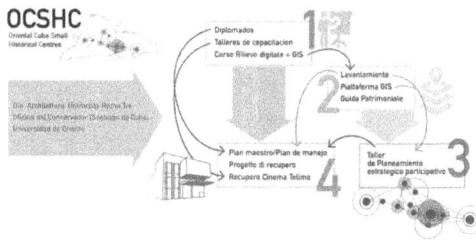

Conclusioni: città di memorie,[11] memorie di città

Il territorio è un *archivio diffuso*, laddove i suoi centri patrimoniali sono "rappresentazione della cultura stratificata di una comunità, luogo di memorie storiche comunitarie e individuali, patrimoni identitari e di autoriconoscibilità della popolazione."[12]

---

9   Anche il Progetto *MásCafé* è finanziato dalla Cooperazione italiana e si occupa di rilanciare la produzione di caffè nei territori dell'Oriente di Cuba, gli stessi su cui interviene il progetto OCSHC.

10   Il progetto OCSHC è stato finanziato dall'AICS (Delibera del Direttore n. 97 del 24/12/2019) per un importo di € 1.000.000. Enti esecutori: Dipartimento di Architettura dell'Università Roma Tre (Italia), *Oficina del Historiador de la Ciudad de Santiago de Cuba* (OCC) (Cuba). Partner istituzionale: *Ministerio del Comercio Exterior y la Inversión Extranjera* (MINCEX, Cuba).

11   Il titolo di questo paragrafo prende liberamente spunto dal libro di Mario Maffi (2014).

12   Consiglio Superiore dei Lavori Pubblici, Gruppo di lavoro istituito con nota del Presidente del Consiglio Superiore dei Lavori Pubblici n. 7547 del 6.9.2010, "Studio propedeutico all'elaborazione di strumenti d'indirizzo per l'applicazione della normativa sismica agli insediamenti storici".

Il progetto di cooperazione OCSHC, finalizzato alla definizione di una strategia integrata per il recupero "intelligente" e la valorizzazione dei piccoli centri patrimoniali delle provincie orientali di Cuba, diventa la preziosa occasione per un intercambio tra i saperi esperti di due paesi che in realtà hanno da sempre avuto stretti contatti e che da decenni, a partire dal 1960, condividono analoghe posizioni accademiche e sperimentali in materia.

Un'occasione che si incentra sul ruolo potente della "memoria", che qualifica i patrimoni materiali e immateriali: una sorta di autobiografia del territorio che bisogna scrivere ininterrottamente. E questo deve essere il ruolo delle comunità che vivono quel territorio.

Sono infatti le comunità a "eleggere" un luogo quale identitario e quindi ne sanciscono l'appartenenza.

In una intervista del 2003, Marcello Vittorini, uno dei maggiori urbanisti italiani del XX secolo, affermava: ". . . la città è sempre stata il luogo che esprime una comunità e, come tale, ha sempre avuto una sua fisionomia ben definita, immediatamente riconoscibile, con valori formali e figurativi che rappresentano quella comunità — e non altre . . ." (Cerasoli 2003).

È per questo che il patrimonio urbano storico deve essere "protetto." E la prima forma di tutela è il suo (corretto) utilizzo, che si collega direttamente al concetto di "mantenimento evolutivo" (Cerasoli & Mattarocci 2020): l'approccio agli insediamenti urbani e al territorio in genere è sempre stato improntato all'adeguamento continuo degli insediamenti urbani alle variate condizioni di vita legate al progresso e i centri storici sono sempre frutto di sedimentazione e di riuso e devono la loro bellezza intrinseca proprio a questo processo.

Ciò comporta che il ruolo del patrimonio urbano storico è e deve essere quello di "culla della società" che lo abita e a cui appartiene - ma che non può né deve disporne in maniera esclusiva proprio perché è un bene collettivo e appartiene a tutti e pertanto tutti devono custodirlo.

Tutto ciò deve valere anche e soprattutto per i territori "nuovi" delle Americhe, tra i quali Cuba rappresenta un caso molto particolare, laddove la memoria è sintesi di vicende relativamente anche molto recenti. Eppure, questa caratteristica non riduce il valore identitario che contraddistingue i luoghi e le culture che oggi sono presenti nell'isola caraibica. Luoghi e culture che vanno ben oltre le poche destinazioni turistiche con cui la maggioranza delle persone identifica Cuba.

Il progetto di cooperazione OCSHC, allora, nasce proprio dalla necessità di restituire valore e riconoscibilità all'Oriente di Cuba e ai suoi piccoli centri patrimoniali, luoghi sospesi tra l'eredità coloniale spagnola della *Leyes de Indias* e quella simbolica della *Revolución Castrista*, dove il senso di "cubanidad" ancora oggi mantiene una forte espressione.

Attribuzioni

Questo saggio è frutto di un lavoro comune e condiviso. Mario Cerasoli è autore del § 2 e del § 5, Chiara Amato del § 3 e del § 4. Il § 1 è stato curato da entrambi gli Autori.

Bibliografia

AA.VV. *La Ciudad Hispanoamericana. El sueño de un orden*. Madrid: CEHOPU Centro de Estudios Históricos de Obras Publicas y Urbanismo, Ministerio de Obras Públicas y Urbanismo, 1992.

Asamblea Provincial del Poder Popular de Santiago de Cuba, Junta de Andalucia, Embajada de Espana en Cuba. *Guia de arquitectura de Oriente de Cuba*. Sevilla: Secretaria General de Planificación, Departamento de publicaciones, 2002.

Balderston, Daniel, Gonzalez, Mike & López, Ana M. (a cura di). *Encyclopedia of contemporary Latin American and Caribbean cultures*, Londra-New York: Routledge, 2000.

Bonanno, Aldo. "La Guerra dei dieci anni a Cuba: fra lotta e giochi di potere". *Ricerche di storia politica* 21.3 (2018): 263-282.

Cerasoli, Mario. "Urban quality and town planning. A meeting with Marcello Vittorini". *Planum. The Journal of Urbanism*, 2013.

Consultabile on-line: http://www.planum.net/urban-quality-and-town-planning-a-meeting-with-marcello-vittorini-abstract

Cerasoli, Mario & Mattarocci, Gianluca (a cura di), *Un futuro per i centri storici minori. Scenari possibili nell'era post-covid*. Roma: Aracne Editrice, 2020.

Constitución de la República de Cuba, 1940. Consultabile on-line: https://archivos.juridicas.unam.mx/www/bjv/libros/6/2525/36.pdf

Constitución de la República de Cuba, 1976. Consultabile on-line: https://archivos.juridicas.unam.mx/www/bjv/libros/6/2525/51.pdf

Constitución de la República de Cuba, 2019. Consultabile on-line: http://biblioteca.clacso.edu.ar/clacso/se/20191016105022/Constitucion-Cuba-2019.pdf

Consuegra Gomez, Lourdes & Niglio, Olimpia. *Conservacion de centros historicos en Cuba*. Roma: Aracne editrice, 2015.

Del Rosario Rodríguez Díaz, María. "Cuba: el advenimiento de la "República" en el periódico La Lucha, 1902,

Latinoamérica". *Revista de Estudios Latinoamericanos* 58 (2014): 181-203. Consultabile online: https://www.sciencedirect.com/science/article/pii/S166585741470105X

González, Alfonso. "Legislación y patrimonio inmueble. Antecedentes y aplicación en La Habana (Legislation and building heritage. Antecedents and applications in Havana)". *Arquitectura y Urbanismo* 35.2. La Habana: Instituto Superior Politécnico José Antonio Echeverría, 2014.

Maffi, Mario. *Città di memoria. Viaggi nel passato e nel presente di sei metropoli*. Milano: Il Saggiatore, 2014.

Oficina nacional de estadistica e informacion. *Anuario estadistico de Cuba 2020 - Turismo*. Consultabile online: http://www.onei.gob.cu/node/15006

Ortiz, Fernando. "Los factores humanos de la cubanidad". Lezione alla Universidad de La Havana nel 1939. *Revista Bimestre Cubana* XLV.2 (1940): 161-186.

Un monumento all'azione umanitaria nelle guerre

IL "MARBLE PALACE" DELLA CROCE ROSSA AMERICANA A WASHINGTON, DC (1917)

Daniela Rossini
Università degli Studi Roma Tre

Abstract: Il 12 maggio 1917, in un paese appena entrato in guerra, con una cerimonia bipartisan, il presidente Wilson e l'ex-presidente Taft inauguravano un edificio neoclassico in marmo bianco, situato nelle vicinanze della Casa Bianca, che univa due funzioni: celebrare la memoria delle donne che avevano soccorso i soldati di entrambi gli schieramenti durante la guerra di secessione e fungere da quartier generale della Croce Rossa Americana. Tre grandi vetrate di Louis C. Tiffany univano nelle loro immagini simboliche l'assistenza femminile, l'opera della Croce Rossa e quella dei crociati medievali, in modo simile a quello che farà l'anno seguente il film di propaganda *The Pershing's Crusaders*. Il "marble palace" era stato costruito in soli due anni con un finanziamento sia pubblico che privato. Con esso si sancivano non solo i nuovi compiti ufficiali della Croce Rossa Americana, ma anche il ruolo che l'attività filantropica in generale stava assumendo nella società. Durante il periodo della belligeranza, infatti, gli americani scoprivano di essere un popolo di donatori. La Croce Rossa da sola raccoglieva oltre quattrocento milioni di dollari di donazioni private, mostrando le enormi potenzialità del nuovo settore non-profit, anche sotto il profilo finanziario. L'assistenza umanitaria, inoltre, diventava una caratteristica centrale dell'espansione della potenza americana nel mondo e un efficace strumento per l'americanizzazione dell'Europa, fortemente indebolita dalla guerra sul piano ideologico, oltre che su quello materiale.

Il 12 maggio 1917, a poco più di un mese dalla decisione di intervento degli Stati Uniti nella prima guerra mondiale, si inaugura a Washington DC il nuovo Quartier Generale della Croce Rossa Americana (CRA), un imponente palazzo di marmo bianco ("the marble palace") situato sulla 17ma strada, nelle immediate vicinanze della Casa Bianca.[1] Come quartier generale nazionale della Croce Rossa, l'edificio diventa velocemente insufficiente, dato che con la belligeranza i suoi addetti, passano da 70 a più di 700 nei soli primi sei mesi dell'anno.[2] Ma il palazzo ha un duplice scopo: vuole essere anche un monumento all'opera di soccorso nelle guerre, celebrando l'assistenza prestata dalle donne sia del Nord che del Sud a soldati e civili durante la guerra civile. Nel 1965, il luogo diventa un sito storico nazionale.

La costruzione dell'edificio avviene in tempi rapidi, dato che la posa della prima pietra aveva avuto luogo il 27 marzo 1915, quando la guerra era già dilagata in Europa, ma rispetto alla quale gli Stati Uniti proclamavano di voler rimanere neutrali. La posa della prima pietra era stata celebrata con una cerimonia speculare a quella che esaminiamo qui. Anch'essa aveva visto la presenza bipartisan del presidente democratico in carica Woodrow Wilson e l'ex-presidente repubblicano William Taft, anche perché entrambi avevano cariche apicali nella CRA. Wilson in particolare ne era presidente (Irwin 2013, 35).

Al finanziamento di 800 mila dollari necessario per la sua costruzione avevano partecipato in parti uguali il Congresso e grandi fondazioni private, come la Rockefeller e la Russell Sage Foundations. Questo tipo di finanziamento si addiceva alla natura istituzionale della Croce Rossa, definita allo stesso tempo pubblica e privata, vale a dire quella di un ente privato con incarichi pubblici, affidati direttamente dall'esecutivo. Marian Moser Jones descrive il suo status come "quasi-ufficiale" (Jones 2013, 157).

Come la maggior parte degli edifici pubblici del centro di Washington, anche questo palazzo di tre piani è costruito in stile neoclassico. Il progetto dello Studio Trowbridge and Livingston di New York prevede una facciata in marmo del Vermont con un portico centrale a tempio greco, sul cui timpano spicca il simbolo della Croce Rossa. Sei colonne corinzie reggono l'architrave su cui

---

1 Consultabile online all'indirizzo https://historicsites.dcpreservation.org/ items/show/15#&gid=1&pid=5 (accesso del 12 set. 2022)" .

2 *Red Cross Bulletin*, 1-6, 28 lug. 1917, 2.

è iscritta la dedica del palazzo: "Alla memoria delle eroiche donne della Guerra Civile." Una lapide collocata all'interno, lungo la scala monumentale che porta al primo piano, spiega più diffusamente che le donne sia del Nord che del Sud erano celebrate in questo luogo per la loro opera di soccorso di malati e feriti durante la guerra civile e aggiunge che ora la loro opera era perpetuata dalla Croce Rossa.[3]

Questa dedica, però, parla solo delle tradizionali opere di soccorso che tutte le società nazionali della Croce Rossa prestavano nei loro paesi e nei teatri di guerra, al seguito degli eserciti. La CRA, invece, si appresta a dispiegare un'opera di assistenza molto più vasta, rivolta con ricchezza di mezzi anche agli eserciti e alle popolazioni civili degli alleati, che nel primo dopoguerra si sarebbe allargata alle popolazioni dell'Europa orientale e del Medio Oriente. Questo slancio universalistico, già presente al momento dell'inaugurazione del Quartier Generale della CRA, anche se andava ancora definito nei suoi contenuti, si coglie bene nelle parole dell'articolo del *Red Cross Magazine* che descrive il luogo come "la base per dirigere l'assistenza verso tutti gli angoli del globo."[4]

La scala monumentale che collega l'atrio con il primo piano è illuminata da tre grandi finestre sui cui davanzali poggiano tre busti di Hiram Powers, uno dei principali scultori neoclassici americani dell'Ottocento, che rappresentano la Fede, la Speranza e la Carità. L'ampia sala delle riunioni del primo piano è adornata da tre imponenti vetrate policrome che occupano gran parte della parete di fondo della sala. Sono state disegnate e fabbricate dai Tiffany Studios di New York, diretti da Louis Comfort Tiffany, e costituiscono la loro più grande serie di vetrate destinata ad un edificio non religioso.

---

3 "A MEMORIAL built by the Government of the United States and patriotic citizen TO THE WOMEN OF THE NORTH AND TO THE WOMEN OF THE SOUTH held in loving memory by a now united country that their labors to mitigate the sufferings of the sick and wounded in war may be perpetuated this memorial is dedicated to the services of THE AMERICAN RED CROSS, "Your Red Cross", *Red Cross Magazine*, 12-4, mag. 1917, 126 [*mia traduzione* qui e oltre]. Il *Red Cross Magazine* è un'attraente rivista mensile illustrata che durante la guerra supera la tiratura di un milione di copie, svolgendo un ruolo importante nella comunicazione di massa della CRA.

4 "Here the base for directing relief in all quarters of the globe", *Ibid*.

I 10 mila dollari necessari alla loro esecuzione sono donati in parti uguali da organizzazioni femminili del Nord e del Sud degli Stati Uniti, la Women's Relief Corps del Nord e la United Daughters of the Confederacy del Sud.[5]

La prima vetrata alla sinistra di chi guarda rappresenta Santa Filomena, una martire del III-IV secolo d.C., probabilmente mai esistita, ma conosciuta e venerata per i suoi poteri di guarigione, circondata da alcune ancelle. La prima ancella porta l'emblema della Croce Rossa. Subito dopo la Speranza sostiene uno stendardo con un'ancora ed è seguita dalla Misericordia che reca doni. La Fede porta una torcia e rami di palma, mentre la Carità ha in mano una bevanda benefica. In primo piano una madre tiene in braccio un bimbo che ha raccolto fiori. Le figure, quindi, sono principalmente femminili.

La vetrata centrale, invece, ha solo figure maschili: rappresenta un gruppo di cavalieri con armature e lance che si dirige presumibilmente verso la battaglia. Il cavaliere centrale ha una grande vessillo su cui si nota il simbolo della Croce Rossa. Il suo cavallo bianco ha ricchi finimenti, adornati da gemme variopinte. Ai suoi piedi un soldato ferito viene soccorso da un compagno, mostrando che anche nei campi di battaglia c'è spazio per la misericordia.

La vetrata a destra è di nuovo popolata da figure femminili. La figura principale è una dama con il grembo pieno di fiori, che rappresentano le buone azioni. Tra le ancelle, una porta una croce, una seconda regge la lampada della saggezza, mentre altre sullo sfondo sorreggono vessilli: su uno di questi è rappresentato un cuore, simbolo di amore, e altri hanno l'emblema della Croce Rossa, che si ripete sullo scudo della figura seduta in primo piano, scudo diventato il riconoscimento più alto della CRA per i suoi collaboratori meritevoli.

La rappresentazione dell'opera della Croce Rossa, quindi, fa ampio ricorso ai simboli del cristianesimo, a un idealizzato medioevo e alle crociate. L'iconologia impiegata qui, nonché in altre opere presenti nell'edificio, si basa sulla netta distinzione di ruoli e campi d'attività tra i sessi: agli uomini la guerra, alle donne le opere di soccorso.

Ora, però, nell'ambito dell'attività della Croce Rossa in tempo di

5   Consultabile online all'indirizzo https://www.redcross.org/about-us/who-we-are/history/tiffany-windows.html (accesso del 12 set. 2022).

guerra, non si tratta solo di separazione di ruoli, ma di un processo di crescente subordinazione dell'elemento femminile, che fino allora aveva diretto l'organizzazione filantropica. Infatti, la tradizionale leadership femminile della CRA - pensiamo alla fondatrice e prima leader Clara Barton o all'attuale segretaria Mabel T. Boardman - si trova estromessa dai centri di comando o almeno subordinata rispetto ai nuovi vertici maschili. Con l'intervento, infatti, nella Croce Rossa si crea un Consiglio di Guerra, formato esclusivamente da uomini provenienti dai vertici della finanza, della politica e della filantropia. Le donne non ne fanno parte e la dirigenza femminile quindi perde il controllo dell'organizzazione nel momento della sua massima espansione. La figura della crocerossina riempie la raffigurazione ideale dell'opera della Croce Rossa, ma le leve di comando passano saldamente in mani maschili, sia in patria che in Europa. Nel 1918, tornando da un viaggio in Europa per visitare le truppe statunitensi, Mabel Boardman trova il suo ufficio nel palazzo occupato da altri impiegati (Jones 2013, 167).

Con l'intervento in guerra, la crescita della CRA diventa impetuosa e la sua trasformazione profonda, anche perché Wilson la designa come il principale organismo di coordinamento degli interventi delle organizzazioni umanitarie all'estero. Alla fine del 1918, ha alle sue dipendenze un personale retribuito di 13 mila addetti in 25 paesi, 24 mila infermiere professionali e un esercito di volontari di circa 33 milioni, pari a circa un terzo della popolazione complessiva (Jones 2013, 157). Per contribuire al finanziamento dei suoi vasti progetti, grazie a ben orchestrate campagne, la CRA ottiene un totale di circa 400 milioni di dollari di donazioni, provenienti principalmente da una moltitudine di privati cittadini, diventando un gigante nel campo del fund-raising (Cutlip 1990, 133-135).

Il Quartier Generale ospitato nel palazzo comprende inizialmente otto dipartimenti, in genere diretti e popolati da uomini. Questa struttura si ripete nelle 13 divisioni in cui è suddiviso il territorio nazionale. Otto sono i campi principali d'attività da curare nell'attuale organizzazione: assistenza militare, assistenza civile, servizio infermieristico, standards, promozione dell'attività dei capitoli, che sono i nuclei locali di base della capillare organizzazione della CRA, trasporti e forniture, lavoro femminile e "publicity", che fonde l'informazione pubblica con la promozione dell'azione della CRA e del governo.[6]

Unico ambito a prevalenza femminile è la Sezione infermieristica, inquadrata nel Military Relief Department e diretta da Jane A. Delano e Clara D. Noyes.[7] Si tratta di un settore di attività di cruciale importanza, che già nel luglio 1917 coordina l'attività di circa 12 mila infermiere[8] destinate all'assistenza sia negli USA che in Europa. Il loro lavoro era uscito valorizzato dal processo di crescente professionalizzazione che aveva investito il settore infermieristico durante l'età progressista (Nutting e Dock 2019, 326-435). I corsi per ottenere il diploma in infermieristica duravano circa due anni e si svolgevano sotto la supervisione dell'influente American Nurses Association, creata nel 1911 (Keeling et al. 2017, cap. 6). Jane Delano aveva contribuito a fondarla e ne era divenuta presidente. Durante la guerra, Delano è una delle poche figure femminili a acquistare notorietà a livello nazionale e largo spazio nei media.[9] Lo sarà ancor di più dopo la sua morte in Francia all'inizio del 1918, durante una missione per la CRA. Negli anni seguenti, una statua in suo onore è collocata nel giardino del "marble palace" e un bronzo in onore suo e delle altre circa 300 infermiere perite nella Grande Guerra domina la zona a loro dedicata nel cimitero militare di Arlington (Va).

La separazione dei ruoli e la subordinazione del femminile che stiamo esaminando caratterizza la cerimonia di inaugurazione dell'edificio, guidata dal presidente Wilson e dall'ex-presidente Taft, entrambi dirigenti della CRA. Accanto a loro, durante la cerimonia, vediamo leader politici e alcune donne, che non sono però dirigenti della Croce Rossa, ma le mogli dei leader politici presenti, vale a dire del presidente e dei ministri della Guerra e della Marina, menzionate nei giornali, come era l'uso del tempo, solo col nome dei rispettivi

---

6 *Red Cross Bulletin*, 1-6, 28 lug. 1917.

7 "Ready When War Comes", *Red Cross Magazine*, 12-4, mag. 1917, 130-131 e "What a Woman Can Do", *Ibid.*, 154-156.

8 *Red Cross Bulletin*, 1-5, 19 lug. 1917.

9 "What a Woman Can Do", *Red Cross Magazine*, 12-4, mag. 1917, 154-156.

consorti, quindi: Mrs. Woodrow Wilson, Mrs. Newton D. Baker, Mrs. Josephus Daniels.[10]

In particolare, non si nota fra i protagonisti della cerimonia Mabel T. Boardman, leader della CRA a partire dal 1905. Invece, due anni prima, nel 1915, aveva avuto un ruolo centrale, accanto al presidente Wilson e all'ex-presidente Taft, nella cerimonia di posa della prima pietra. In effetti, Boardman era stata il motore dell'intero progetto, sia per quel che riguardava la sua promozione e i relativi finanziamenti, sia per le linee generali di rappresentazione dell'opera della Croce Rossa attraverso le opere d'arte di cui abbiamo parlato finora.

La cerimonia del 1917 comprende una sfilata di crocerossine. Dal palco, il presidente Wilson e gli altri dignitari assistono a una parata di un migliaio di crocerossine, provenienti dal Women's Volunteer Aid Corps del District of Columbia. Ora una parata di questo tipo è una novità, ma durante la guerra se ne vedranno altre, fra cui la più imponente sarà quella che avrà luogo a New York nel maggio del 1918.

Il *Washington Post* così descrive la sfilata del 1917:

> Marciano come soldati veterani. Plotone dopo plotone sfilano in perfetta formazione. Gli occhi sono girati a sinistra seguendo i bruschi comandi delle leader, con le mani che scattano verso i copricapi con una precisione che potrebbe essere invidiata da unità più militari. È stato uno spettacolo imponente vedere rango dopo rango esempi della migliore femminilità americana mentre sfilano di fronte alla tribuna d'onore sotto gli occhi del Comandante Supremo dell'Esercito e della Marina.[11]

---

10 "Wilson Sees Vast Sacrifices in War", *Washington Post*, 13 mag. 1917, 1-2.

11 "March Like Veteran Soldiers [title]. Platoon after platoon swung by in almost perfect alignment. Eyes were turned to the left at sharp commands from platoon leaders, and hands snapped to headdress with a precision which might well be envied by more military units. It was an imposing sight to see rank after rank typifying the best in American womanhood sweep past the reviewing stand under the eye of the commander-in-chief of the army and navy." *Ibid*. Si veda anche "Red Cross Dedication", *Washington Post*, 12 mag. 1917, 4.

Le volontarie sfilano in cinque unità distinte in base al loro campo di attività e nelle loro differenti divise, bianche, grigie, a strisce, con veli bianchi, blu o viola o semplici baschi come nelle unità motorizzate. Siamo pochi anni dopo la parata suffragista del 3 marzo 1913 sempre a Washington, che aveva talmente scandalizzato alcuni astanti da provocare disordini e scontri. Ora, nel quadro gerarchico e codificato della guerra, la presenza femminile nello spazio pubblico è accettata, ma spesso acquista accenti di inversione di ruoli, come in questo caso, con le giovani donne in uniforme, inquadrate in plotoni, che sfilano facendo il saluto militare davanti al palco delle autorità, costituite prevalentemente da uomini in abiti civili.

L'immagine della crocerossina diventa il simbolo dell'opera della CRA, riprodotta in una grande varietà di poster: in genere è una giovane e attraente rappresentante della componente bianca della popolazione, spesso associata al lavoro in Europa. Quest'ultimo viene presentato come un'avventura o come la conquista di una professionalità utile per il futuro, oppure come una risposta doverosa di fronte alle esigenze del proprio paese, dei soldati impegnati sul fronte di guerra e dei tanti civili bisognosi di soccorso.

L'invito a diventare crocerossine è rivolto a donne libere da vincoli familiari, ma la propaganda della CRA non si limita a loro. Un poster molto diffuso si rivolge alle madri di famiglia: rappresenta una donna giovane dalla carnagione chiara intenta a lavorare a maglia e con la semplice frase "You can help" invita le donne a impegnarsi in questa forma di volontariato per fornire le truppe e i civili di articoli necessari.[12] Questa immagine rappresenta la casalinga modello e la stampa mostra volontarie impegnate a lavorare a maglia nelle situazioni più diverse: non solo a casa, ma all'aperto, in luoghi pubblici e per strada. Il lavoro a maglia diventa, quindi, un segno dell'appoggio femminile alla guerra (Strawn 2007, 91-107). Si calcola che circa otto milioni di queste volontarie produssero 371 milioni di indumenti di lana per le truppe, i rifugiati, gli orfani di guerra, distribuiti soprattutto in Europa (Jones 2013, 157).

Nel suo discorso alla cerimonia che stiamo analizzando, Wilson

---

12   Manifesto di Wladyslaw T. Benda, "You can help", 1918, visibile qui: https://www.loc.gov/pictures/item/2002708897 (accesso del 25 gen. 2022)

afferma che ai suoi occhi è significativo e incantevole il fatto che il nuovo palazzo sia dedicato unitamente alle donne del Nord e del Sud. Ciò ne fa un simbolo della raggiunta unità del popolo americano:

> Prego Dio che il risultato di questa guerra possa essere che ogni elemento conflittuale tra noi sarà cancellato e che in futuro gli storici ricorderanno questi anni fatidici come gli anni che hanno creato un solo popolo a partire dal grande corpo di coloro che si chiamano americani. Ci sono già segni evidenti che ciò sta succedendo. Le divisioni che erano previste non sono accadute e non accadranno. Lo spirito di questo popolo è già unito . . .[13]

Questa unità nazionale raggiunta grazie alla guerra è uno dei temi di fondo della propaganda della Croce Rossa: la vediamo efficacemente illustrata nella copertina disegnata da Norman Rockwell per il *Red Cross Magazine*.[14] Al centro dell'immagine vediamo un giovane soldato statunitense nella divisa khaki della prima guerra mondiale, e ai suoi fianchi due veterani della guerra civile, un nordista con l'uniforme blu e un sudista con l'uniforme grigia. Il messaggio sul superamento della divisione è contenuto nella scritta sottostante: "Blu + Grigio = Khaki."

Però questa unità è più apparente che reale: la guerra invece sta creando nuove, profonde divisioni nella popolazione. Nel discorso pubblico degli anni della guerra si fa sempre più strada l'esaltazione dell'"americanismo", ora inteso come l'essere "americani al 100 per cento", aderendo a pensieri e comportamenti funzionali alle necessità belliche: su un manifesto del 1917 campeggia proprio questa

---

13 "I pray God that the outcome of this struggle may be that every other element of difference amongst us will be obliterated and that some day historians will remember these momentous years as the years which made a single people out of the great body of those who call themselves Americans. The evidences are already many that this is happening. The divisions which were predicted have not occurred and will not occur. The spirit of this people is already united . . .", in "Hearts in War, Wilson's View", *Louisville Courier Journal*, 13 mag. 1917, p. B1. Si veda anche "Wilson Foresees War of Grimness", *New York Times*, 13 mag. 1917. 1 e 3.

14 Norman Rockwell, Copertina, Red Cross Magazine, giugno 1918.

domanda: "Sei un americano al 100%? Provalo" e in questo caso si chiede do comprare buoni del Tesoro.[15] La propaganda descrive nei particolari i tratti e i comportamenti dei "veri americani", separandoli dal resto della popolazione che non lo è.[16] Staccandosi, quindi, dall'humus culturale dell'età progressista, si elabora un'ideologia che emargina pacifisti, socialisti, anarchici, sindacalisti, recenti immigrati, bollandoli come "un-american", e ponendo cosí le basi della Red Scare del primo dopoguerra (Capozzola 2008, 7-20; Ryan 2015, 5-16).

Attraverso la vasta produzione di poster, articoli e dispacci per la stampa, film, conferenze, mostre e l'incitamento a partecipare alle tante iniziative patriottiche e al volontariato, la CRA diviene uno dei principali artefici della propaganda bellica e del conformismo che questa sollecita in una vasta opera di nazionalizzazione delle masse. All'interno degli USA, la propaganda descrive fin nei minimi particolari della vita quotidiana cosa distingue il "vero americano" e la "vera americana" dal resto della popolazione: entra nelle case, dà consigli di comportamento a donne, uomini e ragazzi, suggerisce cosa mangiare, come coltivare un orto di guerra, perfino come e cosa scrivere nelle lettere ai propri congiunti al fronte.[17] In particolare, il volontariato diviene un tratto distintivo e quasi necessario del patriottismo, tanto da essere definito "volontariato coercitivo", con un eloquente ossimoro (Capozzola 2008, 8). Seguendo un ragionamento simile, Hutchinson riporta il caso di un pubblico ufficiale che finisce condannato a trenta mesi di detenzione per aver

---

15   Consultabile online all'indirizzo: https://www.loc.gov/pictures/resource/cph.3g08075/?co=wwipos (accesso del 12 set. 2022).

16   Per espressioni come "real Americans" o "true Americans" usate per indicare comportamenti patriottici, vedi ad esempio "Real Americans", *The Red Cross Magazine*, 13-1, gen. 1918, 76. Per il termine "Americanism", si veda Henry P. Davison, "What It Means", *The Red Cross Magazine*, 13-8, ago. 1918, 2.

17   Dudley Harmon, "The Woman and the War. A War Service Bringing the American Woman in Close Touch with Her Government," *Ladies' Home Journal*, 34-8, 1917: 25-28. Per consigli sulla scrittura di lettere ai soldati, si veda "News Service, Released for Morning Papers, Monday, June 10th [1918]", ARC, Washington DC, file 020.11, b. 4, Series N. 2 (1917-1931), Records of the American National Red Cross, RG 200, National Archives, College Park, MD.

ostacolato la guerra per alcuni suoi commenti critici sulla CRA, fatti nel momento in cui rifiutava di donare denaro per l'attività bellica (Hutchinson 1996, 271-273).

Sempre come aspetto essenziale del patriottismo, si sollecita nei cittadini anche un'attenta vigilanza nei loro ambienti di vita al fine di cogliere la presenza di spie e in genere di persone "un-american" che non sentivano il richiamo della patria o che si opponevano ad esso. Queste ultime dovevano essere isolate e eventualmente denunciate. Il diffondersi di un clima di sospetto favorisce la crescita di organizzazioni di volontari destinate a esercitare forme di controllo sul comportamento dei concittadini, come *l'American protective league (APL)*, forte dei suoi circa 250 mila vigilantes (Goodall 2013, 20-24). Stephanson descrive «la furia straordinaria della repressione interna, pubblica e privata, legale e extralegale che si verificò negli Stati Uniti, appena il paese era entrato in guerra» e afferma che essa fu di gran lunga maggiore di quella seguita alla seconda guerra mondiale, nota come maccartismo (Stephanson 1995, 119). Secondo la sua analisi, proprio per la carica messianica del suo messaggio, Wilson non avverte alcuna contraddizione tra la retorica adoperata nelle campagne di americanizzazione del mondo, con l'accento posto sui valori di libertà, umanità e democrazia, e le sue politiche repressive in patria. Soprattutto per questa duplicità, Rydell e Kroes chiamano Wilson "un Giano bifronte" (Rydell e Kroes 2005, 167).

Il largo successo delle campagne della CRA comprendono anche quelle destinate alla massiccia raccolta di fondi. Il successo eccezionale dell'organizzazione in questo campo mette in luce le enormi potenzialità finanziarie del settore non-profit, che espode ora e rimane per tutto il secolo un pilastro dell'attività finanziaria. Tutto ciò spiega l'attenzione costante prestata dalla CRA all'opinione pubblica e ai mezzi per indirizzarla, sia dentro che fuori i confini nazionali (Rossini 2020, 89-112), facendone uno dei principali attori della comunicazione pubblica statunitense.

Nella guerra e nel primo dopoguerra, il centro d'attività della CRA si sposta all'estero, soprattutto in Europa. L'estero costituisce la 14ma divisione della CRA, verso cui si dirige la maggior parte delle risorse materiali e finanziarie, nonché delle migliaia di volontari e volontarie, provenienti dalle 13 divisioni territoriali interne. Gestito principalmente nel quartier generale di Washington qui esaminato, il volume degli aiuti tocca livelli considerevoli e inediti.

Nel corso della guerra, quindi, si rafforzano notevolmente tendenze già presenti nella politica e nella società americana volte a rendere gli aiuti esteri uno strumento politico e diplomatico rilevante. Testimoniato anche dal trend crescente di donazioni e volontariato, aumentano nell'opinione pubblica e negli ambienti politici quanti credono che gli Stati Uniti debbano agire come una potenza globale benefica, una nazione pronta a indirizzare le sue abbondanti risorse materiali e intellettuali verso l'aiuto umanitario per alleviare le sofferenze provocate dalla guerra, ma più in generale per migliorare il benessere e la salute delle popolazioni a livello globale (Porter 2016, 1-49).

L'espansionismo statunitense acquista così nuovi motivi e contenuti. Da allora in poi, gli aiuti umanitari diventano una peculiarità della politica estera statunitense, in linea con l'immagine che il paese vuole proiettare fuori dei suoi confini, quella di un paese ricco e potente, ma che non agisce seguendo calcoli di tornaconto, ma alti ideali di democrazia, pace e umanità. Irwin definisce l'azione della CRA all'estero durante la guerra, quando distribuisce aiuti in più di 24 paesi, nella maggior parte dei quali i soldati non arrivarono, «un'inestimabile forma di diplomazia» (Irwin 2013, 1-12). [18]

Anche l'ampia disponibilità di risorse ancora a disposizione della CRA alla fine del conflitto — circa 75 milioni di dollari e merci per ulteriori 50 milioni (Roberts 2007, 331), oltre a migliaia di operatori — spinge il suo visionario presidente, Henry P. Davison, con l'appoggio del Presidente Wilson, a lanciare nei primi mesi di pace il progetto di costituzione di una Lega delle Società della Croce Rossa, a cui inizialmente aderiscono solo le società dei cinque principali paesi vincitori — Stati Uniti, Gran Bretagna, Francia, Italia e Giappone —, ma che idealmente ha un'impronta universalistica, come la costituenda Lega delle Nazioni. Ad essa si doveva demandare nell'immediato parte degli enormi compiti

---

18 Nei paesi in cui si univano all'intervento militare, invece, gli aiuti erano «un complemento essenziale all'intervento armato».

legati alla ricostruzione europea e in prospettiva la ricerca condivisa delle soluzioni ai principali problemi di sanità pubblica a livello globale (Roberts 2007, 332). Il progetto di Davison, anche se sarà fortemente modificato e ridimensionato negli anni seguenti, mostra il vasto raggio d'azione internazionale dell'opera bellica e postbellica della CRA, bene illustrata dalla copertina del *Red Cross Magazine* del febbraio 1919 disegnata da Alonzo Foringer, in cui si vede l'immagine di una crocerossina che aleggia con atteggiamento protettivo sul mondo intero.[19] Come già affermato al momento dell'inaugurazione del "marble palace" della CRA esaminato qui, l'attività filantropica contribuisce a definire l'immagine di potenza benefica che gli USA vogliono dare di sé nella fase della loro affermazione come nuova potenza globale.

Bibliografia

Capozzola, Christopher. *Uncle Sam Wants you. World War I and the Making of the Modern American Citizen.* Oxford: Oxford University Press, 2008.

Cutlip, Scott M. *Fund Raising in the United States. Its Role in America's Philanthropy.* New Brunswick (NJ) e Londra: Transaction Publishers, 1990 (I ed. 1965).

Goodall, Alex. *Loyalty and Liberty. American Countersubversion from World War I to the McCarthy Era.* Urbana (IL): University of Illinois Press, 2013.

Hutchinson, John F. *Champions of Charity, War and the Rise of the Red Cross,* Boulder (CO): Westview Press, 1996.

Irwin, Julia F. *Making the World Safe. The American Red Cross and the Nation's Humanitarian Awakening.* Oxford: Oxford University Press, 2013.

---

19 Consultabile online all'indirizzo "https://archive.org/details/ RedCrossMagazine191902 (accesso del 12 set. 2022)".

Jones, Marian Moser. *The American Red Cross from Clara Barton to the New Deal*. Baltimore: Johns Hopkins University Press, 2013.

Keeling, Arlene W., Michelle Hehman and John C. Kirchgessner. *The History of Professional Nursing in the United States. Toward a Culture of Health*. New York, NY: Springer Publishing, 2017.

Nutting, M. Adelaide e Dock, Lavinia L. *A History of Nursing. The evolution of nursing systems from the earliest times to the foundation of the first English and American training schools for nurses*, vol II. Alpha Editions, s.l. 2019 (ed. orig. 1907).

Porter, Stephen R. *Benevolent Empire: U.S. Power, Humanitarianism, and the World's Dispossessed*. Philadelphia: University of Pennsylvania Press, 2016.

Roberts, Priscilla. "The First World War as Catalyst and Epiphany: The Case of Henry P. Davison." *Diplomacy and Statecraft* 18.2 (2007): 315-350.

Rossini, Daniela. "Wilson's Parallel Diplomacy: The American Red Cross and Italian Public Opinion, 1917-1919", in Varsori, A. e Zaccaria, B. (a cura di), *Italy in the New International Order, 1917-1922*. Londra: Palgrave Macmillan, 2020.

Ryan, Erica J. *Red War on the Family. Sex, Gender, and Americanism in the First Red Scare*. Philadelphia: Temple University Press, 2015.

Rydell, Robert W. e Kroes, Rob. *Buffalo Bill in Bologna: the Americanization of the World, 1869-1922*. Chicago (IL): University of Chicago Press, 2005.

Stephanson, Ander. *Manifest Destiny. American Expansion and the Empire of Right*. New York (NY): Hill & Wang, 1995.

Strawn, Susan. *Knitting America: a glorious heritage from warm socks to high art*. St. Paul (MN): Voyager Press, 2007.

An Imprisoning Site of Passage

SYMBOLIC AND PHYSICAL TOPOGRAPHY IN AMBROSE
BIERCE'S "AN OCCURRENCE AT OWL CREEK BRIDGE"

Stefano Franceschini
Università degli Studi Roma Tre

Abstract: This paper proposes to investigate how memories connected to landmarks of the American Civil War contributed to shape the eerily oneiric imagery in Ambrose Bierce's short story "An Occurrence at Owl Creek Bridge." Viewing the eponymous trestle as a metaphorical and material site of passage, this study examines the story's interplay between the semantics of wartime topography, the protagonist's dream(e)scape, and Bierce's own experiences of the Civil War as a soldier of the Union army. I maintain that the narrator's unreliability, acting as a point of transition between multiple interpretations of the tale, diegetically reflects the physical and symbolic function of the bridge.

> *"War loves to come like a thief in the night;*
> *professions of eternal amity provide the night"*
> (Bierce 1989, 385)

Introduction

The semantic architecture of memory consists of at least two fundamental aspects: an inherently private, devotional act of preservation of the past, and an institutional crystallization of historic moments for public remembrance. One of the main differences between memory and history is that the former is "in permanent evolution", while the latter is a reconstructive "representation of the past" (Nora 1989, 8). Nonetheless, memory has also the ability to infiltrate material artifacts and sites that function as concrete, objective paragons of recollection (Nora 1989, 9). In light of the perpetually negotiable relationship between history and memory, this article explores the physical and symbolic *lieux de mémoire* within the quasi-supernatural literary context of Ambrose Bierce's "An Occurrence at Owl Creek Bridge", a short story about the hanging of a Confederate civilian, Peyton Farquhar, during the American Civil War. Inspired by a real location, the tale is materially and metaphorically modeled on the author's own military involvement in the conflict, a dramatic experience which notably underscores several of his fictional and non-fictional writings.

Introduced by Pierre Nora in the first of the seven volumes comprising *Les Lieux de Mémoire* (1989), the eponymous concept is defined by spatial rather than chronological attributes; in fact, in his later study "Between Memory and History: Les Lieux de Mémoire", Nora writes that "[m]emory attaches itself to sites, whereas history attaches itself to events" (Nora 1984, 22), thus establishing the correlation between "the ability to remember and the places [. . .] where memory is lodged" (Zelizer 2004, 157). The notion of *lieu de mémoire* resonates not only with Bierce's short story's subject matter, but also with the topographic aspect of its title: "An Occurrence at Owl Creek Bridge"[1] is constructed as the fictionalization of memories attached to a real location, physically and figuratively positioned within the broader context of the Civil War. The word "occurrence" itself also deserves further scrutiny: on the one hand, it may be seen to adequately mirror "the story's persistent distortion and conflation of time" (Stoicheff 1993, 356), in that the protagonist's dreamy escape outstrips the story's (and reality's) underlying temporality in terms of narrative and perceptive duration; on the other, it is strongly suggestive of the author's sardonic indifference toward the prisoner's impending fate, dismissed in the story as a passing "occurrence" (Evans 2003, 50). However, while the autobiographic and historical dimension of the story are fundamental to a comprehensive analysis of "Occurrence", this study also aims to highlight the oneiricism of the tale, which operates as an aesthetic corollary to the deceptive architecture and unfolding of the plot. I argue that the narrator's

1 Hereinafter referred to as "Occurrence."

unreliability diegetically reverberates the physical and symbolic function of the bridge, for it serves as a point of transition between multiple interpretations of the story.

History meets memory: symbolic and material sites of passage

Arranged into three sections, "Occurrence" is a short story originally published on *The San Francisco Examiner* in 1890 and collected one year later in the volume *Tales of Soldiers and Civilians* (Joshi 1990, 148). One of the most anthologized tales by Ambrose Bierce, "Occurrence" starts by describing the preparation of the hanging of a secessionist plantation and slave owner, Peyton Farquhar,[2] on a railroad bridge crossing Owl Creek in northern Alabama. Farquhar has been captured by the Unionists after they caught him in the act of trying to destroy the bridge, a trap into which he was lured by a "Federal scout" disguised as a Confederate. As he sways through the planks of the trestle, the rope fortuitously snaps, letting the prisoner fall straight into the stream below. At this point, the story focuses on the brilliant escape of Farquhar, who successfully manages to return home to his wife. Yet, only moments before he reaches her hands, the fugitive is suddenly struck by a painful blow on the back of his neck which completely clouds his vision; in fact, Farquhar had hallucinated (or simply imagined) everything and is dead.

At the beginning of the second section of the story, the narrator passingly mentions the fall of Corinth, which occurred shortly after the Battle of Shiloh, one of the bloodiest engagements of the whole conflict (the sixth in terms of casualties in the history of the country).[3] The general outcome of, and the manner in which, the battle was

---

2 Farquhar's eyes are "large and dark gray", which might be a symbolically metonymic reference to the Confederacy's uniform, whose color was of the same tint. Moreover, Cathy S. Davidson also suggests that "[t]he name Farquhar has the etymological meaning of 'gray clad man' or 'dark gray man'" (qtd. in Ames 1987, 67).

3 23746 casualties in total (O'Neill 2020).

fought was dramatically determined by the configuration of Shiloh's terrain, which was crossed by a considerable number of creeks and lesser streams that flowed into the Tennessee River. The river, used as a key route to "invade into the Confederate heartland," and the watercourses of Snake and Owl Creek, made the battlefield "very low and thus swampy, muddy and overgrown with briars and trees" (Smith 2011, 176); nonetheless, the geographically problematic framework of the ground played a key role in the Unionists' suffered victory of the battle. Bierce himself, who had enlisted in the Union army (Wilt 1929, 261), took part in this ferocious engagement, a traumatizing experience which would be documented in his memoir years later:

> Then—I can't describe it—the forest seemed all at once to flame up and disappear with a crash like that of a great wave upon the beach—a crash that expired in hot hissings, and the sickening 'spat' of lead against flesh. (Bierce 2020, 26)[4]

Following their military success at Shiloh, the Federals started advancing toward Corinth with the aim of gaining control of the Mississippian town's strategic railroad junction. The resulting battle (the "fall of Corinth") saw the Union forces victorious again, although they suffered heavier casualties than the Confederacy did (Weiser 2019). Initially surprised by the Confederates' offensive strategy—who had launched an attack with the hope of pushing the Federals towards the swamps of Snake and Owl Creeks—the Unionists eventually secured a victory thanks to the aid of additional divisions, forcing the opponents to retreat.

As David M. Owens suggests (1994, 84), with these historical and topographic coordinates in mind, why did Bierce use a site, Owl

---

4   Compare with the following extract from the story: "An appalling plash within two yards of him was followed by a loud, rushing sound, *diminuendo*, which seemed to travel back through the air to the fort and died in an explosion which stirred the very river to its deeps! A rising sheet of water curved over him, fell down upon him, blinded him, strangled him! The cannon had taken a hand in the game" (Bierce 1989, 16).

Creek, which is located in Tennessee if the story is set in northern Alabama? There would, then, appear to be a significant discrepancy given Bierce's renowned map-making skills.[5] Drawing again on the writer's autobiographical notes on the Battle of Shiloh, it is indeed impossible not to notice Bierce's expertly scrutinizing eye in action:

> [. . .] the incidents related necessarily group themselves about my own personality as a center; and, as this center, during the few terrible hours of the engagement, maintained a variably constant relation to the open field already mentioned, it is important that the reader should bear in mind the topographical and tactical features of the local situation. The hither side of the field was occupied by the front of my brigade—a length of two regiments in line, with proper intervals for field batteries. (Bierce 2020, 27)

There must be an explanation to this seemingly geographic inconsistency, if we are to dismiss at once an implausible mistake on Bierce's side. Owens goes on to argue that the likely reason that Bierce did not transpose the story to Tennessee is that there was no railroad bridge spanning the small river (1994, 84); a bridge which also serves as a symbolic site of passage, sarcastically echoing the protagonist's trajectory from life to death (Evans 2003, 76). Because of the crucial importance of the location and the overall accuracy of the scenery in the economy of the narrative, Bierce chose to alter the name of a creek rather than move an entire landscape elsewhere. After all, there are indeed a few creeks in the northern region of Alabama, including Sulphur Creek, famous for the battle of Sulphur Trestle fought in 1864. Contrary to what had happened two years earlier in Shiloh, this engagement was won by the Confederates, whose main success was the destruction of the bridge, which in turn resulted in the disruption of a vital Union supply line. Curiously enough, even though Bierce did not take part in this combat due to a serious head injury he had suffered in June the same year (Fatout 1954, 397), he did visit the site

---

5   Bierce was so proficient in land surveying that a year after the Battle of Shiloh he was appointed "Acting Topographical Officer" (Fatout 1954, 392).

in 1862 as part of a military operation aimed at the repair of the same railroad (Ress 2021).

Since the story is set in Alabama, where a trestle crossing a creek was located, in the vicinity of which a battle was fought, then why change the name of the stream and not refer to Sulphur Creek? James G. Powers, for instance, writes that Bierce decided to relocate Owl Creek instead of referencing Sulphur Creek, because the owl can be viewed as a symbol of wisdom as well as of death[6] (Evans 2003, 54). Still, in line with this symbolic approach, Bierce might have staged the story—consequently changing the title—at Sulphur Creek anyway, because of the devilish imagery associated with sulfur. As a fascinating study by Dutch geologist Salomon Kroonenberg (*Why Hell Stinks of Sulfur*, 2011) attempts to show, the presence of "sulfuruous fumarola" (2011, 44) in places connected to "a number of mythological and religious entrances to Hell" (2011, 44), such as Lago Averno in Italy, may have contributed to the origin of the biblical expression "fire and brimstone" (Psalm 11:6, *KJV*). The connotative value of sulfur must have not escaped a well-versed author of biting satire, horror, and war fiction like Bierce.[7]

The uncanny dreamscape of "Occurrence"

In "Occurrence", Bierce experiments with a peculiar configuration of realism, infused with traces of supernaturalism (Joshi 1990, 155). As nothing overtly fantastic or preternatural happens in the tale, the illusory *rallentando* effect is brought forth by the textual digression into the protagonist's semi-oneiric state in the instants preceding his death. It is true that the reader cannot neglect this pervasive,

---

6 According to Michael Ferber, "[t]he tradition that the owl is the bird of wisdom may owe something to the sharp glaring eyes and the nocturnal habits of most species [. . .], but it may have more to do with the fact that the owl was the bird of Athena, Greek goddess of wisdom"; "To ancient and modern authors alike the owl's cry has sounded 'ominous' or omen-filled, and especially prophetic of death" (1999, 146).

7 Bierce also wrote *The Devil's Dictionary* (1906).

dreamlike tension, signaled, for instance, by passages such as the one in which the prisoner's train of thought is momentarily distracted by the hyperbolic description of the ticking of his watch, compared to the piercing sound of a blacksmith's hammering (Joshi 1990, 163): "Striking through the thought of his dear ones was a sound which he could neither ignore nor understand, a sharp, distinct, metallic percussion like the stroke of a blacksmith's hammer upon the anvil; it had the same ringing quality" (Bierce 1989, 11). Yet, the efficacy of the narrative lies in the precarious balance between the aforementioned episodes and the overall mundanity of the event, cynically depicted in the conclusive sentence of the story: "Peyton Farquhar was dead; his body, with a broken neck, swung gently from side to side beneath the timbers of the Owl Creek bridge" (Bierce 1989, 18). Not only does this painfully abrupt ending reflect the author's renowned matter-of-fact pessimism (Fadiman 1989, XV); it also demonstrates his narrative virtuosity: by wrapping the story with the same objectively descriptive tone employed at the very beginning of "Occurrence"—"A man stood upon a railroad bridge in northern Alabama, looking down into the swift water twenty feet below. The man's hands were behind his back, the wrists bound with a cord . . ." (Bierce 1989, 9)—it is as if Bierce wanted to provide a sense of linguistic, as well as philosophical, circularity to the tale.

The oneiric dimension also operates as a sophisticated narrative strategy whereby the reader's position inevitably shifts from the observation at a safe distance of a realistically depicted scene (the preparation of the hanging of Farquhar), to the adoption of the prisoner's perspective during his imagined kaleidoscopic escape. The language employed in the third section textually mirrors the delusional succession of images and sensations experienced by Farquhar,[8] as the following extract demonstrates:

---

8 Bierce can be regarded as a pioneer of the stream of consciousness, anticipating the style and technique of writers such as Woolf, Joyce, and Faulkner without abandoning the syntactic regularity which would be virtually absent in the works of major modernist writers (Ames 1987, 54).

> He looked at the forest on the bank of the stream, saw
> the individual trees, the leaves and the veining of each
> leaf—saw the very insects upon them: the locusts, the
> brilliant-bodied flies, the gray spiders stretching their
> webs from twig to twig. He noted the prismatic colors
> in all the dewdrops upon a million blades of grass. The
> humming of the gnats that danced above the eddies of
> the stream, the beating of the dragon-flies' wings, the
> strokes of the water-spiders' legs, like oars which had
> lifted their boat—all these made audible music. A fish
> slid along beneath his eyes and he heard the rush of its
> body parting the water. (Bierce 1989, 14)

According to Clifford R. Ames, the reader can't avoid to fall for the skillfully arranged trap by the multi-perspective narrator (1987, 65). The narrator's incremental metamorphism (Ames 1987, 60)—an objective observer with limited focus on the course of present events (first section); a seemingly omniscient storyteller with insight on the protagonist's own past (second section); an evidently all-knowing narrator whose psychological perspective coincides with that of Farquhar (third section)—is clearly aided by the dream motif, treated in the tale as both a textual device and conceptual background. Following a character identification too difficult to resist even self-consciously, the reader "learns to make the distinction between waking and dreaming the hard way" (Ames 1987, 52). Indeed, the precarious balance between illusion and reality represents the actual thematic axis around which the other elements of the story are arranged.

The dreamlike (or nightmarish) aura permeating the story is also analyzed by Peter Stoicheff, who argues that what happens to Farquhar may be pertinently framed within Louis Ferdinand Alfred Maury's influential theories on dreaming (Stoicheff 1993, 348-349).[9] In *Le sommeil et les rêves* (*Sleep and Dreams*), published in 1861, Maury recounts his own oneiric experience, in which he dreams of being guillotined during the French revolution. After feeling

---

9   Stoicheff also points out an *ex post* relationship with Sigmund Freud's *The Interpretation of Dreams*, 1899 (1993, 348).

a painful blow on his neck, Maury wakes up and realizes that his bed had collapsed under his own weight. Stoicheff obviously notes that the connection between "objective phenomena and the dream narrative described by Maury" (1993, 350-351) is strikingly similar to Farquhar's near-death experience, concluding that Bierce "chooses this model of dream as the most proximate and familiar" to depict the prisoner's escape imagined in the infinitesimal intervals between the removal of the plank under his feet and his decease. While I find Stoicheff's observations on the dream motif significantly fitting for the structural and thematic apparatus of "Occurrence", I am not too sure about the author's voluntary choice of the rope increasingly tightening Farquhar's neck as the "objective phenomen[on]" on which Stoicheff relies in his essay. Nonetheless, I do agree with the critic that the dream as a compositional and conceptual model is the most convincing framework of reference to interpret Farquhar's unreal escape.

The dream semantics of the story's third section—"[his senses] were, indeed, preternaturally keen and alert" (Bierce 1989, 14); "[the soldiers'] movements were grotesque and horrible, their forms gigantic" (1989, 15); "a blinding white light blazes all about him with a sound like the shock of a cannon" (1989, 17)—implies a patent shift in tone and content from the journalistically descriptive register of the first section, in which the narrator displays his military expertise, made evident by the meticulous recounting of the hanging and its setting:

> At a short remove upon the same temporary platform was an officer in the uniform of his rank, armed. He was a captain. A sentinel at each end of the bridge stood with his rifle in the position known as 'support', that is to say, vertical in front of the left shoulder, the hammer resting on the forearm thrown straight across the chest. (Bierce 1989, 9)

The stylistic transition from chronicle-like objectivity — characterizing part of the first and the entirety of the second section — to visually dense surrealism in the third and final part of the story, and the oneiric topos at the heart of the story further give away the narrator's evident unreliability. Indeed, the all-knowing recounting voice eventually manifests itself as unstable and hardly convincing not just in light of the author's skillful trap, which reveals itself only at the end of the tale, but mainly because of the narrative's own internal coherence (or lack thereof). If the narrator is telling the truth, then Farquhar's hallucinatory evasion resists a rational explanation, since, no matter how stretched the dreamer's perception of time becomes, the roughly 24-hour-long escape of the "fugitive"[10] cannot possibly equate the very few tragic moments that it takes a man to die by hanging-induced asphyxia. The scenario would change only under two circumstances: 1) the narrator is fantasizing about Farquhar's getaway, while in the fictional framework of reference the prisoner dies in an ordinary way without ever imagining an impossible survival; 2) the narrator is altogether unreliable and nothing of what they say can be trusted. I contend that this acquires additional significance due to the prominence of the bridge, both as concept and material infrastructure. However, it should be further noted that Farquhar's entrapment between reality and illusion is efficiently paralleled by his material position at the bridge: the principal axis that the prisoner moves along during the imagined plunge into the water, and the deathly swinging of his body at the end of the story is obviously vertical, not horizontal. At the beginning of "Occurrence," Farquhar is already *on* the bridge; the narrative does not describe any transitional movement from one side to the other of the trestle, as if the character's literary existence solely depends on him being prevented from even walking *towards* the location of his hanging.

Bierce's choice of setting the hanging of Farquhar at the bridge, then, goes beyond the symbolic relevance of the location as a site/rite of passage from life to death; it also functions as a metonym for the story's strategy by acting as a watershed device between the possible interpretations waiting to be actualized by the reader. To summarize,

---

10   The hanging takes place early in the morning ("The water, touched to gold by the early sun . . .", 1989. 11), and Farquhar is said to travel all night, until he falls asleep: "he had fallen asleep while walking [. . .]. All is as he left it, and all bright and beautiful in the morning sunshine" (1989, 17).

the following readings are thus possible:

> – The reader accepts the fictional reality where a few
> ontological seconds correspond to tens of hours in
> oneiric time (ambiguous but reliable narrator);
>
> – The reader follows the coherence of the narrative
> as long as he assumes that Farquhar's escape is merely
> a deliberate projection of the narrator's mind (fairly
> unreliable narrator);
>
> – The reader rejects the story's structure and unfolding
> of events as completely incoherent with respect to both
> the fictional plane of reference and the real world (classic
> unreliable narrator).

In the first scenario, the reader takes the story at face value, without questioning the oddity of the temporal divergence between reality and dream; following Tzvetan Todorov's categories of the fantastic, the story would be labeled as "fantastic-uncanny", according to which "events that seem supernatural throughout a story receive a rational explanation at the end" (Todorov 1975, 44). In the second scenario, the reader still accepts the overall evolution of the tale, but finds the narrator's unusual treatment of diegetic temporality quite problematic. In other words, even though narrative technique allows to pause the story's action and compensate with verbal dilation at the level of discourse, it is impossible for the reader to believe that in a literal fraction of time Farquhar hallucinates for so long; hence, the narrator is betraying the reader's expectations. This is the most 'dangerous' scenario in terms of literary experience, for the reader, faced with an irreconcilable narrative, might even give up their perusal of the work.[11] In the third and last scenario, the reader grows

---

11   Drawing on Edward Bullough's notion of psychical distance, horror aesthetics scholar Terry Heller notes that the writer's objective is to reduce the distance between reader and text so that the former feels drawn to and involved in the latter, without forgetting that they are dealing with a work of fiction. An absolute reduction of said distance causes the reader to feel excessively involved in the text, and it is not a desirable outcome; equally unacceptable, and that is

skeptical of the story because of the narrator's obvious unreliability. Edgar Allan Poe's "The Black Cat" (1843) or "The Fall of the House of Usher" (1839) are notable examples of narratorial untrustworthiness and incoherence. Although both tales feature a first-person narrator whose sanity is legitimately questionable, this reading model may also apply to "Occurrence", and I argue it would be partly justified by Bierce's bitter remark about "bad readers" who, "lacking the habit of analysis, lack all so the faculty of discrimination, and take whatever is put before them", thus failing to understand the direction in which the story is going (Bierce qtd. in Logan 1970, 102).

Conclusion

This study has attempted to highlight the interaction between spatial semantics, history and memory within Ambrose Bierce's fictional narrative "Occurrence." Simultaneously employing the dream as content, organizing principle, and a metaphor of Farquhar's fate, the author finds in the bridge the perfect location into which his memories of the American Civil War can be merged. Without neglecting historical accuracy or personal memory, Bierce conflates at least three different wartime scenarios for fictional purposes: the battle of Shiloh, 1862; the battle of Corinth, fought in the same year; the Confederates' sabotage of a Union bridge in northern Alabama in 1864 (the latter, an operation which was part of the battle of Sulphur Trestle). The writer's evidently rhetorical but chronologically and geographically accurate account of the tragedy of war can be thus (re)constructed as Bierce's fictionalization of several physical as well as metaphoric *lieux de mémoire* associated with the American Civil War.

The deliberately ambiguous (un)reliability with which the narrator portrays Farquhar's impending fate on the titular trestle not only implies an active, reception-oriented exercise of reading; it also

---

the scenario I am referring to in my second reading of "Occurrence", is the case in which a reader "declines to finish a bad novel" because "the author is unable to reduce the aesthetic distance enough to involve him in the book" (Heller 1987).

bears the traces of the author's post-bellum ambivalence towards war. Bierce's location of the bridge, besides the figurative and topographical functions highlighted above, would seem to symbolically suggest his moral uncertainty following the traumatic experience of the Civil War. I already mentioned Bierce's chilling descriptions of Shiloh, a battle which would be "imperishably etched in his memory" and would later serve as one of Bierce's greatest sources of inspiration for his war fiction (McWilliams 2017, 55). Death, writes Edmund Wilson, not only is "Bierce's favorite character", but may very well be his "only real character" (1962, 622). The idea that "he was constantly obsessed with death" (Wilson 1962, 621) is corroborated by other well-known Civil War stories such as "Chickamauga" (1891), "Killed at Resaca" (1887), and "Tough Tussle" (1888): There is one specific passage in the latter which epitomizes the author's morbid compulsion noted by Wilson: "Death was a thing to be hated. It was not picturesque, it had no tender and solemn side—a dismal thing, hideous in all its manifestations and suggestions" (Bierce 1989, 439). Yet, these bleak lines are in contrast with the way death is treated at the beginning of "Occurrence": "Death is a dignitary who when he comes announced is to be received with formal manifestations of respect, even by those most familiar with him" (1989, 10). At the same time, however, the solemnity with which death is rendered here is in line with Bierce's renowned bravery and military verve, which had earned him not just the prestigious office of topographical engineer, but also the rank of major.

Fusing narrative strategies, personal experiences, and actual places of memory, then, "Occurrence" registers through Farquhar the author's tormented views on and uncertainties about the inevitable and horrible consequences of war. This is the reason, I would argue, that Bierce takes great pains to humanize as much as possible the figure of the secessionist planter, thus inviting the reader's empathic alignment with a character whose ideology is objectively antithetical to the author's. But identification depends on the extent to which the various features of a story elicit the reader's reaction to the narrative and to its characters. Although compartmentalizing instances of "character identification" as opposed to "narrative empathy" would be difficult—if possible at all (Keen 2006, 216), given the blurry threshold between the two types of readerly response[12]—the simultaneously oblique and immersive characterization of Farquhar, and the emphasis placed on the protagonist's emotional sphere—he is described as having a "kind expression" (Bierce 1989, 10), and as being a "well-to-do planter" (1989, 11), "longing for the release of his energies" to join the "gallant army" (1989, 12) of the South—may trigger some sort of character affinity regardless of its psychology or ideological affiliation.

The same empathic potential is at play in other texts with a similar "crossroads" narrative structure: Charles Dickens's sketch "A Visit to Newgate" (1839), which Stephen E. Tabachnick lists as a likely source of inspiration for "Occurrence" (2013, 45), features a prisoner's imagined escape from his cell; Harry, the terminally wounded protagonist of Ernest Hemingway's "The Snows of Kilimanjaro" (1936) experiences a different kind of evasion, but instead of flying towards the eponymous mountain as he was dreaming, he eventually dies as a result of gangrene; and H. P. Lovecraft's surreal short tale "Celephais" (1920) recounts the story of Kuranes, who dreams of reigning over the fantastical "Valley of Ooth-Nargai" (Lovecraft 2009), whereas in reality he lies dead by the river of his village. It is curious to note that all these literary examples include a dreamful protagonist who eventually dies—Dickens's prisoner is still alive at the end of the sketch, but is sentenced to death—, and all of them foreground a strong connection with space, as their titles point out. What I am implying is that this list of references, far from being exhaustive, may welcome further investigation into the interrelationship between actual (or fictional) locale, empathy and what I provisionally termed "cross-roads" narrative structures. I would even propose that it is precisely the aspirations of these

---

12   As Suzanne Keen argues, "[t]he most commonly nominated feature of narrative fiction to be associated with empathy is *character identification*"; however, though specific traits of characterization (description, role in the story, represented actions . . .) may effectively increase the likelihood of empathy among readers, "[t]he link between readers' reports of character identification and their experiences of narrative empathy has not yet been explained" (Keen 2006, 216).

stories' characters that function as the emotional basis upon which readerly empathy is elicited. In the case of Bierce, it is Farquhar's rude awakening and failed reconnection with his family that shocks the reader at the end of "Occurrence", independently of his ties with the secessionist cause. This story illustrates that Bierce's enlistment in the Union army did not prevent him from showing cynical but sincere empathy toward a confederate who was "no vulgar assassin" and "had [the] heart [of] a soldier" (Bierce 1989, 12).

Works Cited

Ames, Clifford R. "Do I Wake or Sleep? Technique as Content in Ambrose Bierce's Short Story 'An Occurrence at Owl Creek Bridge'." *American Literary Realism* 19.3 (1987): 52-67.

Bierce, Ambrose. *Iconoclastic Memories of the Civil War.* 1927. Copenhagen: SAGA Egmont, 2020.

Bierce, Ambrose. *The Collected Writings of Ambrose Bierce.* 1946. New York: The Citadel Press, 1989.

Butler, David R. Review of *Why Hell Stinks of Sulfur: Mythology and Geology of the Underworld*, by Salomon Kroonenberg. *Geographical Review* 107.4 (2017): 44-46.

Evans, Robert C., *Ambrose Bierce's "An Occurrence at Owl Creek Bridge". An Annotated Critical Edition.* West Cornwall: Locust Hill Press, 2003.

Fadiman, Clifton. Introduction. *The Collected Writings of Ambrose Bierce*, by Ambrose Bierce, 1946. New York: The Citadel Press, 1989.

Fatout, Paul. "Ambrose Bierce, Civil War Topographer." *American Literature* 26.3 (1954): 391-400.

Ferber, Michael. *A Dictionary of Literary Symbols.* Cambridge, New York: Cambridge University Press, 1999.

Heller, Terry. *The Delights of Terror*. Urbana and Chicago: Illinois UP, 1987, http://www.public.coe.edu/~theller/essays/delights/dt1.html. Accessed 13 April 2022.

Joshi, S. T. *The Weird Tale*. Austin: University of Texas Press, 1990.

Keen, Suzanne. "A Theory of Narrative Empathy." *Narrative* 14.3 (2006): 207-236.

Logan, F. J. "The Wry Seriousness of 'Owl Creek Bridge'." *American Literary Realism, 1870-1910* 10.2 (1970): 101-113.

Lovecraft, H. P. "Celephais." *The H. P. Lovecraft Archive*, 09 August 2009, https://www.hplovecraft.com/writings/texts/fiction/c.aspx. Accessed 13 April 2022.

McWilliams, Carey. *Ambrose Bierce: A Biography*. 1929. Hastings: Delphi Classics, 2017.

Nora, Pierre. "Between Memory and History: Les Lieux de Mémoire.", *Representations* 26 (1989): 7-24.

O'Neill, Aaron. "Number of Casualties in Major Battles in the American Civil War from 1861 to 1865." *Statista*, 06 Feb 2020, www.statista.com/statistics/1010893/bloodiest-battles-american-civil-war-1861-1865/. Accessed 07 July 2021.

Owens, David M. "Bierce and Biography: The Location of Owl Creek Bridge." *American Literary Realism* 26.3 (1994): 82-89.

Ress, Thomas V. "Battle of Sulphur Trestle." *Encyclopedia of Alabama*, 19 May 2021, www.encyclopediaofalabama.org/article/h-2420. Accessed 07 July 2021.

Smith, Timothy B. "'Difficult and Broken Country'. The Terrain Factor at Shiloh." *Tennessee Historical Quarterly* 70.3 (2011): 172-195.

Stoicheff, Peter. "'Something Uncanny': The Dream Structure in Ambrose Bierce's 'An Occurrence at Owl Creek Bridge'." *Studies in Short Fiction* 30.3 (1993): 349-357.

Tabachnick, Stephen E. "A Possible Source for the Conclusion of Ambrose Bierce's 'An Occurrence at Owl Creek Bridge'." *ANQ* 26.1 (2013): 45-48.

Todorov, Tzvetan. *The Fantastic: A Structural Approach to a Literary Genre*. 1970. Ithaca: Cornell University Press, 1975.

Weiser, Kathy. "The Siege and Battle of Corinth." *Legends of America* (Nov 2019), www.legendsofamerica.com/ms-corinthbattle/. Accessed 07 July 2021.

Wilson, Edmund. *Patriotic Gore*. New York: Oxford University Press, 1962.

Wilt, Napier. "Ambrose Bierce and The Civil War." *American Literature* 1.3 (1929): 260-285.

Zelizer, Barbie. "The Voice of the Visual in Memory," in Phillips, K.R. (a cura di), *Framing Public Memory*. Tuscaloosa: The University of Alabama Press, 2004.

The Hidden Traveler Becomes Visible

IL TURISMO AFROAMERICANO E LA RICONQUISTA
DEL PAESAGGIO DELLA MEMORIA NEL SUD
DEGLI STATI UNITI (1968-1983)

Giuliano Santangeli Valenzani
Università degli Studi Roma Tre

Abstract: Il mio contributo intende fare luce sulla prima fase del turismo culturale afroamericano di massa, tra fine anni Sessanta e anni Settanta, focalizzandosi sulla regione del Sud statunitense. In particolare, il saggio esamina uno degli aspetti più interessanti ma anche meno studiati sul tema, ovvero il tentativo da parte del settore turistico nero di riappropriarsi simbolicamente di una serie di siti storico/turistico tradizionalmente intesi come veicoli di bianco-centrismo e implicito razzismo. Un ribaltamento, di fatto, della narrazione e quindi della memoria offerta da questi luoghi: da siti di tradizione bianca sudista a siti di *black heritage*.

Il turismo può a buona ragione essere visto come un "totem of freedom" (Burns 1999, 75), un vero e proprio simbolo moderno di libertà economica e sociale. Del resto, viaggiare per piacere è una attività propria di una società libera e benestante quanto basta per muoversi nello spazio, spendendo denaro e visitando località diverse da quella di tutti i giorni per puro svago e non per necessità.[1]

Non è dunque un caso che abbattuta (almeno formalmente) la segregazione razziale negli Stati Uniti, uno dei primi effetti visibili del nuovo status quo sia stato un boom di turismo afroamericano o

---

1 Definire esattamente cos'è il turismo e soprattutto chi è un turista è uno dei grandi nodi centrali degli studi sul tema. In questo saggio utilizzo il termine — turismo — nella sua accezione più comunemente diffusa di viaggio di piacere al di fuori della propria area abitativa. Sull'argomento e sulle varie definizioni si vedano: Coehn (1974); Panosso Netto (2009); Burns (1999).

black tourism. Poter viaggiare ovunque, o quasi, tanto dentro i confini nazionali quanto all'estero si impose immediatamente come simbolo tangibile della nuova libertà, almeno per quella parte della società afroamericana più vicina ad uno standard di vita middle-class.

Tuttavia, come spesso accade per gli aspetti più socialmente e culturalmente rilevanti del turismo, a confermare questo fenomeno non rimangono fonti documentarie chiare da parte delle organizzazioni turistiche nazionali o regionali. La grande industria turistica americana rimase infatti sorda a questo nuovo settore di nicchia almeno fino ai primi anni Ottanta, come pure quelle dei singoli stati dell'Unione. Si trova invece una traccia ben più solida, seppur indiretta, sulle pubblicazioni di settore turistico e nella stampa generalista che per prime, tra la fine degli anni Sessanta e i primi Settanta celebrarono questa rinascita dell'afroamericano come turista e viaggiatore. Il black tourism era un affare da 800 milioni di dollari all'anno, annunciava nel 1972 il fondatore della rivista Black Enterprise Earl Graves (Graves 1972, 4). Lo definiva un "untapped market", un mercato nuovo ancora da esplorare.

L'impatto della nuova libertà di movimento sul territorio non va sottostimata. Si trattò davvero di un cambiamento epocale. L'impossibilità di muoversi e attraversare in sicurezza il paese era stata, del resto, un'importantissima forza propulsiva per il movimento anti-segregazionista (Bay 2021; Sorin 2020). Oltretutto, l'identità americana è stata a lungo definita proprio dall'idea di mobilità, e proprio attraverso la restrizione di questa mobilità l'America bianca aveva contribuito a mantenere in posizione subordinata la società nera, soprattutto nel Sud (Alderman, Inwood 2014, 70). Jim Crow[2] era infatti un sistema spaziale oltre che sociale. Controllare gli afroamericani significava anche limitarne e reprimerne la mobilità e dunque la possibilità di elevarsi, altrove, al di sopra dello status assegnato loro dalla società bianca. Questo comportò ovviamente

---

2 Jim Crow era un personaggio fittizio reso celebre dai minstrel shows di inizio Ottocento. Era una rappresentazione caricaturale e stereotipata degli afroamericani, immaginati come indolenti e truffaldini. Per estensione, il termine passò a rappresentare la visione razzista dei bianchi meridionali e poi l'intero sistema segregazionista del Sud.

anche un difficile rapporto del mondo afroamericano con il turismo e, più in generale, con tutte quelle attività ricreative che sempre di più, nel corso della prima metà del secolo scorso, erano andate definendo una piena partecipazione all'*american way of life*. Né bisogna immaginare che la difficoltà nell' essere turisti o semplicemente nello spostarsi sul territorio fosse un problema esclusivo del Sud (Levenstein 2004). Anche nel resto del paese i viaggiatori neri erano spesso vittime di discriminazioni più o meno palesi.

È senz'altro vero, tuttavia, che forme di mobilità domestica e perfino di turismo nero esistevano anche prima del Civil Rights Act del 1964. Già alla fine dell'Ottocento esistevano hotel e strutture ricreative gestite da afroamericani per altri afroamericani (Aaron 1999, 213; Simon 2006, 70). Anche nel Sud esisteva un sistema turistico nero ben più antico di quello qui trattato, quanto meno quello di Atlanta, Georgia, che si era andato sviluppando già dagli inizi del Novecento (Newman 1999, 65). Qui, nella grande metropoli del Sud, l'afflusso di visitatori neri e la diffusione di "black amenities" sono infatti ben documentati anche parecchi anni prima della fine della segregazione (Butler, Carter, Brunn 2002, 1029). Senza contare, ovviamente, che forme di mobilità interna alla comunità nera meridionale esistevano da sempre, soprattutto quelle legate alle visite tra parenti o amici, sebbene definire turismo questo tipo di spostamento sul territorio sia evidentemente una forzatura.

È invece solo dalla seconda metà degli anni Sessanta che una concomitanza di fattori diversi ha permesso agli afroamericani di diventare turisti a tutto tondo. La fine della segregazione, ovviamente, ebbe un'importanza fondamentale, ma la ebbero anche la parallela diffusione di *black travel agency* in tutto il paese, di biglietti aerei meno costosi, così come una maggiore attenzione all'America nera da parte delle compagnie aeree e di trasporti in generale. Per la prima volta, inoltre, gli afroamericani diventavano un importante segmento del mercato turistico *internazionale*. Non è un caso infatti che negli anni Settanta i consigli di viaggio sulle riviste per afroamericani si dedicassero soprattutto a proporre mete estere e dal sapore esotico. Europa, Caraibi, Africa e Terra Santa, le destinazioni più gettonate (Goodrich 1985, 27-28; Butler, Carter, Brunn 2002).

Ma non è solo la quantità di afroamericani in viaggio a rappresentare la novità degli anni Settanta, né lo è la maggior quantità di dollari che questi spendevano durante le loro vacanze. In quel decennio infatti cambiò decisamente la qualità e la natura stessa del turismo in generale, e dunque anche di quello afroamericano. L'*heritage tourism*, in particolare, si impose in quegli anni come una grandissima forza propulsiva del mercato turistico americano (e non solo).

Anche in questo caso, avvenne una congiuntura favorevole. Gli afroamericani aumentarono il loro potere di consumo nello stesso momento in cui gli americani in generale si scoprivano, o sarebbe meglio dire riscoprivano, interessati alle loro radici e pronti a partecipare ad un sistema turistico che permettesse loro di farne esperienza. Le cause furono diverse. Il 200° anniversario della Rivoluzione americana, ad esempio, generò un nuovo interesse *tout court* per la storia, e nei neri in particolare generò un deciso interesse alla riscoperta del contributo afroamericano all'esperienza americana. Il celebre libro di Alex Haley, *Roots: The Saga of an American Family* (1976) e poi la popolare serie tv che ne seguì, lanciarono una moda (soprattutto nera) per la genealogia e la storia familiare. Quelli, poi, furono anche gli anni in cui per tanti afroamericani andò perdendo slancio l'ideale integrazionista che aveva animato il movimento per i Diritti Civili negli anni precedenti e si rafforzò invece la convinzione della necessità di una netta separazione tra società nera e bianca, che portò con sé una nuova enfasi sulle radici africane e sulla cultura e sulle tradizioni specificatamente nere (Gordon 2015).

Questo sviluppo del turismo nero di massa è coinciso quasi da subito con un interesse di ambito accademico nell'analizzarne portata, modalità e peculiarità rispetto al turismo Americano mainstream. Si è molto discusso in effetti sulle abitudini di viaggio dei neri americani e in che modo queste si differenziassero da quelle dei bianchi. In anni più vicini a noi, ad esempio, si è osservato che i turisti neri, anche quarant'anni dopo la fine della segregazione, continuano ad essere *apprehensive tourist*, turisti in ansia, che preferiscono viaggiare in gruppo o visitare destinazioni in cui sono certi di non incontrare discriminazione (Butler, Carter, Brunn 2002). È quella che Phillip definisce una "legacy of discrimination" (1994), una cicatrice non completamente sanata lasciata dalle attitudini discriminatorie a lungo messe in atto nel paese. Meno interesse invece sembra aver suscitato la dimensione domestica di questo nuovo flusso turistico. Né la ricerca accademica (sia di ambito storico ma soprattutto quella inerenti gli studi turistici) né la pubblicista del periodo hanno tentato di identificare chiaramente quali mete americane si imponessero tra anni Sessanta e Settanta all'interno del mondo del nuovo *black tourism*. Più che una mancanza di interesse, subentra qui la difficoltà di raccogliere dati per uno studio del genere. Tenere traccia degli spostamenti interni di una parte così cospicua della popolazione è infatti compito quasi impossibile, se non in forma puramente suggestiva e indiziaria. È anche abbastanza palese che la dimensione domestica del turismo, in quel periodo, passasse in secondo piano rispetto l'eccitante e tutto sommato nuovo mondo del turismo internazionale che si apriva per gli afroamericani.

Se dunque la dimensione geografica del mercato domestico del *black tourism* tra fine anni Sessanta e anni Settanta rimane in ombra, il silenzio più curioso ma anche più interessante proviene proprio dal Sud. Il Sud era stata la regione di Jim Crow, della segregazione, e anche la regione in cui la maggior parte degli afroamericani aveva le proprie radici americane. I grandi flussi migratori interni sviluppatisi nella prima metà del Novecento avevano portato nelle grandi città del Nord milioni di afroamericani che conservavano quindi legami familiari negli stati della ex Confederazione. E ovviamente il Sud era anche la regione più significativa per l'*heritage* nero americano. Qui infatti era arrivata la maggior parte degli schiavi nel corso dei secoli bui della tratta, qui la schiavitù aveva segnato le strutture sociali e la cultura nera (e anche quella bianca), qui si era sviluppato il grosso del movimento per i Diritti Civili durante tutta la prima metà del secolo scorso.

In quel momento così particolare, quello cioè in cui si intersecarono una nuova attenzione alla cultura e alle radici nere con una nuova capacità effettiva di viaggiare, sarebbe lecito presumere che una grossa parte del mercato domestico del turismo nero si indirizzasse proprio verso gli stati del Sud. Invece non sembra essere stato così. Tra la metà degli anni Sessanta e i primi anni Ottanta, le fonti di cui disponiamo suggeriscono che la regione restasse una meta problematica per il mondo nero. E non stupisce forse molto, in realtà, se si ripensa al concetto di *apphrensive tourists*.

Il Sud, per altro, aveva una grande particolarità rispetto al resto del paese. Il suo paesaggio, e intendo anche il suo paesaggio turistico e quindi materialmente le sue attrazioni e l'immaginario associato alla regione, si erano andati sviluppando dalla fine dell'Ottocento in poi come chiari elementi di riaffermazione continua del suprematismo bianco. Il Sud turistico, ancora negli anni Settanta, aveva tre grandi particolarità che lo differenziavano dal resto del paese in termini di attrazioni: le piantagioni ottocentesche; le cosiddette *antebellum homes*, le grandi ville dimore dei ricchi piantatori schiavisti dell'ottocento; e i siti storici e attrazioni che ricordavano la Guerra Civile, nella grande maggioranza dei casi con chiari sotto testi filo-confederati. Tutto questo andava a creare quell'immaginario romantico, nonché storicamente inattendibile, del Sud da "Via col Vento" popolato solo di bianchi (e di schiavi allegri e ben felici di lavorare nei campi) e legatissimo alle sue tradizioni e ai suoi costumi.

Tutto questo impianto turistico, amatissimo e anzi ricercato attivamente soprattutto dagli americani bianchi del Nord e dell'Ovest in cerca di esotismo sudista, aveva di fatto contribuito ad eliminare completamente il Sud nero dal ritratto complessivo della regione. Tuttavia proprio questa situazione rese il Sud un terreno di battaglia molto interessante nel periodo tra fine Sessanta e anni Settanta; proprio perché il tentativo da parte del turismo nero di contrastare lo strapotere della narrazione suprematista classica diventò allora un vero e proprio scontro sulla memoria, sul passato e sulla sua trasmissione.

Ed è al Sud, quindi, che si assiste ad un fenomeno estremamente significativo, che poi è l'oggetto di questa ricerca, ovvero la rinegoziazione dello spazio turistico e del *paesaggio della memoria* sudista, che arriva a dei veri e propri tentativi di riappropriazione da parte del turismo nero del senso e del significato di siti storico-turistici fino ad allora interpretati unicamente come pietre angolari del Sud bianco. L'attacco alla tradizione suprematista bianca è insomma reso ancora più significativo proprio dal contesto regionale.

Riappropriarsi di eventi come la Guerra Civile o il mitico Sud prebellico delle piantagioni, significa a tutti gli effetti scardinare i capisaldi di quella che fino a quel momento era stata la cultura dominante della società locale.

Il processo fu tutt'altro che lineare e pacifico. Finita la segregazione razziale nel Sud, la nuova libertà era ancora tutta da conquistare concretamente metro per metro, anche per quanto riguarda il turismo. Lo riflettono diversi articoli usciti su pubblicazioni afroamericane in quegli anni, oscillanti tra un cauto ottimismo e il riconoscimento di persistenti problemi (Johnson 1971, 33). In linea generale, tuttavia, nel periodo compreso tra la fine degli anni Sessanta e i primi anni Ottanta si trovano soprattutto rimandi all'idea che ormai, per i neri, viaggiare attraverso il Sud non rappresentasse più un pericolo e che la regione fosse effettivamente cambiata una volta per tutte (Broadus 1973, 13; Williford 1979; Weathers 1977, 45).

Ecco allora che elementi diversi andarono a intrecciarsi per delineare una situazione quanto mai problematica per il turismo nero. Il rinnovato interesse per la cultura e la storia nera si unirono ad una nuova effettiva possibilità di muoversi sul territorio. Tuttavia, il paesaggio del Sud si dimostrò impreparato a ricevere questo tipo di stimoli poiché mancavano materialmente attrazioni e percorsi interpretativi legati al tema del *black heritage* e perché, in subordine, gli uffici del turismo degli stati del Sud si dimostrarono lenti a rispondere alla novità. È per ovviare a questo problema strutturale che il turismo nero (sia i singoli turisti che le agenzie di viaggio e l'editoria nera del settore) tentò allora di ricollocare i siti storico/culturali già esistenti (e quindi ancora platealmente bianco-centrici) all'interno di nuove e originali cornici interpretative che scardinassero l'impostazione tradizionale e permettessero a queste attrazioni di essere recepite anche (ma non solo) come *black heritage sites*. Gli esempi, in tal senso, sono molteplici.

Un gruppo composto da 46 donne nere dall'Ohio viaggiò nel 1972 fino al Sud per riscoprire le proprie radici. Il loro itinerario comprendeva anche diverse piantagioni di cotone, *antebellum homes* e altri edifici del tempo della Guerra Civile (Stillman 1972, 4). Anzi, come ammetteva una delle partecipanti, il gruppo aveva sviluppato un interesse per il Sud nello stesso identico modo in cui di solito ciò avveniva per i turisti bianchi, ovvero guardando Via col Vento. In altre parole, queste turiste nere del Nord visitarono le stesse attrazioni attraverso cui il Sud bianco tradizionalmente celebrava se stesso. In questa occasione, però, il punto di vista era diametralmente opposto. Intervistate da un quotidiano locale, queste donne rispondevano che si erano decise a visitare le piantagioni del Sud per vedere e capire come vivevano i *loro* antenati. Non erano quindi interessate al solito discorso celebrativo sull'età dell'oro del Sud del cotone, bensì cercavano di utilizzare quelle stesse attrazioni per ottenere un punto di vista diverso, legato all'esperienza nera, nonostante questa fosse solitamente (e spesso lo è ancora oggi) eliminata dalla narrazione proposta ai visitatori di piantagioni o case prebelliche. In quegli stessi anni, il mondo dell'editoria nera rifletteva questa nuova visione. Un articolo di viaggio del 1973 su *Black Enterprise*, ad esempio, invitava i turisti neri a visitare le "languid antebellum plantations" del Sud, con un linguaggio non diverso da quello utilizzato dalla promozione ufficiale pensata per bianchi (See the USA 1973, 27). Proprio a partire dalla metà degli anni Sessanta, del resto, si erano andate sviluppando delle nuove potenti ideologie di nazionalismo nero americano, soprattutto quelle che Kamari Clarke chiama "slavery narrative" e "African nobility-redemption narrative" (Clarke 2006, 133-134), due nuovi modi di interpretare il proprio passato e l'esperienza della propria cultura, accettando e anzi trovando motivo di orgoglio nei patimenti subiti dai propri antenati. Dunque non stupisce che proprio le piantagioni sembrino diventare in questo periodo una meta ricercata da un certo tipo di turismo nero che vede nella schiavitù degli antenati non più una fonte di imbarazzo ma anzi un motivo di orgoglio.

Se dunque la piantagione era un luogo che per i bianchi americani evocava soprattutto la romantica nostalgia di una fittizia età dell'oro, per i neri poteva rappresentare invece un vero e proprio sito di *black heritage* o di *dark tourism*, cioè di un'esperienza turistica legata a aspetti traumatici del passato. Il tutto appare chiaramente anche sostenuto da una forte rivendicazione sul ruolo nero all'interno della storia americana. Un esempio più chiaro di questa inversione di senso lo si trova in un altro articolo di viaggio su *Black Enterprise* del 1977, che invitava a visitare le *slave cabins* delle piantagioni tra Charleston (South Carolina) e Savannah (Georgia) perché lì vivevano gli schiavi neri che:

> prepared much of the food, raised most of the children and entertained the adults, thereby enabling Low Country men to become the finest and most Southern of fine Southern gentlemen, and their ladies the most gracious and most genteel of Southern Belles (Weathers 1977, 47)

Qui non si rifiutava dunque il mito del Sud galante, cavalleresco, da Via col vento, ma si rivendicava che tutto quello era stato possibile solo grazie agli schiavi. Ancora su *Ebony*, nel numero di luglio 1982, si parlava delle potenzialità turistiche della cittadina di Tuskegee in Alabama, e si citava Grey Columns, la villa prebellica servita come modello per la villa di Rossella O'Hara in Via col Vento, precisando però che fu costruita da "lavoratori schiavi" nel 1857 (Benson 1982, 53).

Talvolta, l'inversione di senso da attribuire ad una attrazione turistica poteva diventare l'occasione adatta per proporre anche riflessioni più ampie e profonde. In altre parole, il sistema turistico del Sud veniva utilizzato come simbolo delle contraddizioni interne alla storia americana e al trattamento inflitto alla società nera. In un articolo di viaggio del 1971 per la rubrica *Black experience*, ad esempio, l'autrice Verta Mae rifletteva sul proprio luogo di nascita, la zona più meridionale della South Carolina. Un luogo famoso, tra le altre cose, anche per le leggende di fantasmi e di apparizioni spettrali abilmente sfruttate dal settore turistico. Quella del terribile pirata Blackbeard, che lì aveva il suo rifugio, o quella della famosa *lady in the blue dress* che apparirebbe sull'isola Hilton Head, o il *gray man* di Pawley Island. Tutti davano per scontato, scriveva Verta Mae, che questi fossero fantasmi di persone bianche, e così venivano immaginati e rappresentati per i turisti. Tuttavia, sottolineava provocatoriamente l'autrice, se si volevano cercare fantasmi in South Carolina sarebbe stato meglio provare ad avvistare quelli degli afroamericani, specialmente tutti gli spettri dei neri trascinati in schiavitù su quelle coste o arrivati già morti, sicuramente ben più numerosi di quelli bianchi (Mae 1971, 7). La sua era chiaramente una provocazione più che un vero e proprio consiglio ai turisti, ma era anche emblematica di quello scontro sul senso del passato che aveva ormai travolto anche il settore del viaggio e del tempo libero.

Anche la Guerra Civile, l'evento probabilmente più importante e divisivo nella storia americana diventò terreno di scontro tra memorie. E anche in questo caso, lo scontro si riflesse sul turismo e sui siti storico-turistici. Un caso importante viene da Atlanta, in Georgia, alla fine degli anni Settanta e riguarda il Cyclorama. Questo era, ed è tuttora, un imponente dipinto a olio della Battaglia di Atlanta realizzato nel 1885. Un'opera volutamente pensata come simbolo di riconciliazione tra Nord e Sud, dove l'eroismo dei soldati confederati e unionisti veniva accomunato in un unico afflato nazionale, come esempio di eroismo americano *tout court*. Quando le condizioni dell'edificio misero in pericolo il dipinto, alla fine degli anni Settanta, toccò all'amministrazione del sindaco nero Maynard Jackson attivarsi per preservarlo. Ne scaturì un piccolo dibattito, esplicativo del rapporto conflittuale che può intercorrere tra un'attrazione storica, la memoria collettiva e la narrazione del passato. Ci fu chi sottolineò la paradossale ironia di un sindaco nero chiamato a preservare il Cyclorama. Quello che molti bianchi davano evidentemente per scontato era che un nero avrebbe preferito lasciar marcire l'installazione nelle condizioni di incuria in cui versava a causa della storia e che raccontava (Reeves 1979, 1). L'espressione di questo timore, già di per sé, dimostra qualcosa sull'immaginario associato alla commemorazione della Guerra Civile e alla sua narrazione. Ritenere che un nero fosse disinteressato alla memoria della Guerra significava escluderlo a priori dalla comunità coinvolta in quell'evento. Significava, cioè, ammettere implicitamente che gli eventi descritti dal dipinto, la Guerra Civile, riguardassero esclusivamente i bianchi del Nord e del Sud. Cyclorama appariva insomma come l'ennesimo sito di memoria bianca condivisa. Questa implicita esclusione dei neri era il punto d'arrivo di quel processo di riunificazione nazionale che storicamente, fin dalla fine del XIX secolo, era potuto avvenire solo escludendo la schiavitù dalla memoria collettiva dell'America bianca (Blight 2001, 388). Tuttavia, in una sorta di rovesciamento tematico, Maynard Jackson faceva notare all'Atlanta Constitution quanto la celebrazione della Guerra riguardasse invece anche, e soprattutto, i neri: "The Cyclorama depicts the Battle of Atlanta, a battle that the right side won [l'Unione]. It was a battle that helped to free my ancestors, and I'll make sure that that depiction is saved" (Reeves 1979, 1).

Non è un caso che anche la narrazione offerta ai visitatori cambiasse nel giro di poco tempo, ed è possibile accorgersene osservando i testi recitati dalle guide che accompagnavano i visitatori del Cyclorama. Un dettaglio del dipinto che raffigura un afroamericano che tiene per la briglia un cavallo imbizzarrito davanti ad un confederato ferito, ad esempio, non era più la rappresentazione stereotipata dello schiavo fedele che sta proteggendo il suo padrone a terra, ma era diventato, già nei primi anni Ottanta, un' allegoria dell'emancipazione: uno schiavo che si sta liberando, pronto a scappare dalla tirannia schiavista (Auchmutey 1985).

Anche Fort Sumter, il forte che protegge la baia di Charleston in South Carolina in cui iniziò ufficialmente la Guerra Civile nell'aprile 1861, divenne oggetto di un turismo della contro-memoria afroamericana. È quanto si evince, ad esempio, da un articolo di viaggio sulla rivista nera *Ebony* del 1972 dove si invitavano i lettori a visitare Fort Sumter dicendo che:

> The fort was later to become the scene of great heroism when a black boat pilot named Robert Smalls captured a steamboat from the Confederacy [. . .] The Charleston harbor was also the scene of the famous charge on Ft. Wagner by blacks of the 54th Massachusetts Volunteers (Annual Vacation Guide 1972, 182)

Ancora una volta, la società nera si riappropriava, per così dire, di un sito storico-turistico sottraendolo simbolicamente all'oppressiva narrazione bianco-sudista che permeava il panorama regionale. Associando quei luoghi alla memoria nera, in questo caso quella dell'eroismo dei soldati neri unionisti, gli afroamericani potevano visitare Fort Sumter e la baia senza avvertire quello scarto (o avvertendolo in maniera meno grave) che la narrazione mainstream filo-Confederata e nostalgica dava di quei luoghi. Il tutto nonostante il materiale promozionale statale ufficiale non tenesse minimamente conto di questa visione contro-narrativa, aderendo invece ancora all'impostazione classica.

Esistevano anche delle riappropriazioni di siti storici meno articolate e anche meno eleganti da un punto di vista retorico. Si tratta di quella che definisco strategia di semplice giustapposizione. Ci sono infatti vari casi, tra anni Sessanta e Settanta, di pubblicazioni turistiche che presentano descrizioni di attrazioni e siti storici non pensati per il *black tourism* in cui semplicemente si inseriva dove possibile un aggancio alla storia afroamericana, spesso però in maniera vaga o poco rilevante. Ad esempio la targa eretta a Okolona, in Mississippi, dove fu combattuta una battaglia tra l'esercito dell'Unione e i ribelli: una guida pubblicata nel 1968 in Massachusetts da un autore bianco (e probabilmente il dettaglio non è irrilevante) pubblicizzava questo sito storico affermando semplicemente "Among the units involved was the 3rd Colored Cavalry Regiment" (Drotning 1968, 108).

Questa tipologia di inserimento quasi forzato della realtà afroamericana all'interno del panorama turistico-culturale era probabilmente più ricorrente in quelle pubblicazioni non prodotte direttamente all'interno dell'ampia cornice dell'industria turistica nera. La stessa strategia di giustapposizione, infatti, veniva applicata diffusamente anche in un'altra guida dedicata all'America nera ma scritta da una autrice bianca, Marcella Thum, e pubblicata nel Nord nel 1975. Qui, ad esempio, si invitavano i lettori a visitare un luogo leggendario per la storia americana, Appomattox, dove la Guerra Civile era finita ufficialmente il 9 aprile 1865. Nel villaggio si tenevano rievocazioni storiche del periodo, che la guida di Thum proponeva ai suoi lettori inserendo la foto di un giovane rievocatore afroamericano e spiegando che "a local schoolteacher re-creates the role of one of the free black residents of the village in 1865" (Thum 1975, 161). Anche in questo caso non si offrivano particolari contro-letture di siti o eventi storico-turistici. Ci si limitava a mostrare acriticamente la semplice presenza di americani neri in eventi o luoghi chiave della storia nazionale.

Concludendo, è necessario interrogarsi su quanto durò questa fase di riappropriazione simbolica del paesaggio del Sud. Io ho scelto una data di comodo per circoscrivere cronologicamente questa "prima fase" del turismo culturale afroamericano di massa: il 1983. È chiaro, tuttavia, che non ho la pretesa di poter individuare date precise, se poi date precise per un tema del genere posso esistere. Il 1983 è però l'anno in cui lo stato dell'Alabama, durante l'ultimo mandato dell'ormai anzianissimo governatore George Wallace, ex-segregazionista di ferro, pubblicò una guida turistica ufficiale dedicata esclusivamente al turismo nero nello stato. Fu il primo Stato dell'Unione a farlo, e venne poi seguito negli anni successivi da altri stati della ex Confederazione, Mississippi in testa. Era il segno tangibile di un avvenuto mutamento, perché il turismo nero si era per così dire ufficializzato diventando competenza degli uffici statali. Significava quindi che gli attori esterni, cioè gli autori di itinerari di viaggio, i giornalisti afroamericani, le agenzie di viaggio (i veri protagonisti della prima fase), iniziavano ora ad avere meno voce in capitolo nel creare un paesaggio turistico alternativo a quello "ufficiale" statale.

Durante gli anni Ottanta, poi, si andò perdendo parte dell'interesse per l'*heritage tourism* vero e proprio, sia da parte dell'America bianca che da quella nera. C'erano dietro motivazioni di carattere economico: aumento dei costi della benzina, restrizioni dei budget pubblicitari, ma anche una vera e propria saturazione del mercato legato all'*heritage*. Il turismo storico-culturale afroamericano, inoltre, poteva contare ormai su molti nuovi siti, specificamente legati all'esperienza nera, senza doverli più necessariamente "condividere" con il turismo mainstream o con quello più nettamente bianco-centrico. Durante gli anni Settanta si erano ad esempio diffusi i Civil Rights Memorials nel Sud, e a partire dall'anno 1970 il National Park Service federale aveva dato il via a un programma finalizzato a designare come National Historic Landmarks alcuni importanti siti di *heritage* nero. Il decennio degli Ottanta, inoltre, fu anche quello del declino del black power e di un certo tipo di retorica nazionalista afroamericana. Inoltre, il pubblico era diventato generalmente più esigente, tanto che la società nera inizierà in parte a rifiutare, e criticare, certe visioni necessariamente iper-semplificate della storia e cultura *black*, anche quelle che erano state offerte dal settore turistico. Soprattutto quella strategia di giustapposizione di cui sopra risultava sempre meno credibile e appropriata.

La scelta di riconvertire le attrazioni tradizionali del Sud bianco alle esigenze della cultura nera appare dunque una peculiarità del periodo compreso tra la fine degli anni Sessanta e i primi anni Ottanta. Non era accaduto prima, perché non esistevano ancora i presupposti adatti, e accadrà sempre di meno in seguito, quando diventerà meno pressante questa necessità.

Quindi, se è vero che dalla fine degli anni Ottanta (e soprattutto dagli anni Novanta in poi), il paesaggio turistico del Sud per la prima volta non appariva più a misura esclusiva dell'uomo bianco e della sua memoria, va riconosciuto che questo mutamento era stato messo in moto ben prima che gli uffici turistici statali si accorgessero del turismo nero e decidessero di riconoscergli un'attenzione particolare. Dal passaggio del Civil Rights Act del 1964, l'America nera aveva immediatamente messo in atto da sé, sia dall'alto (cioè partendo dal settore imprenditoriale economico nero) e dal basso (cioè tramite un attivismo dei singoli turisti), un processo di riappropriazione della memoria del passato, soprattutto al Sud appunto, dove lo scontro con la narrazione bianca diventava più evidente e problematico proprio per ragioni storiche.

Bibliografia

"Annual Vacation Guide." *Ebony* (Giugno 1972): 176-182.

"See the USA." *Black Enterprise* (Maggio 1973): 25-30.

Aaron, Cindy S. *Working at Play: A History of Vacations in the United States*. New York: Oxford University Press, 1999.

Alderman, Derek H, Inwood, Joshua. "Toward a Pedagogy of Jim Crow: A Critical Reading of the Green Book." In Estaville, L., Montalvo, E., Akiwumi, (a cura di), *Teaching Ethnic Geography in the 21st Century*, Washington, DC: National Council for Geographic Education, 2014.

Auchmutey Jim. "Cyclorama." *The Atlanta Constitution* (6 Aprile 1985): 3-A.

Bay, Mia. *Traveling Black: A Story of Race and Resistance*. Cambridge, MA: Harvard University Press, 2021.

Benson, Chris. "Tuskegee." *Ebony* (Luglio 1982): 53.

Blight, David W. *Race and Reunion, the Civil War in American Memory*. Cambridge, MA: Harvard University Press, 2001.

Broadus, Joe. "Black Tourist Boom: A Sleeping Giant Rouses." *Detroit Free Press* (20 Maggio 1973): 13-D.

Burns, Peter M. *An Introduction to Tourism and Anthropology*. London and New York: Routledge, 1999.

Butler; David L., Carter Perry L.; Brunn, Stanley D. "African-American travel agents: Travails and Survival." *Annals of Tourism Research* 29.4 (2002): 1022-1035.

Clarke, Kamari Maxine. "Mapping Transnationality, Roots Tourism and the Insitutionalization of Ethnic Heritage," in Kamari M. C., Thomas D. A. (a cura di) *Globalization and Race: Transformations in the Cultural Production of Blackness* Durham, NC: Duke University Press, 2006.

Coehn, Erik. "Who is a tourist? A conceptual review." *Sociological Review* 22 (1974): 27-53.

Draper, Norm. "Expo 1850 Recaptures Florewood Plantation Life." *The Clarion-Ledger* (20 Agosto 1978): E-1.

Drotning, Phillip T. *An American traveler's guide to black history*. Garden City, N.Y: Doubledaym, 1968.

Goodrich, J. N. "Black American Tourists: Some Research Findings." *Journal of Travel Research*, 24.2 (1985): 27-28.

Gordon, Tammy S. "Take Amtrak to Black History: marketing heritage tourism to African Americans in the 1970s." *Journal of Tourism History* 7.1-2 (2015): 54-75.

Graves, Earl G. "The publisher's page." *Black Enterprise*, (Maggio 1972): 4.

Johnson, John H. "Publisher's Statement." *Ebony* (Agosto 1971): 33.

Levenstein, Harvey A. *We'll always have Paris: American tourists in France since 1930*. Chicago, IL: University of Chicago Press, 2004.

Mae, V. "What does South Carolina low country mean to me? Home." *Tampa Bay Times* (20 Aprile 1971): 7.

Newman, Harvey K. *Southern Hospitality: Tourism and the Growth of Atlanta*. Tuscaloosa, AL: University of Alabama Press, 1999.

Panosso Netto, Alexandre. "What is Tourism? Definitions, Theoretical Phases and Principles, in Tribe J. (a cura di), *Philosophical Issues in Tourism*, Bristol: Channel View Publications, 2009.

Philipp, Steven. "Race and Tourism Choice: A Legacy of Discrimination." *Annals of Tourism Research* 21.3 (1994): 479-488.

Reeves, Alexis Scott. "Mayor Rebuffs Attacks on Cyclorama Project." *The Atlanta Constitution* (6 Febbraio 1979): C-1.

Simon, Bryant. *Boardwalk of Dreams: Atlantic City and the Fate of Urban America*. New York: Oxford University Press, 2006.

Sorin, Gretchen. *Driving While Black: African American Travel and the Road to Civil Rights*, New York and London: Liveright, 2020.

Stillman, Jack. "46 Black Women Tour, Like South." *Fort Worth Star-Telegram* (12 Agosto 1972): 4.

Thum, Marcella. *Exploring Black America: A History and Guide*. New York: Atheneum, 1975.

Weathers, Diane. "Travelling Through the Lowlands of the South." *Black Enterprise* (Aprile 1977): 45-52.

Williford, Stanely O. "Traveling America's South Just Isn't What It Used to Be for Blacks- and That Is Good." *The Los Angeles Times* (2 Dicembre 1979): 17-VIII.

Mettere in scena la memoria dell'11 Settembre nel teatro arabo-americano

Cinzia Schiavini
Università degli Studi di Milano

Abstract: Il saggio prende in esame il ruolo e le forme della memoria nel teatro arabo-americano contemporaneo, e in particolare nelle forme assunte da quest'ultimo in risposta agli attacchi terroristici dell'11 Settembre. Luogo della memoria per eccellenza, Ground Zero è diventato soggetto di memoria nel luogo che per primo si è prestato a divenire, soprattutto a New York, spazio del ricordo: il palcoscenico. Oltre a spazio di condivisione e rielaborazione di drammaturghi *mainstream*, la scena teatrale newyorkese è stata anche il punto di partenza per la creazione di memoria del gruppo etnico che ha subito più ripercussioni e discriminazioni dopo gli attacchi, la componente Arab-American. Dal *work in progress* di Andrea Assaf, *Eleven Reflections on September* (2001-) all'elaborazione dell'*Arabness* in *Sajjil* (2002) del collettivo Nibras, i lavori solisti di Youssef El Guindi e Rania Khalil, fino al corpo come spazio di memoria di Wafaa Bilal, il saggio prende in esame le forme e gli spazi di luoghi/corpi di memoria in grado di contrastare la ricostruzione egemonica dell'evento e aprire l'11 Settembre come luogo di memoria condivisa, inter-etnica e al contempo transnazionale.

Nel romanzo di Amy Waldman *The Submission* (2011), vincitore dell'American Book Award, una giuria è riunita a scegliere il progetto per il memoriale delle vittime di un anonimo ma ben riconoscibile attacco a Manhattan, New York, all'inizio del ventunesimo secolo. Tra i numerosi progetti presentati viene scelto quello di un "giardino della memoria", salvo poi scoprire che il suo ideatore si chiama Mohammad Khan ed è di origine indiana e di famiglia musulmana. Una scoperta che porterà all'esplodere di tensioni e conflitti dentro e fuori dalla giuria, con una violenza, alimentata anche dai media, psicologica, verbale e fisica, che coinvolge i membri della giuria, le famiglie delle vittime e gli appartenenti alla comunità musulmana.

Ground Zero costituisce, tanto nella sua materialità di luogo quanto in quella culturale di evento, un atipico e al contempo cruciale luogo della memoria del contemporaneo; l'ultimo in ordine di tempo, ma fra i più emblematici nella cultura statunitense. Ground Zero e il successivo memoriale sono, nella percezione popolare, il segno di una ferita profonda, una ferita di guerra, in una nazione che non ha subito in patria attacchi da forze esterne per quasi tutta la sua storia, dalle guerre di Indipendenza in poi (se si esclude l'attacco al margine geografico nel Pacifico rappresentato da Pearl Harbour). Gli Stati Uniti sono anche, più che altrove, un luogo dove i memoriali sono sovente terreno di divisione più che di unione, come le recenti contestazioni alle statue degli esploratori o i divisivi memoriali della Guerra Civile dimostrano, a sottolineare i diversi significati dati al passato nazionale. Ground Zero inoltre è ancor più emblematico poiché in un luogo come New York, dove un memoriale votato al ricordo, che si è rapidamente trasformato in attrazione turistica, stride fortemente con una città che ha fatto dell'impermanenza e del cambiamento, anche architettonico, il proprio dogma.

Oltre a dire molto su una nazione e sugli effetti del trauma, sui gruppi di pressione che agiscono sul come e con quali forme si ricorda, sui diversi significati di un luogo di memoria nella percezione individuale e in quella collettiva, *The Submission* pone anche un altro interrogativo cruciale: chi ha diritto alla memoria? Al creare memoria attraverso i luoghi, e dunque a condividere e partecipare alla costruzione della memoria legata a una dolorosa ferita? E chi viceversa ne può o deve essere escluso, perché associato, nell'immaginario collettivo, alle responsabilità della tragedia? Con e dopo l'11 Settembre, a essere identificati con il nemico e ad aver catalizzato l'attenzione dei media e del discorso politico sono state le componenti arabe e musulmane della popolazione (termini divenuti erroneamente intercambiabili dopo l'attacco alle torri e al Pentagono), associate come sono state all'identità dei terroristi. Se la costruzione dell'"arabo" e del "musulmano" come nemico post 9/11 è stato il culmine di un processo di stereotipizzazione negativa iniziato già negli anni Settanta con le cosiddette Guerre del petrolio e la crescente presenza militare statunitense in Medio-Oriente (si vedano

Naber 2012; Shareen 2008), dal 2001 in avanti a divenire target di odio xenofobo è stata anche la minoranza araba e musulmana statunitense, fino ad allora invisibile, dimenticando che numerosi sono stati i musulmani e gli arabi vittime degli attacchi, come il libro di Waldman ricorda.

Oltre al passaggio da "invisible minorities" a "visible citizens", l'equiparazione degli arabi e i musulmani con gli attentatori ha anche ha portato ad associare sempre più le due minoranze allo "straniero" (e dunque "altro" in termine di cittadinanza e di relativi diritti) invece che con l'"altro" in senso etnico (ma componente della società statunitense). Questo spostamento dell'*Arabness* nell'immaginario collettivo verso l'esterno dei confini culturali e nazionali, oltre a cancellare un secolo e più di storia della composita minoranza la cui immigrazione è iniziata soprattutto a partire dalla fine del diciannovesimo secolo, con la crisi dell'impero ottomano, ha avuto molteplici ripercussioni, politiche e sociali, non da ultima la spoliazione della legittimità di luoghi di radicamento identitario e culturale, dai siti di culto a quelli di commemorazione. Come il giardino di Mohammad Khan nel romanzo della Waldman, i luoghi della memoria delle due minoranze sembravano destinati al confinamento nello spazio domestico, come memoria individuale e familiare. Nelle parole di Jamil Khoury, uno dei principali animatori della scena teatrale statunitense, "We were denied the solace of collective mourning and communal processing, and we saw our stories of 9/11 heroism and loss largely erased" (Khoury 2018, 89).

Una delle conseguenze che l'11 Settembre ha avuto per la comunità arabo-americana e i suoi artisti in particolare è stata però anche il riconoscersi come gruppo, come parti di una esperienza condivisa, pur nella stigmatizzazione e discriminazione; una dimensione collettiva che era importante trasformare in rappresentazione pubblica proprio per contrastare le distorsioni culturali e sociali in atto (Alsultany 2012). Proprio il riconoscimento della dimensione collettiva dell'esperienza è stato alla base delle risposte artistiche e delle forme di contro-narrazione sull'essere arabo in America; risposte che hanno avuto luogo sia negli spazi virtuali della rete, sia in spazi reali, gallerie d'arte e soprattutto teatri. La funzione di questi spazi è stata esplicita fin dall'inizio: in un dibattito politico e un clima culturale profondamente segnato da marcate dicotomie, in un irrigidimento ideologico fatto di contrapposizione e semplificazione, luoghi di incontro e di espressione come la scena teatrale hanno mirato a costituire non solo lo spazio dove plasmare una *Arabness* diversa dallo stereotipo di "cellula dormiente" diffuso da cinema e televisione, ma anche momenti di rielaborazione dell'esperienza e del trauma che affermassero non da ultimo il radicamento della comunità all'interno dell'esperienza statunitense.

La scena teatrale, soprattutto newyorkese e non solo etnica, ha costituito da subito uno spazio votato alla sutura della lacerazione del corpo urbano e sociale provocata dall'11 Settembre, nel tentativo di reagire alla perdita di senso e parole lamentata da molti scrittori dopo la tragedia, e di offrirsi come strumento di unione e condivisione. Come ricorda Julia Listengarten, molte sono state le compagnie teatrali che si sono rese disponibili, fin dai giorni seguenti agli attacchi, a creare momenti e spazi di condivisione e unione per fronteggiare lo smarrimento e la paura (Listengarten 2018); a partire dal 22 ottobre 2001, quando il Worth Street Theater Company ha iniziato a tenere spettacoli di varietà gratuiti ogni lunedì sera per le squadre di soccorso impegnate a Ground Zero. Nello stesso periodo, alla fine dell'ottobre del 2001, è andato in scena proprio a New York uno dei primi drammi sulla tragedia, *A Rebel Without a Pause*, di Reno, una monologhista in precedenza comica, femminista, presentato al La MaMa Theatre, storico treatro dell'East Village; mentre a pochi isolati da Ground Zero il Flea Theater ha risposto dodici settimane dopo gli attacchi mettendo in scena *The Guys* di Anne Nelson, sulle vite di alcuni pompieri che hanno perso la vita nel crollo delle torri. Come nota Richard Gray (2011), il ruolo terapeutico del teatro, come luogo di incontro e condivisione della memoria di quel trauma, è rimasto centrale anche nei mesi e negli anni immediatamente successivi all'11 Settembre, attraverso la verbalizzazione del ricordo (come nel caso di *Omnium Gatherum* di Theresa Rebeck e Alexandra Gersten, 2003, in cui una cena che include personaggi famosi le cui identità sono solo velatamente nascoste diviene l'occasione per riflettere sul significato degli attacchi partendo dalle memorie individuali) o la trasformazione ed esorcizzazione del trauma attraverso l'azione, come accade nella *piece* di teatro-danza *Love Unpunished* (2006) messa in scena dal Pig Iron Theatre, una serie di performer che scendono correndo le scale, e che riproducono la corsa delle persone che cercavano di scappare dal World Trade Center.

Fin dai primi mesi successivi agli attacchi, l'Off-Broadway è divenuto anche lo spazio reale in cui gli artisti Arab-American hanno cercato di affermare la propria partecipazione emotiva alla tragedia e al contempo il proprio essere parte dell'esperienza statunitense e dei suoi spazi, trasformando la scena teatrale e la *performance* in luogo di memoria. Un legame, quello fra teatro e memoria, che come ricorda Diana Taylor è insito nelle arti performative stesse, dal momento che "performances function as vital acts of transfer, transmitting social knowledge, memory, and a sense of identity through reiterated, or what Richard Schechner has called 'twice-behaved behavior.'" (Taylor 2003, 140)

L'importanza della *performance* teatrale come sito di memoria, sia esso dell'11 Settembre o più ad ampio spettro, come segno della auto-narrazione collettiva araba in America, è anche in parte indicativa della difficoltà di trovare spazi fisici reali, non transitori, in cui costruire il senso di una appartenenza comune. Come si vedrà. diverse sono state le strade intraprese nella scrittura della memoria nello spazio performativo: se in una prima fase il palcoscenico è stato trasformato in sito di condivisione di ricordo e dolore, in cui gli artisti Arab-American hanno fatto propria la memoria sofferta legata alla tragedia, l'11 Settembre si è via via trasformato nel punto di partenza per una riflessione più ad ampio spettro su luogo e memoria, fuori e dentro i confini statunitensi, in cui nazionale e transnazionale, passato e presente confluiscono e si ricompongono/sovrappongono a creare, come scrive Lisa Suhair Majaj (1996) parlando dell'esperienza Arab-American, una memoria che non è *master narrative*, ma serie di frammenti da ricollegare attraverso una molteplicità di luoghi e di attraversamento dei confini.

Frammenti di memoria condivisa:
ricordare l'11 Settembre

Il ruolo del teatro nel sottolineare non solo l'importanza del ricordare, ma anche il diritto di fare parte della comunità che ricorda, è l'elemento centrale del work in progress *Eleven Reflections on September* (2001) di Andrea Assaf, performer, scrittrice e attivista, fondatrice e direttrice del programma Art2Action, che promuove il teatro e le *performance* delle minoranze etniche e di genere. Basato su una serie di poesie composte da Assaf dal 2001 in avanti, che vanno dalla caduta delle torri alle guerre che ne sono seguite e le rivoluzioni nel mondo arabo, *Eleven Reflections on September* è una *performance* che si compone di letture poetiche, videoinstallazioni, musica e teatro-danza. Qui il crollo delle torri corre parallelo alla disgregazione del linguaggio davanti all'orrore: sugli schermi alle spalle della performer le parole cadono dall'alto di due torri di scrittura come fossero brandelli, e la prima delle quali è proprio "remember", ricordare. A cadere, dopo le parole, sono anche le foglie — un mondo naturale che si sovrappone all'innaturalità del cadere in guerra di soldati e civili nei conflitti nei paesi arabi scaturiti come risposta agli attacchi, oppure generati dalla travagliata storia medio-orientale. L'apertura verso l'esterno e l'altrove di *Eleven Reflections* non si limita all'attraversamento dei confini nazionali, ma anche quelli fisici del teatro stesso: concepito come parte di un progetto più ampio di "luogo di memoria", *Eleven Reflections on September* è stato anche al centro di una riflessione partecipata e condivisa sul ricordare articolata in mostre, incontri e dibattiti legati alla *performance* e alle sue tematiche, con un forte intento e impronta pacifista, un elemento sempre più marcato nella componente artistica Arab-American, soprattutto femminile (Marchi 2020).

Palcoscenico e memoria si sono intrecciati non solo nella dimensione della tragedia, ma anche nel tentativo di ricreare una esperienza condivisa che guardasse alla plurivocalità esperienziale della comunità Arab-American, tanto nella sua dimensione sincronica quanto in quella diacronica, in grado di registrare una narrazione corale e al contempo specifica del significato dell'*Arabness*. E proprio *Sajjil* (ovvero "registrare", 2002) è il titolo di uno dei primi lavori collettivi in risposta a (ma che per sua stessa genesi travalica) l'11 settembre: è un lavoro teatrale basato su una serie di interviste, a persone di origine araba e non, partendo proprio dalla parola *Arab* e da ciò che a essa viene associato. Ideatore del progetto è il primo collettivo di drammaturghi Arab-American, chiamato Nibras (ovvero "lanterna") Group, fondato nel 2001 da Leila Buck, Maha Chehlaoui, Rana Kazkaz Omar Koury, Omar Metwally, Najla Said e Afaf Shawwa, poi Company-in-Residence al New York Theatre Workshop (NYTW), uno degli spazi teatrali più sensibili alle voci delle minoranze. Iniziato nell'estate del 2001 con l'intento di portare in scena l'esperienza araba in America, il progetto ha subito un'accelerazione con gli eventi dell'11 Settembre, per stessa ammissione dei suoi ideatori: dalla cerchia di familiari e amici, le interviste si sono via via ampliate fino a includere persone incontrate per strada, e al contempo personaggi pubblici arabi e musulmani, educatori, artisti e attivisti — cinquanta interviste che mirano, attraverso il prologo e una serie di dialoghi fra due soggetti e punti di vista, intervallati da eventi specifici, a mostrare sia la diversità dell'esperienza araba (e la sua percezione), ma anche i suoi legami con altre minoranze. Presentata al New York International Fringe Festival nel 2002, *Sajjil* non solo documenta e rende gli Stati Uniti il luogo di radicamento dell'esperienza, ma mostra l'*Arabness* come terreno di incontro e scontro, e la *performance* come spazio di negoziazione fra culture dominante e cultura di minoranza.

Al contempo l'*Arabness*, concetto transnazionale per sua stessa definizione, ha preso corpo sulla scena attraverso progetti e opere che riflettono l'eterogeneità e la frammentarietà del radicamento e della memoria, fatta di luoghi così come di attraversamento di confini. Il radicamento dell'*Arabness* in chiave transnazionale è stato alla base dell'attività del Noor Theatre (ovvero "luce"), collettivo femminile composto da Lameece Issaq, Maha Chehlaoui e Nancy Vitale, fondato nel 2010 sempre a New York con l'intento di aiutare gli artisti di origine medio-orientale a produrre e portare in scena il proprio lavoro (fra cui una delle opere Arab-American più celebri, *Food and*

Fatwa, di Lameece Issaq e Jacob Kader, che ha debuttato al New York Theatre Workshop nel 2012). Ricreare attraverso la scena uno spazio collettivo fatto di legami transnazionali è alla base anche del progetto di Torange Yeghiazarian, drammaturga e attrice iraniano-americana, che con il Golden Thread Productions dal 1996 al 2000 ha portato in scena opere di artisti medio-orientali, attività poi proseguita con un festival annuale, *ReOrient*; e di quello di Jamil Khoury, fondatore a Chicago del *Silk Road Rising* (*SRR*), atto di risposta creativa all'11 Settembre e di promozione di tutte le minoranze ai margini della scena teatrale.

La rappresentazione dell'esperienza Arab-American in chiave transnazionale scaturita dopo l'11 Settembre ha avuto al contempo come elemento comune anche lo sradicamento e la frattura, e più in particolare la violenza generata dal conflitto, sia essa quella dello Stato di Eccezione o dei conflitti nei paesi di origine. Se la memoria legata all'attacco alle Torri Gemelle è soprattutto quella di un evento che si traduce in ferita, il presente e il passato come cicatrici sul corpo sono elementi ricorrenti sulla scena Arab-American: la violenza, psicologica e fisica, come effetto della "Guerra al Terrore" è stata il centro tematico delle opere teatrali più famose del teatro Arab-American, da Youssef El Guindi, e i suoi *Back of the Throat*, 2006, e *Language Rooms*, 2012; a Ishamel Khalidi con *Truth Serum Blues*, 2005; fino a Betty Shamieh e il suo *Again and Against*, 2012. Nella re-iscrizione della violenza come elemento che travalica i confini nazionali, memoria e presente si sono indissolubilmente saldati in alcune *performance* anche nell'unico spazio permanente di un soggetto transnazionale: il corpo, in questo caso dell'artista.

Il primo significativo esempio è costituito dalla breve *performance* di Rania Khalil, *Flag Piece* (2001), rilettura dei significati e degli effetti della democrazia americana attraverso uno dei suoi principali simboli, la bandiera, che da segno di condivisione e partecipazione, inizialmente sventolata e mostrata con orgoglio dalla donna velata al centro della scena, si trasforma in strumento di repressione e violenza — prima con la stoffa che le copre gli occhi, poi la bocca, a indicare l'invisibilità e la negazione del diritto di avere una voce; e infine con l'asta che preme sulle guance e distorce il volto in espressioni di sofferenza: trasformato in terreno di scontro fra ideologia e pratiche sociali e politiche dello stato di eccezione, il corpo dell'artista (non a caso velata) diviene anche sintesi degli effetti della "democrazia" statunitense all'estero, oltre che in patria.

Il corpo come luogo di inscrizione della memoria, di violenza del presente e del passato (Butler 2004; Najjar 2014), si è trasformato attraverso la *performance* anche in spazio in cui custodire e denunciare una ferita che è al contempo individuale e collettiva, non solo in termini metaforici, ma anche tangibili, reali e permanenti. Se nella *performance* di Khalil a essere messa in scena è una iscrizione temporanea e transitoria della violenza, nelle *performance* di Wafaa Bilal essa si fa elemento incancellabile e inalienabile, parte intrinseca dell'esperienza dell'artista, anche nella sua fisicità. Artista di origine irachena, fuggito dall'Iraq negli anni Novanta e ora professore alla Tisch School of the Arts della New York University, Bilal è conosciuto per le sue indagini provocatorie ed estreme sulla *Arabness* e le reazioni da essa suscitate.[1] Le due *performance* maggiormente legate al corpo come sito di memoria, e per molti versi complementari, sono *and Counting...* (2010) e *3rdi* (2010-11), che investigano la dimensione individuale e collettiva dell'esperienza attraverso la scrittura e la registrazione, in senso letterale, sul corpo dell'artista.

Con *and Counting . . .* , concepita in risposta a un evento drammatico personale (la morte del fratello, ucciso da un missile a un posto di blocco nella loro città natale di Kufa, Iraq), l'artista sovrappone due diversi lutti collettivi generati dal conflitto iracheno, mettendo a confronto la loro visibilità e invisibilità sulla propria

---

1   A cominciare dall'esperimento che lo ha imposto all'attenzione della critica: *Domestic Tension* 2007, in cui l'artista, per un mese, è rimasto confinato in una stanza di una galleria d'arte appositamente predisposta: un letto, un tavolo, una sedia e un pannello di plexiglass dietro cui trovare rifugio dai colpi di un fucile posto davanti all'artista, ridotto a bersaglio mobile, e caricato a palle di pittura, comandato da remoto da utenti che avevano libero accesso al sito web, a simulare la vita nelle zone di guerra. Dall'esperienza è stato poi tratto un testo, *To Shoot an Iraqi*, in cui Bilal racconta non solo l'esperienza e i suoi effetti (fra cui i disturbi da Post Traumatic Stress Disorder di cui ha sofferto in seguito alla *performance*), ma anche le dinamiche relazionali, virtuali e non, generate dall'evento.

pelle. In una *performance* di ventiquattro ore, mentre i volontari presenti nella galleria d'arte si alternavano leggendo i nomi dei soldati americani e dei soldati e civili iracheni morti, l'artista si è fatto tatuare sulla schiena una mappa dell'Iraq coi nomi delle principali città, e su di essa cinquemila punti rossi, ognuno per ogni vittima statunitense, e poi altri centomila punti verdi, questi ultimi con un inchiostro visibile solo a raggi ultravioletti, a rappresentare i caduti iracheni. Testimonianza di un luogo che è il passato dell'artista, *and Counting . . .* si configura anche come presente statunitense: se la geografia del ricordo è altrove, non lo è il ricordo stesso, che riguarda drammaticamente e direttamente anche la memoria e il dolore del "qui" scaturito con e dopo l'11 Settembre, con il corpo dell'artista che accoglie e si fa terreno di memoria di una duplice, personale appartenenza sociale e culturale.

Con *and Counting . . .* Bilal mette in discussione la separazione fra qui e altrove e al contempo i limiti e la visibilità del ricordo: se la galleria d'arte è il luogo in cui la memoria è creata e visibile, col il corpo esposto dell'artista mentre viene tatuato, tale memoria non può essere confinata dentro di esso, e ne trascende i confini tanto nello spazio reale, celata sotto i vestiti dell'artista, quanto in quello virtuale, in cui la *performance*, registrata e conservata, continua ad essere visibile.

Il sincretismo fra memoria e corpo/luogo di memoria è ancora più marcato e per molti versi estremo in *3rdi* (2010-11), progetto immediatamente successivo a *and Counting . . .* , la cui fonte di ispirazione è (significativamente, in una riflessione sulla memoria) la figura del narratore delineata da Walter Benjamin, scelta per introdurre il progetto: "And the more natural the process by which the storyteller forgoes psychological shading, the greater becomes the story's claim to a place in the memory of the listener, the more completely is it integrated into his own experience, the greater will be his inclination to repeat it to someone else someday, sooner or later." (https://wafaabilal.com/thirdi/)

Bilal vuole qui creare una piattaforma reale e virtuale che integri corpo, memoria, documentazione e immagine, in cui l'*hardware* è un ibrido fra la macchina e il corpo dell'artista. Facendosi impiantare chirurgicamente una telecamera dietro al cranio che scatta automaticamente una immagine al minuto e la trasmette a un sito web che rende tali immagini immediatamente accessibili agli utenti/ osservatori, Bilal intende rappresentare le diverse forme di memoria, volontarie e involontarie. Ripensando alla propria fuga dall'Iraq, a quello che ha dovuto lasciarsi alle spalle senza poterlo conservare in alcuna forma e senza modo e tempo di elaborare il distacco, Bilal vuole con *3rdi* trasformare il proprio corpo in strumento di memoria, apparentemente slegata dalla coscienza e persino dal punto di vista. Serbatoio di frammenti del passato, la figura dell'artista si sovrappone, oltre che al narratore, anche all'Angelo della Storia di Benjamin, che avanza con lo sguardo rivolto all'indietro, come rivolta indietro è la fotocamera di Bilal, non soggetta al suo controllo. Se con *and Counting...* il corpo si fa spazio di memoria, con *3rdi* la memoria viene separata dal corpo/mente dell'artista: la ricomposizione dei frammenti di quel "passato del presente" sotto forma di esperienza artistica viene affidata non solo allo spazio virtuale accessibile a chiunque voglia vedere online cosa sia successo dietro la testa dell'artista durante i mesi dell'esperimento, ma anche e soprattutto attraverso la videoinstallazione che all'esperimento è seguita, frutto di una selezione delle immagini, la cui sequenza sugli schermi della videoinstallazione è determinata dai movimenti dell'osservatore nella stanza. Ricombinando le sequenze di memorie, *3rdi* riconfigura al contempo il confine fra (inconsapevole) memoria privata ed esperienza pubblica, in cui annullando simbolicamente e fisicamente il punto di vista, si annullano anche le barriere fra sé e altro da sé.

Cosa è un "luogo di memoria"? Uno spazio, reale o virtuale, in cui una comunità si può riappropriare del proprio passato e dare forma alle proprie narrazioni, individuali e collettive. Nel Ground Zero dell'11 Settembre, lo spazio vuoto lasciato dalle torri e dalla tragedia ha evidenziato anche un vuoto di rappresentazione identitaria e culturale che gli artisti Arab-American hanno sentito di poter e dover riempire, re-iscrivendo in uno spazio artistico con valenze fortemente sociali e politiche la propria esperienza e memoria dell'identità araba, in America ma non solo. Se nell'immediato del post-11 Settembre sono state prevalenti le contro-narrazioni sull'esperienza Arab-American in risposta alla distorsione e discriminazione messe in atto dalla cultura egemone, a emergere in seguito attraverso il teatro e le *performance* sono state da un lato narrazioni plurali dell'*Arabness* dentro al contesto statunitense slegate dalla tragedia, ma sempre e inevitabilmente in dialogo e dialettica con la cultura dominante; e dall'altro costruzioni di luoghi esperienziali e di memoria che travalicano i confini politici, e che sovrappongono il qui e l'altrove come elementi dinamici e attivi tanto nel passato quanto nel presente, in termini di vissuto individuale e collettivo.

Con la ri-trasposizione dei luoghi di memoria nello spazio performativo, gli artisti arabo-americani sono stati in grado di dare un corpo (talvolta in senso letterale) ai "luoghi della memoria", rendendoli non più negati, come negata è alla fine a Mohammad Khan la realizzazione del suo "giardino del ricordo" per le vittime dell'11 Settembre nel romanzo della Waldman. Al contempo, proprio l'importanza della scena teatrale o, in casi più estremi, di *performance* che usano come spazio di memoria il corpo dell'artista, è significativa della dimensione ancora altamente conflittuale e contesa per la minoranza arabo-americana del "diritto alla memoria", sia esso esercitato attraverso spazi fisici reali o attraverso la partecipazione a forme di commemorazione condivise della tragedia stessa e di tutto ciò che questa ha generato.

Bibliografia

Ali, Roaa. "Arab-American Theatre: Still a Struggle for Visibility." *Al Jadid. A Review & Record of Arab Culture and Arts* 21.72 (2017): 12-13, 38.

Alsultany, Evelyn. *Arabs and Muslims in the Media. Race and Representation After 9/11*. New York: New York University Press, 2012.

Basiouny, Dalia. "Descent as Dissent. Arab American Theatrical Responses to 9/11", in Spencer, Jenny (a cura di), *Political and*

Protest Theatre after 9/11. Patriotic Dissent, London: Routledge, 2012.

Bilal, Wafaa. *To Shoot an Iraqi. Life and Resistance Under the Gun.* San Francisco: City Lights Publishing, 2007.

Butler, Judith. *Precarious Life: The Powers of Mourning and Violence.* London: Verso, 2004.

Culbertson, Roberta. "Embodied Memory, Transcendence, and Telling: Recounting Trauma, Re-Establishing the Self." *New Literary History* 26.1 (Winter, 1995): 169-195.

El Guindi, Youssef. *The Selected Works of Yussef El Guindi.* London: Methuen Drama, 2019.

Gray Richard. *After the Fall. American Literature Since 9/11.* Oxford: Blackwell, 2011.

Hornung, Alfred (a cura di). *Arab American literature and culture.* Heidelberg: Winter, 2012

Khalidi, Ismail. *Truth Serum Blues.* Unpublished, 2005.

Khouri, Jamil. "Beyond first responders. Politics, racism and the aesthetics of Arab-American theatre," in Pickens, Therì (a cura di), *Arab American Aesthetics. Literature, Material culture, Film and Tehatre.* London: Routledge, 2018.

Issaq, Lameece, Jacob Kader. *Food and Fatwa,* in Najjar, Michael Malek (a cura di), *Four Arab-American Plays.* Jefferson: McFarland, 2014.

Listengarten, Julia. "Theatre in the 2000s," in Listengarten Julia, Rosenthal Cindy (a cura di), *Modern American Drama: Playwriting 2000-2009; Voices, Documents, New Interpretations.* London: Methuen, 2019.

Majaj, Lisa Suhair. "Arab American Literature and the Politics of Memory", in Singh, Amritjit, Skerrett, Joseph, Hogan, Robert (a cura di), *Memory and Cultural Politics. New Approaches to American Ethnic Literature.* Boston: Northeastern University Press, 1996.

Marchi, Lisa. *In filigrana. Poesia arabo-americana scritta da donne.* Napoli: La scuola di Pitagora, 2020.

Naber, Nadine. *Arab America. Gender, Cultural Politics, and Activism.* New York: New York University Press, 2012.

Najjar, Michael Malek (a cura di). *Four Arab-American Plays.* Jefferson: McFarland, 2014.

Theresa Rebeck, Alexandra Gersten. *Omnium Gatherum* (2003), in Allan Havis (a cura di), *American Political Plays in the Age of Terrorism: The Break of Noon / 7 / 11 / Omnium Gatherum / Columbinus / Why Torture Is Wrong, and the People Who Love Them.* London: Bloomsbury Publishing, 2019.

Reno. *A Rebel Without a Pause.* IMDb Pro, 2002.

Shaheen, Jack G. *Guilty: Hollywood's Verdict on Arabs After 9/11.* Northhampton: Olive Branch Press, 2008.

Shamieh, Betty. *Again and Against.* Unpublished, 2012.

Stahl, Megan. *Arab and Muslim American Female Playwrights: Resistance and Revision Through Solo Performance.* PHD dissertation: Tufts University, 2016.

Taylor, Diana. *The Archive and the repertoire. Cultural memory and performance in the Americas.* Durham: Duke University Press, 2003.

Waldman, Amy, *The Submission.* New York: Farrar, Straus and Giroux, 2011.

Sitografia

Assaf, Andrea, *Eleven Reflections on September*: https://www.youtube.com/watch?v=2tt1M-hYXCo)

Bilal, Wafaa: https://wafaabilal.com/

Khalil, Rania. *Flag Piece*: https://vimeo.com/123656900

De Buenos Aires a la Ciudad de México

RECONSTRUIR LA MEMORIA PÚBLICA
DESDE UNA PERSPECTIVA DE GÉNERO

Angela Di Matteo
Università degli Studi Roma Tre

Resumen: Este artículo analiza la instalación *Ser mujeres en la ESMA. Testimonios para volver a mirar* de Buenos Aires y las pintadas dejadas en los monumentos de la Ciudad de México tras la emblemática manifestación feminista del 16 de agosto de 2019 para reflexionar sobre cómo el lenguaje, a partir del espacio normativo del Estado, actúa performativamente en el horizonte cultural de la contemporaneidad para cuestionar la memoria pública a través de una reescritura inclusiva de la historia.

> Reconstruir.
> *Armarse el cuerpo, el tejido y lo inasible.*
> *Regenerar lo destruido o perdido desde lo que se conserva: la dignidad.*
> *Volver a plantar la vida arrancada y trabajar en retoñar.*
> (Rea 2020, 43).

En el proceso de construcción de la memoria, el espacio público representa uno de los lugares que más pueden prestarse a las transformaciones del aparato mnemónico colectivo, porque el estado *habla* de sus valores y principios inmateriales a través de sus construcciones materiales. Puesto que "el espacio es política" (Lefebvre 1976, 52), las calles, las plazas, los monumentos, los museos y todos los edificios que en el entramado urbano acogen nuestra mirada son intrínsecamente mensajeros de un sistema de símbolos que sostiene y alimenta la imagen pública del estado. Pero, ¿qué pasa cuando el espacio público va ocultando otra cara de la historia justo a través de lo que exhibe? Si la memoria es una construcción discursiva que depende del poder, ¿cómo hacer para que los grupos sociales que no encajan en la imagen oficial de la nación puedan encontrar en el espacio público una materialidad que también los represente? Dicho de otra forma, ¿pueden los mismos monumentos, museos y demás edificios portadores de la memoria oficial cambiar total o parcialmente su contenido?

Por su misma naturaleza inestable, que se basa en la relación arbitraria y convencional entre signo y referente, los símbolos no siempre resisten inmóviles frente a las rescrituras de la historia. Puesto que la memoria es un palimpsesto que se renueva a la luz de las perspectivas actuales, el pasado es una mirada que nace *en* y *desde* el presente y narrar ese pasado a través de los elementos materiales que construyen nuestro horizonte memorial significa "tomar las marcas territoriales, los espacios físicos y los lugares públicos como puntos de entrada para analizar las luchas por las memorias y los sentidos sociales del pasado reciente" (Jelin-Langland 2003, 1).

Entre los fenómenos políticos y sociales de los últimos años, que en el espacio público de las capitales latinoamericanas han representado importantes momentos de resignificación de la historia nacional, destacan dos experiencias — que a pesar de la distancia geográfica y simbólica resulta interesante analizar en paralelo — que han activado la construcción de una nueva mirada sobre la historia presente y, en particular, sobre la historia de las mujeres y las políticas de género.

Ser mujeres en la ESMA

En marzo de 2019, en los espacios de la ESMA, centro clandestino de detención, tortura y exterminio durante la última dictadura cívico-militar argentina y hoy uno de los sitios de memoria más importantes de la ciudad de Buenos Aires, se inaugura la instalación *Ser mujeres en la ESMA. Testimonios para volver a mirar.* La muestra nace desde la interpelación conjunta de grupos de activistas feministas y del equipo de guías y atención al público que observan en la exhibición permanente del museo la ausencia de perspectiva de género.

Ser mujeres en la ESMA, que reúne los testimonios de mujeres sobrevivientes y al mismo tiempo proyecta en las paredes los nombres de las que desaparecieron, se caracteriza sobre todo por la instalación de nuevos paneles expositivos que, simulando la escritura a mano de un marcador, revisan los paneles originales que solo se referían a las personas en cautiverio utilizando el universal masculino. Las correcciones añaden notas explicativas sobre la detención de las mujeres y además, en correspondencia de términos como "desaparecidos", "presos" y "detenidos" introducen la desinencia femenina "a", reparando el ocultamiento de género producido, según se lee en uno de los carteles, por un "museo que no habla" (fig. 1).

fig. 1 *Cortesía de Pedro Camilo Pérez del Cerro para Museo Sitio de Memoria ESMA*

El recurso a esas intervenciones gráficas no solo representa una respuesta a una modalidad lingüística más inclusiva, sino que permite cumplir con dos importantes objetivos. En primera instancia, se declara oficialmente desde el espacio físico y enunciativo de un monumento histórico nacional que hubo tanto hombres como mujeres en cautiverio. Esta afirmación, que se presenta como algo sin ningún valor de novedad, es en realidad un dato que las nuevas generaciones que hayan recibido una narración exclusivamente mono-género de la historia reciente pueden desconocer. Según relata Alejandra Naftal, directora del Museo, durante las visitas escolares a la ESMA previas a la fijación de los nuevos paneles muy a menudo las estudiantes preguntaron a las guías si en ese lugar no había habido "desaparecidas", "presas" y "detenidas." Entonces lo que fue hasta hoy una forma de economía de la lengua — el uso del masculino plural para hablar de sujetos masculinos y femeninos a la vez — se ha trasformado para los más jóvenes en un reflejo concreto pero distorsionado de la realidad.

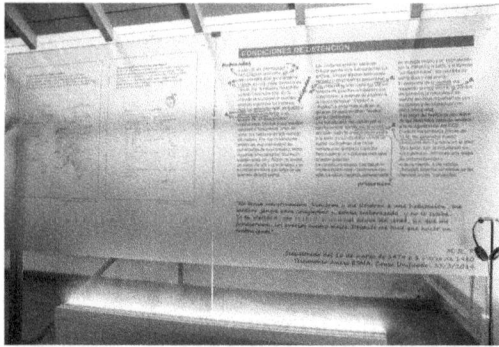

fig. 2 *Cortesía de Pedro Camilo Pérez del Cerro para Museo Sitio de Memoria ESMA*

En segundo lugar, directa consecuencia de esas incursiones del lenguaje es la inclusión de una narración que se hace cargo de un prisma de violaciones mucho más amplio (fig. 2). Al igual que los detenidos varones, las mujeres fueron llevadas a los centros de exterminio por su militancia, pero ellas sufrieron una serie de torturas verbales y sexuales que ejercían su poder destructivo justo en virtud de la diferencia de género entre víctima y verdugo.

> Comprender el terrorismo sexual conlleva entender las vejaciones y violaciones a las mujeres como armas de guerra, empleadas por los represores, de diverso uso y alcance: el cuerpo femenino se convierte en la arena donde se dirime quién es el vencedor y quién el vencido, en un trofeo o botín de guerra que incluso puede ofrecerse a otro prisionero como premio a sus méritos en la colaboración (Basile 2021, 92).

Gracias a los muchos testimonios recopilados por el archivo oral *Memoria Abierta*, por Miriam Lewin y Olga Wornat (2014), Norma Victoria Berti (2009), Susana Jorgelina Ramus (2000) y gracias a las publicaciones colectivas *Ese infierno* (2001), *Grietas en el silencio* (2011), *Y nadie quería saber* (2012) — y tan solo se mencionan algunas de las tantas voces que durante los últimos años han venido rescatando la memoria hundida de las mujeres detenidas — ahora sabemos que ser mujeres en los campos de concentración argentinos podía significar sufrir repetidos abusos; quedar embarazada de los violadores; soportar abortos sin anestesia; llevar a término un embarazo sin atención médica; parir y no volver a ver nunca más a les bebés.

> B . . . me lleva a un cuartito y me hace desnudar. Me ata a una cama metálica y comienza a aplicarme la picana en los senos y los genitales. Gente entraba y salía permanentemente (Testimonio, causa ESMA, juicio oral. Fecha: 15 de abril de 2010. Balardini-Oberlin-Sobredo 2011, 191).

> A . . . había sido terriblemente torturada cuando estaba embarazada de dos meses, tenía agujeros en los pechos de la tortura. Cuando nació su bebé, me decía: 'Mirale si tiene todos los deditos, mirá si está malformado (Testimonio, causa ESMA, juicio oral. Fecha: 11 de junio de 2010. Balardini-Oberlin-Sobredo 2011, 194).

También significaba tener que salir con los violadores y los asesinos de maridos y compañeros.

> Nos sacaban a cenar. No salíamos por nuestros propios medios. No teníamos derecho a negarnos. Éramos prisioneras. Nos venían a buscar los guardias en plena noche y nos llevaban. A una compañera, Cristina Aldini, el Tigre Acosta la llevó a bailar a Mau Mau después del asesinato de su marido. Que a una mujer la lleven a bailar a un lugar de moda los asesinos de su compañero, me pregunto si no es una forma refinada de tortura (Lewin-Wornat 2014).

Los acosos sexuales, la maternidad negada, la desnudez forzada y las vejaciones verbales — prácticas que hubieran producido un efecto diferente si perpetradas contra presos de género masculino — solo representan algunas de las sistemáticas formas de humillación que conforman la experiencia de las mujeres detenidas.

> Solo mi mente, mis pensamientos permanecían al margen, eran míos, era lo único que no podían tocar. Podía, por ejemplo, desdoblarme. Yo no era esa que violaban, torturaban, cosificaban. Yo no era el 797, estaba en otra parte, esencialmente en mi mente, no era más que una actuación para esa obra macabra que habían montado para nosotros (Ramus 2000, 37).

A partir de un guion museográfico en donde la perspectiva de género hasta ahora no había encontrado cabida, la memoria de las mujeres sale de la negación de la narración oficial para interpelar el pasado a partir de "un espacio discursivo femenino dentro de una trama dominada por hombres" (Daona 2013, 56). Dando espacio a los testimonios escritos y orales de las sobrevivientes y a los alegatos de las abogadas querellantes, de las fiscalas y las juezas comprometidas con el juzgamiento de las violaciones cometidas durante la dictadura, *Ser mujeres en la ESMA* participa en el largo proceso de desinvisibilización de los abusos que, tanto en el Juicio a las Juntas de 1985 como en los juicios de lesa humanidad reiniciados a partir de 2004, "ese yo de género, es ese yo mujer" (Tornay-Álvarez 2012) viene llevando adelante para el reconocimiento de los delitos sexuales como crímenes específicos[1].

> La servidumbre sexual que padecí de parte de A . . . me humilló y desintegró moralmente, perdiendo mi dignidad y mi integridad como persona, y viviendo en un estado de

---

1   Las denuncias a las violaciones sexuales en Argentina empiezan en los ochenta, sin embargo, solo en 2010 se reconoce la violación sexual en los centros clandestinos de tortura y exterminio como una violación a los derechos humanos. Recién en agosto de 2021 el Tribunal Oral Federal número 5 condenó a los ex miembros de la Armada Jorge El Tigre Acosta y Alberto Eduardo González (alias Gato) por violencia sexual.

alienación, del que fui emergiendo recién cuando recuperé la libertad, y a través de la terapia y el tiempo (Testimonio 10, causa ESMA, instrucción. Fecha: 6 de julio de 2007. Balardini-Oberlin-Sobredo 2011, 190-191).

La reescritura de la memoria de la dictadura, que a través de la nueva mirada feminista del edificio-testigo se proyecta sobre toda la historia nacional, incluso ha convertido *Ser mujeres en la ESMA* en una herramienta de educación escolar que hoy en día las docentes usan con sus alumnes para problematizar temáticas de nuestro presente.

Restauradoras con glitter

A dos semanas del cierre de *Ser mujeres en la ESMA* en la capital argentina, otro fenómeno vuelve a sacudir la conciencia pública sobre la aniquilación de las corporalidades femeninas. El 16 de agosto de 2019 en la Ciudad de México estalla una marcha que bajo la consigna *#NoMeCuidanMeViolan* denuncia la responsabilidad de las instituciones en las continuas violaciones y desapariciones de mujeres. Las manifestantes piden justicia para las víctimas de feminicidios y acosos sexuales y la actuación de políticas de educación que extirpen "actos y prácticas que enseñan, habitúan y programan a los sujetos a transmutar lo vivo y su vitalidad en cosas" (Segato 2018, 13).

La manifestación del 16 de agosto no representa un evento aislado en el panorama de las protestas contra el gobierno mexicano sino una de las tantas asambleas de mujeres que cíclicamente vuelven a ocupar las calles para denunciar la impunidad de ese "México feminicida" donde "la patria mata" y "la policía nos viola". La "brillanteada" del 16A — como quedó denominada la marcha por la diamantina rosa aventada por una chica a la cara del jefe de la policía en la primera marcha del 12 de agosto, convocada para denunciar la violación de una joven por parte de cuatro agentes — se ha convertido en un día histórico en la lucha feminista en México e incluso ha dado origen a un duro debate nacional.

fig. 3 *Cortesía de Brian Nolasco para Restauradoras con Glitter*

Tras el estallido de las participantes, algunos símbolos del patrimonio urbano quedan dañados con pintas y grafitis, resultado de una rabia social que explota frente al silencio y a la complicidad de las instituciones.

> Pedir la palabra no siempre es pedir la paz; hay palabra de confrontación, violencia y guerra. ¿Es el testimonio necesariamente una palabra de paz? Creo que, en todo caso, es una palabra que demanda justicia, no tanto en el sentido del derecho como en el sentido ético de la palabra. Y esta justicia, que repara en el Otro excluido o masacrado, sin ser necesariamente guerrera, puede recurrir ella misma a la violencia. El testimonio denuncia una violencia y, al hacerlo, desafía y violenta el orden existente de distintas maneras (Calveiro 2017, 23).

Los daños mayores se registran en el Monumento a la Independencia, erigido en 1910 en ocasión del primer centenario de la Independencia mexicana y más comúnmente conocido como El Ángel, aunque la que se eleva sobre Paseo de la Reforma sea una Victoria Alada (fig. 3). El monumento queda cubierto con frases que dejan pública constancia del levantamiento de las mujeres contra un estado que coopera en la brutalidad feminicida y cuyo mecanismo mortífero alcanza, según datos del Secretariado Ejecutivo del Sistema Nacional de Seguridad Pública y de la Red por los Derechos de la Infancia

México, un promedio de 10 feminicidios diarios, donde 1 de cada 10 feminicidios se comete contra menores de 17 años. Frente a estas espantosas cifras de muerte, que todos los días acompañan noticias de desaparición de mujeres y no siempre de recuperación de sus cuerpos, la rabia de las manifestantes se arroja contra las efigies de un país responsable de la desesperación de las familias que reclaman justicia por sus muertas. Sin embargo, a pesar de la gravedad de los argumentos que mueven la protesta, la opinión pública queda profundamente indignada por la transgresión del patrimonio monumental. Indiferentes a la dramaticidad de la violencia feminicida, amplios sectores de la sociedad mexicana insisten en reafirmar su desaprobación, excluyendo desde su horizonte de desdén el asesinato de más de tres mil mujeres al año.

> ¿De veras van a perseguir a las compañeras que rompieron unos vidrios?
> En este país de mujeres rotas. Cuerpos rotos. Corazones rotos.
> ¿De veras?
> [. . .]
> Los feminicidas vandalizan los cuerpos femeninos.
> Los destruyen. Los escrituran.
> Un pezón arrancado a dentelladas.
> La escritura de la más feroz de las violencias.
> Y caminan las calles de las ciudades ensangrentadas.
> Los feminicidas. Los violadores.
> Como si nada.
> "Objeto punzo-cortante. Treinta y cinco puñaladas. Introducción objetos.
> Cortes transversales. Irreconocible por quemaduras".
> "Están rompiendo los vidrios con un extinguidor", nos informa el reportero esta noche.
> Nota roja pan nuestro de cada día: "Violación tumultuaria".
> "Vandalizan los muros", nos informa el reportero esta noche.
> Nota roja pan nuestro de cada día: "Cuerpo femenino. 20 años.
> Fragmentado" (María Teresa Priego en Lamas 2021, snp.).

En la sobreposición de los daños a los edificios frente a las demandas
políticas de la marcha, se consuma el gran engaño mediático del
predominio del significante. Un predominio que vacía el signo
y empequeñece su contenido, no solo lingüístico, cuya lectura
si realizada exclusivamente en una perspectiva de deturpación del
acervo artístico se concretiza en el verdadero escándalo, esto es,
la escandalosa ceguera de quien no ve que entre las letras de los
grafitis yacen los cuerpos sí deturpados de tantas mujeres. Coincido
totalmente con Marta Lamas cuando, a propósito de la violencia
urbana, escribe:

> [s]i bien me emociona la politización de miles de
> jóvenes que han desplegado, como nunca antes, sus
> anhelos y denuncias con dolor y rabia, me inquieta que
> sus expresiones sean criminalizadas sin ningún intento
> de comprenderlas y me preocupa que estas protestas
> legítimas y dolidas pierdan eficacia política, que puedan
> resultar contraproducentes o que no logren articularse ni
> generar alianzas que las fortalezcan (Lamas 2021, snp).

A partir de los interrogantes surgidos sobre el destino de las pintas,
en los días que siguieron la protesta nace *Restauradoras con glitter*, un
grupo de profesionales independientes integrado por mujeres que se
dedican a las herencias culturales desde distintas disciplinas. A raíz de
los actos de mal llamado "vandalismo", puesto que las intervenciones
fueron una acción política en respuesta a un vacío gubernamental,
la colectiva de restauradoras, historiadoras, historiadoras del arte,
arqueólogas, antropólogas y arquitectas sigue documentando, desde
el día de la marcha, el estado del monumento para reflexionar sobre
la eficacia simbólica de las intervenciones en un más amplio marco
de rescritura del espacio urbano. En su pronunciamiento del 21 de
agosto dirigido al presidente López Obrador, *Restauradoras con glitter*
deciden tomar una posición crítica frente a los acontecimientos y
proponen, antes de la restauración, la creación de un archivo que
oriente la mirada pública hacia el problema de fondo: el asesinato de
más de 10 mujeres al día y su normalización social.

Aunque de ninguna forma promovemos que se realicen pintas en los bienes culturales, entendemos la importancia social y transgresora de éstas, como parte de los procesos que acontecen en torno a ellos en contextos específicos. [. . .] Las pintas son un mero síntoma de la violencia desorbitada en que vivimos, y como tal deberían socializarse por los medios para promover la atención del problema de fondo. Sostenemos que su permanencia debe ser un recordatorio palpable de la condenable situación de violencia en nuestro país, y que por ende ninguna deberá ser removida hasta que no se atienda y se dé solución al problema de la violencia de género en nuestro país.

Consideramos que, por su alta relevancia social, histórica y simbólica, las pintas deben ser documentadas minuciosamente por profesionales, con el objetivo de enfatizar y mantener viva la memoria colectiva sobre este acontecimiento y sus causas [. . .] Las vidas perdidas no pueden restaurarse, el tejido social sí[2].

No debe asombrarnos que el pedido a dejar las pinturas llegue desde un grupo de conservadoras ya que, en la perspectiva de un patrimonio artístico que vive en relación con las evoluciones culturales de su entorno, exigir el estudio y la permanencia del cambio estético del monumento (síntoma de los conflictos de la contemporaneidad) significa luchar contra las circunstancias políticas que lo han causado. Si según Pierre Nora (2008) los lugares de memoria tienen que entregar el testimonio de un hecho histórico, la preservación de los grafitis, pese a toda su indiscutible problematicidad, visibilizaría la reificación y la eliminación de todas las corporalidades en peligro. Por lo tanto, pedir que las pintas permanezcan implica reconocer la necesidad de su sentido político y dejar bajo la mirada pública el recordatorio de una deuda pendiente.

A pesar de no haber podido realizar una documentación detallada del monumento antes de la eliminación de las pintas, debido a la urgencia del gobierno por borrar las huellas de todo tipo

---

2   Para el texto completo, véase: https://restauradorasconglitter.com/

de acción urbana, *Restauradoras con glitter* ha creado un registro de las intervenciones en los espacios urbanos e impulsado la creación de una red entre diversos grupos de profesionales feministas, incorporándose también a los demás colectivos comprometidos en la visibilización de las desapariciones de niñas y mujeres. Cabe señalar, en este contexto, la Antimonumenta "Vivas nos queremos"[3] instalada el 8 de marzo de 2019 en la glorieta frente al Palacio de Bellas Artes, donde antes estaba la estatua de Cristóbal Colón. En la valla que ahora rodea la glorieta, renombrada "la Glorieta de las Mujeres que Luchan", el colectivo de mujeres rastreadoras, que buscan los cuerpos de sus hijas asesinadas, se junta para re-escribir los nombres de las mujeres desaparecidas siempre que el gobierno de la ciudad vuelve a borrarlos. Lo mismo ha ocurrido con la valla que el gobierno puso alrededor de la Victoria Alada para esconder los grafitis y las denuncias (fig. 4).

fig. 4 *Cortesía de Brian Nolasco para Restauradoras con Glitter*

La remoción de dibujos y nombres — que coincide con la remoción de la resignificación del monumento — despoja el espacio urbano de un lugar en donde poder ir interrogando una nueva memoria colectiva que ya en ámbito periodístico como en el literario

---

3 La Antimonumenta "Vivas nos queremos" no es la única de esta tipología de memoriales alternativos. En la Ciudad de México véase, por ejemplo, el antimonumento dedicado a los 43 estudiantes desaparecidos de Ayotzinapa y el en memoria de la masacre de Tlatelolco de 1968.

ha encontrado su voz en los testimonios de Sergio González Rodríguez (2002), Diana Washington (2005), Enrique Mijares (2008), Ester Palacios (2010), Sara Uribe (2012), Daniela Rea (2015; 2020) y, en tiempos más recientes, de Cristina Rivera Garza que abre el relato sobre el feminicidio de su hermana Liliana hablando justamente de la marcha del 16 de agosto:

> Mujeres siempre a punto de morir. Mujeres muriendo y, sin embargo, vivas. Con pañuelos atados a la cara y tatuajes sobre antebrazos y hombros, las mujeres reclamaron el derecho a seguir vivas sobre este suelo tan manchado de sangre, tan desgajado por el espasmo de los terremotos y la violencia. Aquí mismo, por donde pasamos hoy. Un pie sobre una huella. Muchas huellas. [. . .] Somos ellas en el pasado, y somos ellas en el futuro, y somos otras a la vez. Somos otras y somos las mismas de siempre. Mujeres en busca de justicia. Mujeres exhaustas y juntas. Hartas ya, pero con la paciencia que sólo marcan los siglos. Ya para siempre enrabiadas (Rivera Garza 2021, 17).

Reconstruir (desde) el cuerpo

Tanto en *Ser mujeres en la ESMA* como en el monumento a la Independencia, la acción performativa del lenguaje se apodera del espacio para que este — ya depositario de una memoria propia — pueda unir los contenidos históricos del pasado con las nuevas implicaciones de un presente en transformación. Como advierte el urbanista Giancarlo Paba, la ciudad es un taller de proyectos colectivos ya que "recorrer un espacio no solo es pisar el suelo sino actuar sobre una estructura de comunicaciones, cruzarse con un palimpsesto de culturas, de códigos territoriales, de gramáticas urbanas, de patrones de antropización comprimidos los unos sobre los otros" (Paba 2014, 52)[4]. Los dos monumentos, que no son edificios neutros en el horizonte cultural de la nación, se vuelven lugares de memorias en disputa, campos de batallas para establecer nuevas simbologías y nuevos significados compartidos.

---

4   La traducción es mía.

Bajo esta perspectiva, la ESMA y la Victoria Alada se transmutan en hipotextos que van incorporando una nueva narración a la luz de las exigencias de la actualidad. En el caso argentino el signo gráfico se introduce en la historia pasada para rescatar del olvido la memoria hundida de las detenidas, mientras que en el caso mexicano las denuncias contra el estado entran en el conflicto contemporáneo a través del simulacro de una grandeza ajena a las demandas de justicia del presente. En ambos casos, las diferentes formas del lenguaje actúan políticamente en el contexto material y simbólico originando una sobreescritura intertextual que deja entrever las escrituras anteriores para poner en marcha un proceso de resemantización. Si, según escribe Nora, "los lugares de memoria no viven sino por su aptitud para la metamorfosis, en el incesante resurgimiento de sus significaciones y la arborescencia imprevisible de sus ramificaciones" (Nora 2008, 34), entonces los paneles de la ESMA y las paredes de la Ciudad de México se convierten en telas en donde coser una nueva perspectiva lingüística que no solo nos permite cuestionar los antiguos vacíos sino, sobre todo, re-escribir una nueva realidad social.

Así como la experiencia de las mujeres ha sido excluida de la que durante años ha constituido la narración oficial de la detención en la Argentina, del mismo modo la supresión de las denuncias en las paredes del Ángel de la Independencia anula de la mirada pública la existencia de todas las desaparecidas, cuyos cuerpos no tienen incidencia histórica en el sistema mnésico colectivo. En el momento en que se activan dispositivos públicos que transmiten la memoria de unos pero que anulan la memoria de otros, una nación suprime la existencia y el legado de esos cuerpos borrados. El cuerpo femenino, constantemente sometido a una medialidad esquizofrénica, por un lado se sobreexpone para estimular la consumición virtual de su anatomía, y por el otro, cuando ese mismo cuerpo se encuentra secuestrado, torturado y asesinado, es decir, ya no virtual sino materialmente consumido, desaparece.

Por medio de mecanismos complementarios, puesto que en el espacio museal porteño se reconstruye desde un pasado de destrucción y en las calles mexicanas se destruye el orden constituido, las mujeres intervienen en la memoria pública a partir de sus propios cuerpos. A través de las intervenciones artísticas y de las protestas, los movimientos feministas argentinos y mexicanos buscan reaparecer esos cuerpos consumidos, sacarlos del anonimato y reinsertarlos en la trama de la historia nacional. Por lo tanto, el espacio museal de la ESMA y el espacio urbano de Paseo de la Reforma se constituyen como lugares que buscan reconstruir una memoria *con, desde* y *del* cuerpo, donde las historias de desaparición de todas las mujeres pueden visibilizarse gracias a la acción de un grande cuerpo colectivo.

> Nunca antes - anota Sara Uribe - me percaté de que en la conjugación yo acuerpo, tú acuerpas, él acuerpa, el cuerpo se vuelve cuerpa. Cuando sale del yo, el cuerpo se vuelve cuerpa. El acuerpamiento siempre es femenino, no sólo semánticamente. Acuerpar es hacer comunidad con otras, es hacer palabra que abraza, es abrazar acuerpando todos los cuerpos que no están y los que están buscando a los que no están y los que están porque siguen acuerpando a sus más querides. Acuerpar es hacer del cuerpo, cuerpa, es juntas, poner el cuerpo-cuerpa para todas las demás (Uribe en Rea 2020, 125).

El cuerpo es de hecho el primer lugar desde el que empezar a recoser las ausencias de la memoria pública: gracias a las voces de las mujeres sobrevivientes y de las manifestantes, que han transformado su cuerpo-palabra en cuerpo-territorio, el cuerpo-ruina de las que sufrieron la violencia de estado será la semilla para edificar nuevos lugares para habitar. "Nosotras aprendimos — escribe Erika Lozano — que habitar es reconstruir y resignificar los espacios con un sentido de vida. Guardarle su lugar a quienes ya no están. Habitar y que nos habiten. Dejarnos abrazar por su memoria" (Rea 2020, 217).

Bibliografía

Actis, Munú – Aldini, Cristina – Gardella, Liliana – Lewin Miriam – Tokar, Elisa. *Ese infierno: conversaciones de cinco mujeres sobrevivientes de la Esma*. Buenos Aires: Sudamericana, 2001.

Aucía, Analía – Barrera, Florencia – Berterame, Celina – Chiarotti, Susana – Paolini, Alejandra – Zurutuza, Cristina – Vasallo, Marta (ed.). *Grietas en el silencio. Una investigación sobre la violencia sexual en el marco del terrorismo de Estado*. Rosario: Cladem, 2011.

Bacci, Claudia – Capurro Robles, María – Oberti, Alejandra – Skura, Susana. *Y nadie quería saber. Relatos sobre violencia contra las mujeres en el terrorismo de Estado en Argentina*. Buenos Aires: Memoria Abierta, 2012.

Balardini, Lorena – Oberlin, Ana– Sobredo, Laura. "Violencia de género y abusos sexuales en los centros clandestinos de detención. Un aporte a la comprensión de la experiencia argentina", en Centro de Estudios Legales y Sociales (CELS), *Hacer justicia: nuevos debates sobre el juzgamiento de crímenes de lesa humanidad en la Argentina*. Buenos Aires: Siglo XXI, 2011.

Basile, Teresa. "Testimonios y militancias de mujeres en Argentina: Revolución, Derechos Humanos y Feminismo". *Catedral Tomada*, 9.16 (2021): 62-103.

Berti, Norma Victoria. *Donne ai tempi dell'oscurità. Voci di detenute politiche nell'Argentina della dittatura militare*. Torino: Edizioni SEB 27, 2009.

Calveiro, Pilar. "Sentidos políticos del testimonio en tiempos de miedo", en González Luna, A. M. – Sagi-Vela González, A. (eds.), *Donde no habite el olvido. Herencia y transmisión del testimonio en México y Centroamérica*. Dipartimento di Lingue e Letterature Straniere, Università degli Studi di Milano: Di/segni, 2017.

Daona, Victoria. "Mujeres, escritura y terrorismo de Estado en Argentina: una serie de relatos testimoniales". *Moderna språk* 107.2 (2013): 56-73.

González Rodríguez, Sergio. *Huesos en el desierto*. Barcelona: Anagrama, 2002.

Hernández Palacios, Ester. *Diario de una madre mutilada*. México: Ficticia, 2010.

Jelin, Elizabeth – Langland, Victoria. "Las marcas territoriales como nexo entre pasado y presente", en Jelin E. – Langland V. (comps.), *Monumentos, memoriales y marcas territoriales*. Madrid: Siglo XXI, 2003.

Lamas, Marta. *Dolor y política. Sentir, pensar y hablar desde el feminismo*. México: Océano, 2021 (edición kindle).

Lefebvre, Henri. *Espacio y política. El derecho a la ciudad, II*. Barcelona: Península, 1976.

Lewin, Miriam – Wornat, Olga. *Putas y guerrilleras*. Buenos Aires: Planeta, 2014. [edición e-book].

Mijares, Enrique. *Hotel Juárez. Dramaturgia de feminicidios*. Durango: Union College, 2008.

Nora, Pierre. *Pierre Nora en Les lieux de mémoire*. Montevideo: Trilce, 2008.

Paba, Giancarlo. *Luoghi comuni. La città come laboratorio di progetti collettivi*. Milano: Franco Angeli. 2014.

Ramus, Susana Jorgelina. *Sueños sobrevivientes de una montonera a pesar de la ESMA*. Buenos Aires: Colihue, 2000.

Rea, Daniela. *Nadie les pidió perdón. Historia de impunidad y resistencia*. México: Urano, 2015.

Rea, Daniela (ed.). *Ya no somos las mismas. Y aquí sigue la guerra*. México: Grijalbo, 2020.

Rivera Garza, Cristina. *El invencible verano de Liliana*. Barcelona: Penguin Random House, 2021.

Segato, Rita. *Contra-pedagogías de la crueldad*. Buenos Aires: Prometeo Libros, 2018.

Tornay, Liza – Álvarez, Victoria. "Tomar la palabra. Memoria y violencia de género durante el terrorismo de Estado". *Aletheia* 2.4 (2012).

Washington, Diana. *Cosecha de mujeres. Safari en el Desierto Mexicano*. México: Océano, 2005.

Re-immaginare la città come poesia

PATERSON DI JIM JARMUSCH

Sabrina Vellucci
Università degli Studi Roma Tre

Abstract: Nel film *Paterson: Where the Poet Becomes a City* (2016), Jim Jarmusch si ispira all'eponimo poema epico di William Carlos Williams, del quale riproduce la capacità di osservazione del quotidiano con uno sguardo che dilata i particolari sino a farne momenti di illuminazione. Il contributo si propone di indagare l'operazione di adattamento della poesia in narrazione cinematografica e di illustrare come il film si ponga in continuità dialettica con l'opera di Williams, che viene riscritta riflettendo sul continuo processo di costruzione della memoria di una città.

Paterson: Where the Poet Becomes a City (2016) di Jim Jarmusch è liberamente ispirato all'eponimo poema epico in cinque libri (pubblicati tra il 1946 e il 1958) che William Carlos Williams dedica alla città del New Jersey nei pressi della quale trascorre gran parte della sua vita, mentre lavora come pediatra nella nativa Rutherford[1]. Nella composizione di questa che fu la sua opera più ambiziosa, Williams è animato dall'intenzione di scrivere un poema "sulla somiglianza tra la mente dell'uomo moderno e una città." Sceglie Paterson come soggetto del componimento perché è la città che conosce meglio, fin "nei suoi più intimi dettagli" (Williams 1995c, xiii). Ma la scelta è soprattutto guidata dalla storia di Paterson, che risale alle origini della Repubblica, quando divenne culla della rivoluzione industriale

---

1 La cittadina di Rutherford dista circa dieci miglia da Paterson. Nella prefazione alla sua autobiografia, Williams scrive: "As a writer, I have been a physician, and as a physician a writer; and as both writer and physician I have served sixty-eight years of a more or less uneventful existence, not more than half a mile from where I happen to have been born." (Williams 1967).

(la città prese il nome da William Paterson, statista di origini irlandesi che fu tra i firmatari della Costituzione degli Stati Uniti e secondo governatore del New Jersey, negli anni 1790-1793). Sorta in prossimità delle Great Falls, le grandi cascate del fiume Passaic, Paterson fu il prototipo della comunità industriale e, nel corso del diciannovesimo secolo, divenne meta di imponenti flussi migratori. Il ruolo strategico delle cascate era stato altresì intuito da Alexander Hamilton, primo segretario del Tesoro degli Stati Uniti (anch'egli tra i firmatari della Costituzione), il quale concepì Paterson come un'utopia e, nel 1791, contribuì a fondare in quel luogo la Society for Establishing Useful Manufactures, che favorì lo sfruttamento dell'energia idraulica delle Great Falls per garantire l'indipendenza economica della regione dalle industrie manifatturiere britanniche.

Al pari della città, l'immaginazione del poeta si catalizza progressivamente intorno alle cascate, mentre ai suoi occhi la vita del fiume sembra assomigliare sempre più alla propria. Come scrive l'autore nella nota prefatoria, attraverso i suoi cinque libri, il poema *Paterson* "segue il corso del fiume Passaic" e, nel suo corso, la città di Paterson diventa sia un luogo sia un uomo, una figura simbolica in cui il personale e il collettivo si fondono. "[A] man in himself is a city, beginning, seeking, achieving and concluding his life in ways which the various aspects of a city may embody—if imaginatively conceived—any city, all the details of which may be made to voice his most intimate convictions" (Williams 1995c, xiv). Protagonista dell'opera di Williams è perciò un medico-poeta, alter ego dell'autore, che ha lo stesso nome della città.

A Paterson è analogamente ambientato il film di Jarmusch, che narra il percorso quotidiano di un conducente d'autobus di nome Paterson, il quale è anche un anonimo autore di poesie. Con uno straniante effetto di rispecchiamento e di condensazione lirica, perciò, il titolo del film si riferisce al nome dell'autista, all'omonima città del New Jersey in cui egli vive e lavora, e al poema epico di Williams. L'affermazione programmatica del Paterson di Williams, "No ideas but in things" (Williams 1995b, 9), potrebbe essere altresì posta a epigrafe del film di Jarmusch, nel quale il protagonista, al pari del suo illustre predecessore, incentra i suoi componimenti su oggetti che ad altri parrebbero banali e insignificanti.

Il nesso tra città e poesia è d'altra parte un motivo ricorrente nei film di Jarmusch, il quale — laureatosi in Letteratura inglese e americana alla Columbia University, dove ha studiato con esponenti della New York School of Poetry come Kenneth Koch e David Shapiro — ha dichiarato che il suo lavoro è "più legato alla poesia come forma che alla narrativa"[2]. Allusioni a poeti, opere e personaggi si rintracciano in diversi suoi film — basti pensare al William Blake di *Dead Man* (1985) o al Christopher Marlowe di *Only Lovers Left Alive* (2013). Tuttavia, in *Paterson*, oltre alle numerose allusioni e citazioni di poeti, in questo caso statunitensi[3], la poesia si configura come elemento strutturale e generativo delle stesse sequenze del film[4].

Sono naturalmente numerosi i richiami a Williams e alla sua opera: nel film compare un'edizione di *Paterson* e una copia della raccolta delle prime poesie dell'autore, e si ascoltano citazioni da entrambi i volumi: "[t]o make a start, / out of particulars/ and make them general [. . .]" (i versi di apertura di *Paterson*); "no ideas but in things" (da *A Sort of A Song* [1944]; ma il verso è ripetuto più volte in *Paterson*); e la nota poesia imagista *This is Just to Say* (1934). La telecamera inquadra ritratti fotografici dell'autore sia sulla scrivania del protagonista sia sulla parete alle spalle del bancone del bar dove egli si reca ogni sera, oltre al biglietto da visita che riporta la scritta "William Carlos Williams, M.D.," anch'esso tra i memorabilia esposti nel locale. Al pari della professione di medico per Williams, quella di conducente d'autobus è particolarmente adatta a portare il personaggio poeta del film a contatto con lo spirito del luogo, con le persone e con la topografia della città, ciò che per lui costituisce la

---

2   Da un'intervista a Stephen Rea per *The Philadelphia Inquirer* (24 Dec. 1989), cit. in Jarvis 2020, 388.

3   Oltre a Williams, sono citati Emily Dickinson, Paul Laurence Dunbar, Wallace Stevens, Allen Ginsberg e Frank O'Hara. Ma c'è anche un riferimento a Francesco Petrarca, che, come il protagonista del film, scriveva sonetti per una donna di nome Laura.

4   Pomilio scrive a questo proposito di "uno strappo intermediale che postula la reversibilità della pagina poetica e il suo imprevisto sviluppo in produzione cinematografica. [. . .] [L]a sfida di Jarmusch è quella di trovare un intreccio verbo-visivo in grado di esprimere ritmo e sintassi della poesia moderna nella forma cinematica del film" (2020, 83).

materia vivente della poesia. Nella scelta di questa occupazione per il suo protagonista, Jarmusch ha verosimilmente tratto ispirazione dai versi contenuti nel primo libro di *Paterson*:

> Say it! No ideas but in things. Mr.
> Paterson has gone away
> to rest and write. Inside the bus one sees
> his thoughts sitting and standing. His
> thoughts alight and scatter— (Williams 1995b, 9)

A tale oggettivazione, quasi una personificazione, dei pensieri di Paterson — che "si siedono, stanno in piedi," "scendono e si disperdono" — Jarmusch dà corpo mettendo in immagini il processo di creazione della poesia. I versi che vediamo sovraimpressi nelle sequenze del film — e che ne costituiscono il vero tessuto verbale, a fronte di dialoghi episodici e spesso inconsistenti — non sono peraltro di Williams ma di Ron Padgett, esponente della seconda generazione della New York School of Poetry (quattro delle poesie che appaiono nel lungometraggio sono state scritte da Padgett per l'occasione)[5]. L'influsso della New York School e di Frank O'Hara, in particolare, è inoltre riconoscibile nella capacità di osservazione dei dettagli più ordinari del quotidiano da parte del personaggio, il suo saper attraversare la città come un moderno *flâneur*, dilatandone con lo sguardo i particolari sino a farne poesia[6]. Così come la poesia di O'Hara si caratterizza per la capacità di definire l'attimo della creazione poetica, delineando il componimento nel suo farsi, la poesia di Padgett è colta nel momento della gestazione, nel suo nascere e crescere nella mente dell'autore-personaggio Paterson, mentre questi s'incammina verso il lavoro o guida l'autobus per le

---

5 "Love Poem," "Another One," "Poem," "The Line." Come Padgett, Jarmusch ha studiato poesia sotto la guida di Kenneth Koch alla Columbia University.

6 Si veda lo studio di Zhou, che tratta il personaggio di Jarmusch come *flâneur* americano contemporaneo, il quale riassume in sé le prerogative attribuite da Baudleaire e Benjamin a questa figura caratteristica dell'Ottocento europeo: "As a contemporary American *flâneur*, Paterson strives both to discern everything taking place in his vicinity at the present moment, as the Baudelairean *flâneur* does, and to explore the city's past as suggested by Benjamin" (Zhou 2020, 62).

strade cittadine, ascolta i discorsi dei passeggeri, guarda la gente al semaforo, ne riconosce le caratteristiche universali (fig. 1).

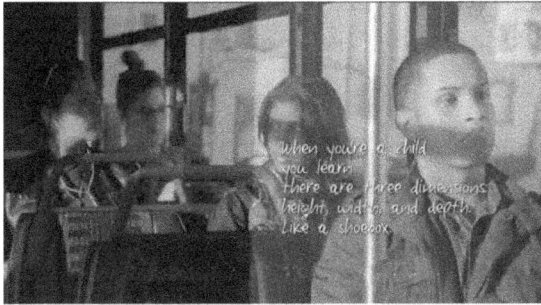

fig. 1 Versi dalla poesia "Another One" di Ron Padgett. *Paterson*, Amazon Studios and K5 International, 2016

Andando perciò controcorrente rispetto al successo di generi come il fantasy o il biopic, Jarmusch racconta la vita di persone comuni adattando allo schermo una forma, la poesia, i cui elementi costitutivi sembrerebbero intraducibili nella fattualità della narrazione cinematografica. Alla storia documentabile raccontata dal cinema biografico, scrive Silvia Albertazzi (2017), "Jarmusch oppone una microstoria poetica, fondata sulle 'eccezioni normali' del quotidiano: gli incontri inattesi, le coincidenze fortuite, i movimenti di luce e i cambi di prospettiva che non solo rompono la monotonia [. . .], ma sono anche elementi costitutivi di una poesia il cui oggetto è, come scrisse William Carlos Williams, proprio l'"impalpabile rivoluzione' del quotidiano."

In quest'ottica, *Paterson* interpreta una concezione del cinema in cui prevale la lentezza, la cui estetica appare votata a rappresentare un'implicita opposizione all'egemonia globale della velocità e della spettacolarizzazione. Lo stile delle immagini si avvicina alla fotografia, persino alla pittura, producendo talora un effetto di "defamiliarizzazione evocativa del quotidiano attraverso una rappresentazione studiatamente spontanea" (Jarvis 2020, 386). La macchina da presa registra i dettagli ordinari degli interni oppure il paesaggio vernacolare, in scene che sono spesso così immobili da assomigliare a nature morte. L'immobilità è spesso unita al silenzio[7], come se questo cinema, apparentemente privo di uno sviluppo diegetico, aspirasse precisamente alla condizione della fotografia o della pittura — si veda, ad esempio, la scena in cui Laura, la moglie di Paterson che sogna di diventare una musicista country, suona la sua nuova chitarra, nella quale è evidente il richiamo al quadro *Harlequin with Guitar* (1917) di Juan Gris[8] (figg. 2 e 3). Persino in questa tensione pittorica Jarmusch si inserisce nel solco di Williams, il quale fu tra i fautori dell'Imagismo e maestro del genere ecfrastico (basti pensare all'ultimo volume, *Pictures from Brueghel,* che gli valse il premio Pulitzer postumo nel 1963). D'altra parte, Williams stesso sosteneva che *Paterson* fosse un'opera che non poteva essere conclusa ("there can be no end to such a story I have envisioned with the terms which I have laid down for myself" [Williams 1995c, xv]). E infatti, prima di morire, aveva iniziato a lavorare al VI libro del suo poema epico urbano.

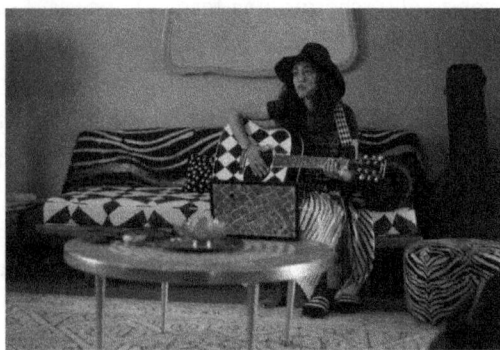

fig. 2 Golshifteh Farahani nei panni di Laura. *Paterson,* Amazon Studios and K5 International, 2016

---

7   Pomilio scrive a questo proposito di "un cinema laconico, fatto di silenzi e versi [. . .] i dialoghi di Jarmusch vengono come scolpiti in versi enigmatici, restando sospesi, quasi in una reiterata interrogazione volta a liricizzare la casualità degli incontri urbani" (Pomilio 2020, 79).

8   Juan Gris era il pittore cubista preferito di Williams, che a lui si ispirò per la poesia "The Rose" (1923).

fig. 3 Juan Gris, *Harlequin with a Guitar* (1917).
Metropolitan Museum of Art

Il *Paterson* di Williams è un ritratto della città operaia, ne ricompone il paesaggio immediato, le scene ordinarie, ma anche i molti strati dell'intensa storia culturale, coloniale e industriale. Nel collage di brani in prosa riferiti alla realtà quotidiana, che punteggiano i cinque libri, sono riprodotti archivi locali, ritagli di giornale, corrispondenza privata e documenti di vario genere. Tutto questo trova un equivalente, nel film, attraverso il personaggio del poeta/ autista che passa il suo tempo a osservare o ad ascoltare il rumore di una città nella quale si moltiplicano i riferimenti poetici, artistici e storici al denso passato locale. La memoria della città è ricostruita attraverso le conversazioni che il personaggio ascolta per caso durante le corse dell'autobus. Come quella tra due giovani che discutono il famoso caso del pugile Rubin 'Hurricane' Carter, che, nel 1966, fu ingiustamente arrestato con l'accusa di triplice omicidio in un bar di Paterson. Oppure la conversazione tra due studenti sull'anarchico italiano Gaetano Bresci, che, alla fine del diciannovesimo secolo, oltre a lavorare come tessitore, a Paterson fondò e diresse il giornale *La questione sociale*, prima di tornare in Italia e uccidere il re Umberto I, il 29 luglio del 1900[9].

---

9   Bresci lascia Paterson dopo aver appreso che il re d'Italia aveva decorato un generale per aver represso a Milano, nel 1898, una manifestazione contro la fame nella quale erano morti un centinaio di operai.

Il denso passato della città riaffiora nel bar di quartiere, dove Doc, il proprietario (che ha lo stesso soprannome con cui i pazienti si rivolgevano a Williams), ha creato un "Paterson Wall of Fame," un pantheon dedicato a glorie locali quali il già citato Alexander Hamilton; il medico Albert Sabin, inventore del vaccino contro la poliomielite, che a Paterson giunse dalla Polonia quando aveva 15 anni; gli attori Lou Costello e Uncle Floyd; il poeta Allen Ginsberg e il musicista Iggy Pop[10]. Il film mostra come questo passato illustre resti vivo nella memoria e nell'immaginario degli abitanti della città, che vivono un presente assai meno glorioso e, tuttavia, anche attraverso queste testimonianze, coltivano la speranza di un riscatto collettivo.

Così, il processo creativo del poeta anonimo Paterson — che, come Emily Dickinson, non aspira a pubblicare i suoi componimenti —, è legato a una città americana in cerca di rinnovamento e di rinascita. Il *flâneur* di Jarmusch, che resiste agli effetti pervasivi del capitalismo attraverso il suo rifiuto della tecnologia (non solo egli si sottrae alla pubblicazione, ma non copia nemmeno le sue poesie su un computer e non usa il cellulare), non è per questo messo ai margini della vita moderna. Al contrario, l'evasione dagli aspetti che definiscono la contemporaneità gli conferisce la capacità di scoprire la bellezza celata nei dettagli che sfuggono ai più (Zhou 2020, 61). In tal senso, nel personaggio è dato scorgere un riflesso del regista Jarmusch, che ha sempre rifiutato di aderire ai dettami del cinema mainstream. Nelle sequenze girate in esterni, i mattoni rossi sbiaditi, le gru ferme, le rotaie ormai in disuso e le ciminiere delle fabbriche chiuse segnalano la fine di un mondo che il poeta attraversa quotidianamente per recarsi al lavoro. Egli stesso, con il suo cestino di metallo, si rifugia su una panchina davanti alle cascate per scrivere durante la pausa pranzo (come Frank O'Hara, del quale vediamo il volume dei *Lunch Poems*, che Paterson porta con sé quando esce di casa). Questi indizi di ciò che Wesley definisce "una socialità operaia perduta" segnalano un universo industriale svuotato (come già quello della Detroit spettrale di *Only Lovers Left Alive*) (Wesley 15). Nel film, perciò, prende corpo

---

10 A quest'ultimo Jarmusch dedica il documentario, *Gimme Danger*, uscito nello stesso anno.

un paesaggio in cui prevale l'idea di precarietà — una precarietà esacerbata dalla crisi economica del 2008. Persino la disavventura finale del taccuino segreto distrutto dal cane, Marvin, che causa la perdita definitiva di tutti i versi di Paterson, non avendone egli mai fatto una copia, appare come la trasposizione sul piano simbolico delle microstorie narrate nel film.

fig. 4 Le stoffe che Laura dipinge di bianco e nero. *Paterson*, Amazon Studios and K5 International, 2016

Jarmusch ritrae un'America che si sposta a piedi oppure in autobus (un evento abbastanza raro nel cinema statunitense); un mondo abitato da giovani, operai, pensionati, persone appartenenti alle cosiddette minoranze — la stessa Laura, interpretata dalla cantautrice iraniana Golshifteh Farahani, incarna la diversità etnica che da sempre contraddistingue la città. La bicromia del bianco e nero dei motivi declinati ossessivamente su tutto ciò che realizza (dalla stoffa ai *cupcake*), allude alla pervasività della questione razziale e, più in generale, alla centralità del ruolo degli immigrati nella costruzione degli Stati Uniti. Il film riprende, perciò, la vocazione collettiva e locale della poesia di Williams e contribuisce ad alimentare la ricostruzione di un luogo in cui si è cristallizzata e radicata la memoria del Paese, secondo l'accezione di Pierre Nora (1996, xv) — un luogo divenuto simbolico del patrimonio culturale e della memoria di una comunità. L'attenzione per gli oggetti della vita quotidiana, come le ripetute inquadrature dei tessuti di Laura, rievocano il passato della città come glorioso centro manifatturiero, in particolare dell'industria tessile e della seta (per il ruolo preponderante di quest'ultima Paterson fu soprannominata "Silk City" nella seconda metà del diciannovesimo secolo) (fig. 4).

fig. 5 Paterson davanti alle Great Falls. *Paterson*, Amazon Studios and K5 International, 2016

Dopo aver a lungo alimentato quell'industria, le cascate del fiume Passaic e, in generale, l'elemento acquatico diventano nel film la principale fonte di alimentazione per l'attività dei poeti (ma, come si è visto, lo erano già nel testo di Williams). Per Paterson stesso, naturalmente, che scrive le sue poesie seduto davanti alla cascata (fig. 5); per il personaggio della poetessa adolescente, ammiratrice di Emily Dickinson, che mostra a Paterson il suo componimento sulla pioggia dal titolo "Water Falls"[11] (con un evidente gioco di parole sul termine 'waterfall'); per il rapper Method Man[12], che alla sera, nella lavanderia a gettoni, trova ispirazione guardando l'acqua insaponata agitarsi nell'oblò della lavatrice (e cita Paul Laurence Dunbar, poeta afroamericano figlio di schiavi, insieme al già ricordato verso di Williams "No ideas but in things"). Infine, sempre davanti alla cascata, Paterson incontra il poeta giapponese, autore di haiku, attirato dalla città che ha ispirato illustri poeti — tra questi, Allen Ginsberg, che a Paterson era nato, e del quale Williams inserisce, nei libri quarto e quinto del suo *Paterson* tre lettere che il giovane

---

11   L'autore della poesia è lo stesso Jarmusch.

12   Membro del collettivo rap Wu-Tang Clan che appare nel ruolo di se stesso in una scena del film.

poeta, suo ammiratore, gli aveva inviato[13]. Nella lettera successiva alla pubblicazione di "Howl," nella celebre edizione City Lights Books del 1956, per la quale Williams scrisse la prefazione, Ginsberg annuncia che, dopo essere stato via a lungo, tornerà "a tuffarsi di nuovo nel Passaic." A Paterson, prosegue Ginsberg, "Truth is not hard to find [. . .] I mean to say paterson is not a task like milton [*sic*] going down to hell, it's a flower to the mind" (Williams 1995b, 211). E così come fiori possono nascere dal suolo più impervio, l'auspicio del poeta era che l'acqua del fiume potesse tornare a essere la fonte di una rinascita collettiva.

Per Williams, che mirava a disvelare una "lingua comune" e a "rendere le parole vive nel testo, palpitanti," le cascate sono la risposta. Come dimostra un passo di *The Great American Novel* (1923), nel quale "una serie di verbi monosillabici tutti riferibili (ma non riferiti) all'acqua, preannuncia la poetica del *Paterson*" (Zorzi 1995a, 21): "Words roll, spin, flare up, rumble, trickle, foam. Slowly they lose momentum. Slowly they cease to stir. At last they break up into their letters." (Williams 1995a, 46-48). Le parole, frantumate nelle goccioline splendenti delle cascate del Passaic, mantengono corpo, luce, rumore, forza, libere dall'ossidazione dell'uso nella nuova lingua del poeta. La stessa tensione verso la riduzione all'elemento minimo dell'immagine, che fa apparire l'ordinario straniante per rigenerarlo e caricarlo di una nuova vitalità, caratterizza alcuni passaggi del film.

Nel suo contributo a quella che potremmo definire una topografia poetica statunitense, Jarmusch focalizza l'attenzione sulle tracce e gli effetti delle azioni del passato, sullo scomparire e il riapparire dei processi di significazione di quelle azioni nel presente, attraverso i discorsi degli abitanti del luogo; lo sguardo puntato sul processo di costruzione e trasmissione di una tradizione poetica fa del *Paterson* di Jarmusch una storia che è "rimemorazione" — nelle parole di Nora — "una storia che è interessata alla memoria non come ricordo ma come struttura complessiva del passato nel presente: una storia al secondo grado" (Nora 1996, xxiv).

---

13 Si veda Williams 1995, 172, 193 e 210-11.

The Line
There's an old song
my grandfather used to sing
that has the question
"or would you rather be a fish?"
In the same song
is the same question
but with a mule and a pig
but the one I hear sometimes
in my head is the fish one.
Just that one line.

fig. 6 Versi dalla poesia "The Line" di Ron Padgett. *Paterson*,
Amazon Studios and K5 International, 2016

La città che è stata nucleo generatore di una parte importante della poesia statunitense del ventesimo secolo, quando il suo declino era già inscritto nei versi di Williams, nel ventunesimo secolo ha visto esacerbarsi quel processo. Re-immaginare Paterson come ancora capace di generare nuove forme poetiche, che dalla città traggono linfa vitale, appare quindi un progetto necessario. Alla fine del film, il poeta giapponese regala a Paterson il taccuino su cui potrà ricominciare a scrivere i suoi componimenti, dopo la perdita del prezioso libretto. Il film si chiude quindi sulla creazione di una nuova poesia, "The Line," il verso come nuovo inizio al quale possiamo presumere contribuiscano le poesie in lingua giapponese che pure Paterson non può comprendere (fig. 6). Una felice rappresentazione del "potere di irradiazione della poesia," ovvero la capacità di "suscitare 'in altri, in altra forma' i sentimenti di cui il poeta si era servito, 'trasformandoli, per una costruzione in divenire" (Albertazzi 2017). Una costruzione che qui si offre anche come rimemorazione di un luogo che un'altra poetessa contemporanea nata a Paterson, Maria Mazziotti Gillan, ha definito "City of Dreams."[14]

14 "In the City of Dreams: Paterson, NJ" (Gillan 2017, 13). In un altro componimento Gillan definisce Paterson "City of Memory" (Gillan 2017, 66).

Opere citate

Albertazzi, Silvia. "Poesia come vita: da Paterson a Paterson." *Le parole e le cose.it* http://www.leparoleelecose.it/?p=25709 (10 gennaio 2017) (consultato il 23 maggio 2021).

Gillan, Maria Mazziotti (Photographs by Mark Hillringhouse). *Paterson Light and Shadow.* Copenhagen, Denmark e Florham Park, NJ: Serving House Books, 2017.

Jarmusch, Jim. *Paterson.* Amazon Studios and K5 International, 2016.

Jarvis, Brian. "'You'll Never Get It If You Don't Slow Down, My Friend': Towards a Rhythmanalysis of the Everyday in the Cinema of Jim Jarmusch and Gus Van Sant." *Journal of American Studies*, 54.2 (2020): 385-406. https://doi.org/10.1017/S0021875818001421

Mamoli Zorzi, Rosella. "Introduzione," *Il grande romanzo americano* di William Carlos Williams. Venezia: Marsilio, 1995a.

Nora, Pierre. "From *Lieux de mémoire* to Realms of Memory," Preface to the English Language Edition. *Realms of Memory: Rethinking the French Past*, a cura di Pierre Nora e Lawrence D. Kritzman. New York: Columbia University Press, 1996. xv-xxiv.

Pomilio, Daniele. "Il ritorno della poesia al cinema: Il *Paterson* di Jim Jarmusch." *Zeta. Rivista internazionale di poesia e ricerche* (Dicembre 2019-Novembre 2020): 79-87.

Wesley, Bernabé. "De la poésie à l'écran. *Paterson* de Jim Jarmusch." *Captures*, 3.1 (May 2018). https://doi.org/10.7202/1055840ar

Williams, William Carlos. *Il grande romanzo americano* [1923], a cura di Rosella Mamoli Zorzi. Venezia: Marsilio, 1995a.

_____. *The Autobiography of William Carlos Williams.* New York: New Directions, 1967. Edizione Kindle.

_____. *Paterson.* New York: New Directions, 1995b.

_____. "A Statement by William Carlos Williams about the Poem *Paterson*" [1951]. *Paterson*. New York: New Directions, 1995c, xiii-xiv.

Zhou, Qingyang. "Discovering the Beauty of the Quotidian: The Contemporary *Flâneur* in Jim Jarmusch's *Paterson*." *Film Matters*, 11.3 (2020): 60-75. DOI:10.1386/fm_00100_1

Citizen

BUILDING COLLECTIVE MEMORY

Livia Bellardini
Università degli Studi Roma Tre

Abstract: In *Citizen: An American Lyric*, Claudia Rankine's investigation of the lyric genre is twofold: if on the one hand the collection engages formally with the tradition of the lyric, on the other *Citizen*'s content materials bear witness to elusive instances of racism punctuating contemporary life, but whose roots are deeply historical. This paper seeks to explore how Rankine's search for new lyrical forms results in the creation of a hybrid collection aimed at worrying the boundary between individual and collective histories/memories.

Introduction

Claudia Rankine's *Citizen: An American Lyric* is a hybrid collection of textual and visual fragments aimed at exploring the interplay of individual and collective memory in the US in the 21st century. While the volume's subtitle anticipates the poet's desire to engage with the long-standing Western tradition of lyric genre, it also points to the present-day necessity to seek for new formal strategies and content materials capable of doing justice to the ordeals the US has historically witnessed and is experiencing today. This paper seeks to investigate how Rankine's search for new lyric forms results in worrying the boundary between the private and public, namely between individual and collective histories/memories. Because the past takes on different forms in the collection, *Citizen*'s hybrid poetics speaks back to the long tradition of lyric genre. As a matter of fact, by modifying "lyric" with "American," Rankine is both calling forth lyric's inheritance within the body of American poetry and reshaping that tradition at the same time, accounting for those moment in daily life when conversations and interactions are interrupted by racism (Francini

2015, 179). In other words, she powerfully refashions the lyric "in response to historical and contemporary tribulations of being a black citizen in America" (Chan 2018, 137). Accordingly, I argue that the power of *Citizen* resides in Rankine's ability to successfully craft a poetic space capable of withholding the interplay of past and present in one temporal dimension: the readerly present.

Disrupting the lyrical dynamic whereby poems only indirectly point to extratextual affairs (Culler 2015, 187), the book in question recounts an array of microaggressions Rankine has either experienced herself or gathered from phone conversations with her friends. Placed in sequential order and blocked in justified prose poems, these subtle discriminatory behaviors incrementally build a repertoire of racist instances which, as one reads on, become interspersed with past acts of systemic racial violence the collection references to via visual art, situational videos, photographs, and photoshopped images. The generated exchange of past macro- and present microaggressions, together with the sustained intrusion of historical trauma and personal past memories in the poems present, aim at repurposing the space of Rankine's lyric as a site of exchange between different planes, whether these planes are generic, spaciotemporal, or interpersonal.

While I comply with Chiasson's reading and conception of the book as "a tank into which past moments empty, [. . .] overflow, and accumulate" (2014, n. pag.), developing artistic forms one is not expected to encounter, I am more interested in investigating the ways in which Rankine's poetics ultimately works towards bearing witness to unacknowledged or elusive instances of racism, while also inviting her readers "to confront this immense amount of heterogeneous material and consider the condition of contemporary life" (Francini 2015, 180). In other words, I am intrigued by the poet's use of present-day materials and extratextual resources to give shape to her own contemporary "American lyric," "a weave," Chiasson declares, "of artfully juxtaposed intensities, a quarrel within form about form" (n. pag.).

Although Chiasson's and Francini's critical contributions are punctual in emphasizing both *Citizen*'s most distinctive poetic marks and the book's implicit bond with other great American lyric works, criticism on *Citizen* has proliferated since its appearance in public and academic spheres. It has solicitated discussions on the lyric's aesthetic limits as well as made room within the lyric for language's most political claims (*The Lyric Theory Reader* 2014, 557). Together with her second poetry collection *Don't Let Me Be Lonely: An American Lyric* (2004), *Citizen* has also driven criticism towards descriptions of the lyric capable of acknowledging the book's generic interplay. "Epiphanic lyric," "lyrical long poem," "lyrical essay," "prose narratives," substitute more generically channeled terminology such as "poems," "lyrics" or "prose poems" (Shockley 2016, n. pag). In addition to discussing generic issues, criticism has trespassed its *locus* of investigation even further, often analyzing the collection with an interdisciplinarian perspective. Joan Retallack's coinage of "poethical thinking," for example, has been borrowed to trace comparisons between Rankine's conception of the lyric as a field of encounter and Emmanuel Levinas's description of the relational subject (Robbins 2014). Criticism has further tapped into ethical philosophy to develop a reading approach considerate of the relation between Rankine's use of the lyrical "you," and how her second-person pronoun calls upon readers to act responsibly towards others (Wang 2019). However, apart from criticism's interdisciplinary thrust, *Citizen* has also gained the attention of those who did not consider themselves "readers of poetry." The volume's perceived transparency, together with its "insistently topical" (Lee 2014, n. pag.) materials have surely worked towards narrowing the gap between poetry and society, much like the book's poetics has been grounded in creating a more integrated world.

This being said, Rankine's "American lyric" finds its own space within contemporary society both by committing to its social role, and by undertaking an aesthetic exploration capable of responding to the history that has created the current "American moment" she describes (Robbins 2014, 125). I am therefore interested in exploring how Rankine's use of a generically inclusive aesthetic frame ultimately grounds her writing "in the [American] grit of human arrangements" (Rich 2009, 96), in order to retrieve the history those same "arrangements" are built upon. How the formal arrangement of her writing mirrors the constant interplay of past memories and present experiences is at the core of this discussion. While I will pay attention to how *Citizen*'s opening prose poem communicates with its following uncaptioned image, I will also open the discussion to Rankine's capacious poetic project. In the exploration of new formal pathways, Rankine's collection strives towards rejoining "irreconcilable poles" (Francini 2015, 178): the past and present, the private and the public, the textual and the visual, the writer and its audience. *Citizen*'s capacious aesthetics is indeed at the foundation of Rankine's both social and poetic task. By exploring how the dialogue among different artistic means influences one's perception of the present social world and its inevitable ties with past occurrences, Rankine is simultaneously encouraging readers to dive into a very aesthetic encounter with the text, while also situating them in the responsible position of having to make sense of the interplay between text and image. Through her collection's aesthetics, she is postulating a desire for dialogue — generic, temporal, human — and ultimately establishing an epistemology based on collectivity and reciprocity, aimed at getting around the silence of the country's emotional divide and around the retention of open discussions on racism. Thus, I argue that by aesthetically reperforming the lyric, Rankine provides readers with the possibility of re-imagining their present and being in history.

Theoretical Framework

Scrolling through the book, readers are likely to consider Rankine's reframing of the lyric as, first and foremost, a formal endeavor. Verse-structured poems give way to prose poems, visual texts, images, and situational videos. However, *Citizen*'s multi-generic complexion does not simply mirror the poet's aesthetic enterprise, nor does it respond to an attempt to define poetry as the sum of its formal features. As aforesaid, *Citizen*'s shifting ground is rooted in a concept of poetry as social practice, namely as capable of envisioning social change through readers' participation in an aesthetic experience aimed at informing how they feel and see. In *Citizen*, readers are being asked to experience the "lived reality of racial microaggressions" (Alvergue 2018, 226), in order to participate in the "common historical horizon" (Reed 2014, 115) from which those same microaggressive instances derive.

While lyric genre is renowned for creating connections between past and present planes precisely through readerly acts, this temporal exchange is often suggested by lyric's traditional use of the simple present tense. Foregrounding the act of enunciation itself, lyric theory generally concentrates on the ritualistic aspect embedded in lyric language as it is timelessly performed by readers across generations. More to this matter, Jonathan Culler identifies lyric's most distinctive feature in its capacity to inscribe itself in personal and cultural memory precisely because of its performative stretch (2015, 131). Although memory and aesthetics share common ground in lyric's conventional language, and although Culler claims that repeated performances of reading account for lyrics' "functioning in the world" (Ibid.), Rankine's poems draw from these conventions while thematizing and making them visual at the same time so as to "capture the story of a nation and its people, now, in this [contemporary] moment" (Reed 2014, 115) on the one hand, and "upset some of the conventional underpinnings of the lyric genre" on the other (Ibid.). Because her "American lyric" gives voice to a host of racist acts spatially and temporally situated, the relation between memory and craft must eschew lyric's traditional descriptions and parameters.

To account for the interconnection between poetry, society, history, and memory, I draw mainly on the living literary legacy of Édouard Glissant and Toni Morrison. Further, by acknowledging Anthony Reed's extensive study of the connections between Black experimental writing and social change, I explore the ways in which *Citizen* builds collective memory. While I argue that the collection formally restages "the complexity of our common pasts and presents" (Reed 2014, 1), I propose that *Citizen*'s generic interplay finally leaves the page to involve readers in building temporal connections between very different materials. As both the prose poem and the image I consider for this analysis engage with time, they nonetheless impact the reader differently. According to Reed, writers' experiment with form and readers' response to aesthetic novelties must always "reconfigure the possibilities of both literature and race," by drawing on literature's power to expand "the domain of the intelligible and the thinkable" (2014, 5). As he considers writers' formal experimentation a strategy aimed at unsettling racial dynamics within the social system, he also stresses how readers' encounter with the text must upset any expectation they bore towards the work's aesthetic arrangement and content. In *Freedom Time*, Reed highlights the need to find alternative ways to speak about history without repeating the already-said. The familiarity of stories, he declares, generates and annuls their power, preventing the creation of a space where uncertainty can dwell (2014, 47). Reed's reflections on memory, history, and craft echo the interrelation between the act of remembering and writing Toni Morrison suggestively details in her 1984 essay "Memory, Creation, and Writing." The communicative link between memory and craft is described by Morrison in her definition of memory as a "form of willed creation" (1984, 385). While memory spontaneously reveals itself in the guise of an image, a feeling, or some aural sensation, Morrison states that the act of recollecting itself is "willed" because of the questions it raises. Grounded in "a search for the means," recollecting memories means mainly to explore *how* a certain memory has surfaced, which road it traveled down. Morrison's considerations of the relation between craft and memory, together with Reed's claim for new literary techniques to speak about history, are remarkably in line with Rankine's poetic agenda. Indeed, *Citizen*'s juxtapositions of personal and collective memories challenge lyric's traditional aesthetic features. Instead of relying on fixed meter schemes, rhyme, or the present tense to sustain the poem's memorability, Rankine resorts to the visual. For example, the exchange of prose poem and image seeks to connect past and present events so as to create a space where the separation of temporal planes is constantly unsettled.

In this sense, I draw on Glissant's poetics of relation (or poetics of creolization) to propose a reading of *Citizen* outside of dichotomic structures. Glissant's *Poetics of Relation* is a radically transformative work that reveals how past memories, however fragmented, can work in fruitful and creative ways in the present. While grounding his reflection in the context of the Caribbean, in particular in the formation of Creole identities, Glissant theorizes a "poetics of relation" rooted in memory and history, yet always projected towards change, newness, and cultural transformation: "poetics as a transformative mode of history" (Glissant 1997, xii). I choose to read Glissant and Rankine in dialogue because of their communal quest for a poetics that is attentive to what is concretely happening in one's society and its history. As both scholars are mindful of textual geographies, they aesthetically engage with memory in ways that involve and surprise readers. For them, memory always influences the creative act. Moreover, according to Glissant, in order to be fruitful, memory should be poetically evoked in ways that, as Morrison had claimed, evade its historical linearity. "Our experience of time," Glissant announces, "does not keep company with the rhythms of month and year alone" (72). Similarly, in Rankine's *Citizen*, past and present overlap in unexpected ways, allowing readers to participate in the historical dynamics that have formed the country and to work collectively towards changing those same dynamics.

Within *Citizen*

The book itself can be read as an accumulation of memories that are retrieved and voiced in the second-person pronoun. The intimate, confidential, yet inquisitive tone of *Citizen*'s "you" is timely in asking readers to participate in the experience the poetic voice is recollecting in her present of enunciation. To quote from the opening chapter:

> When you are alone and too tired to even turn on any of your devices, you let yourself linger in a past stacked among your pillows. Usually, you are nestled under blankets and the house is empty. Sometimes the moon is missing and beyond the windows the low grey ceiling seems approachable. Its dark light dims in degrees depending on the density of cloud and you fall back into

what gets reconstructed as metaphor. The root is often associative. You smell good. You are twelve attending St. Philip and James School on White Plains road [. . .]. (Rankine 5)

Continuing for two more paragraphs, the speaker in the prose poem recalls a girl looking over the speaker's shoulder to copy the answers to a test. Later, she also tells the speaker she smells good and has features more like a white person. She cannot remember her name, as they never speak except for when she asks to copy from her sheet. As readers set foot into *Citizen*, they are immediately asked to drive down the associative route memory is generating. Both the individual speaker, to whom that memory seems to belong, and readers are involved in the recollecting process. Indeed, the presence of the second-person pronoun situates readers in the ambivalent position of having to inhabit a space that is both very personal and open to be shared. The pronoun also positions readers as addressable or as directly spoken to, despite the adjective "alone" appears from line one. As Chiasson suggests, Rankine's call for a "powering down" of all devices is meant to avoid any distraction from self-scrutiny ("Color Codes" 2014). By turning the speaker's inward experience and stance outward towards readers, Rankine's intriguing use of the pronoun allows readers to follow the speaker's associations. Moreover, because readers are being asked to take part in the memory these associations retrieve, *Citizen*'s "you" can also be conceived as a strategic rhetorical means Rankine employs to "challeng[e] our sense of the exclusively personal, outside the scope of politics" (Chiasson 2014). In retrospect, the childhood memory the speaker recollects proves to be deeply embedded in political structures we as human beings reinforce daily through, for example, subtle acts of racism. This being said, giving voice to a lyrical "you," *Citizen*'s first "lyric block" or prose poem refuses to reinforce power structures. By employing an opposite form of address to the underlying convention of lyric genre, Rankine refuses to turn her back on her listeners, choosing, instead, to solicitate them directly. Whether her "you" is addressing one reader in particular or an indefinite group, it nonetheless expands towards individually addressing readers as a collective, or as citizens of the book. In this light, the intimacy conveyed by the first paragraph's scenario prepares the ground for further overlaps of personal and collective memory. Linked by the pronoun, *Citizen*'s first two-paragraph prose poem increasingly asks readers to inhabit the speaker's "pockets of childhood" (Ibid.) and to rely on the same history to rearrange facts in a new and communal landscape.

Apart from Rankine's use of the second-person pronoun to implement *Citizen*'s role as a site of exchange, I argue that Rankine's choice of the prose poem is equally punctual. Acknowledging its oxymoron title, *The New Princeton Encyclopedia of Poetry and Poetics* (1993) defines the prose poem as a "field of vision, represented sometimes mimetically, and often pictorially only to be on occasion cut off abruptly: emotion is contracted under the force of ellipsis" (977). I cite this passage for the Encyclopedia's description of the prose poem as "a field of vision" points to the horizontal rather than vertical orientation of the poem on the page; one might walk along the field of the poem, rather than fall through it. However, horizontal does not mean narrative-like; the brevity and compression of the prose poem allow just for a swift grasp of a narrative, whether summoned through pieces of conversation, personal meditations, or aftermath descriptions of brief occurrences. Thus, the prose poem's breadth seems to fittingly suit Rankine's poetic task of allowing distant temporal planes to *intensely* rejoin within the space of her poems. Indeed, "the brevity and compression" of the prose poem are structural qualities that allow the text to reach lyrical points of intensity the poem conveys through its use of consonance (first and second line), alliteration (fourth line), and enjambment (first, third, fourth, and fifth line), attracting readers' attention to the page. This being said, both the prose poem's expanse and its compression equally allow *Citizen*'s opening text to move temporally and spatially between past and present realms, thus confirming Andreas Huyssen's description of literary miniatures as an "unexpected eruption onto a field of vision described in its temporal dimension as the 'holding open' of the moment in space towards its present, its past, and its future" (Huyssen 2007, 33). Borrowing from Maurice Merleau-

Ponty, Huyssen's consideration of "literary miniatures" mirrors the temporal openness and temporal exchange performed by Rankine's introductory prose poem. While scholarship on *Citizen* has justly emphasized the collection's "motley hybrid" configuration (Brown 2019), little attention has been paid to Rankine's engagement with aesthetic features that are distinctive of, and already embedded in, existing genres and forms. Apart from Grant Farred's reading of *Citizen* as the fulfilment of very lyrical criteria (2014), little has been said on Rankine's use of the prose poem.

If one reads *Citizen* as a site of exchange, one can also read Rankine's opening prose poem in dialogue with the image that follows. A picture by Michael David Murphy of a street named Jim Crow road, taken in Flowery Branch, Georgia accompanies the text. Taken in 2007, the picture enacts its own segregation due to the presence of a stop sign located behind the street plate. According to the poet herself, the photograph "brings a literal representation to a dynamic that [unfolds] not only in Georgia, but all over the country." Relatedly, Rankine comments on "the redlining [. . .] that allows for segregation in terms of the communities we live in, [and] the ways in which we self-segregate our friends, who we marry, who we choose to tell our secrets" ("Claudia Rankine Read from Citizen" 2015). In this light, *Citizen*'s loss of categorial boundaries is meant to refashion how the lyric has traditionally engaged with history and time. In other words, approached as a site of exchange, Rankine's collection renews poetic means to achieve specifically lyrical effects. Because it is uncaptioned, the stillness of the photograph is the condition enabling the image to function as a repeatable moment in time, rendered collectively memorable for being ideologically sharable. As Felicia R. Lee comments, "visual art in *Citizen* continues and extends the conversation" (2014) the prose poems begin, both artistically and socially. Although Mary-Jean Chang argues for the need to read *Citizen*'s "text *as images*" (2018, 148), I am more inclined to propose a reading of the book as a site of exchange in which different genres juxtapose rather than overlap. While I am aware of the similar effects both prose poems and photographs can have on readers, I nonetheless argue that the photograph integrates the text with a strikingly visual component the text does not comprise. Susan Sontag has also pondered on this matter in her collection of essays *On Photography* (1977). By acknowledging photography's fragmentary nature, Sontag observes how "both poetry and photography imply discontinuity, disarticulated forms, and compensatory unity [. . .]" (74). In this light, readers of *Citizen* are asked to enter the space of Rankine's American lyric in order to create a dialogue between two forms of art.

Because both the image and the text communicate historically rooted racism in the American quotidian, readers are ultimately invited to consider their position vis-à-vis *Citizen*'s recollection of past and present acts of racism still threating African Americans' sense of belonging to the country. As the picture of a suburban idyll proclaims segregation as the very name of the road leading to the home, the forthcoming questions find fertile ground: whose home is it, and what does "home" mean in this picture?

I suggest reading this home destination as a future moment inextricably linked to the past. This metaphorical journey home is not — in Glissant's words — an "arrow's trajectory" (Glissant 1997, 211); instead, it requires moments and places of connection, if not instances of rerouting. In fact, the interpretative tension Murphy's photograph subsumes, together with the suggestiveness it conveys, transports readers back to Jim Crow segregation through a present encounter with the image. Due to this present encounter, readers are encouraged to reassess their position as citizens with respect to the past that is resumed, and to potentially weave a relationship with both the prose poem and the image on the ground of shared pertinent experiences Rankine's collection creates by weaving temporal and geographical planes. Collective memory is thus rebuilt by readers' increasing capacity to engage with the complexity of the work's technical issues, and to view *Citizen* as a site of exchange where meaning originates from the play among its various parts, rather than from categorial distinctions.

Indeed, in seeking to craft a new aesthetic protocol apt at reuniting past and present in one temporal plane, Rankine's work critically introduces an overall problematization of aesthetics as a fixed stylistic category. In this light, to speak of *Citizen's* aesthetics means to consider the form and content of her work as mutually carrying out the idea of memory and history as processes subject to constant reframing. As the freedom of movement Rankine affords her readers is preemptively delineated by the layout of her work, the juxtapositions and interchange of text and image result in an associative field the poet has ultimately no control over. While deeply entangled in present tribulations and acts of racism (either subtle or straightforwardly reported), the content of the collection could have been drawn from any point in American history, hinting both at the idea that the past keeps living in the present, and at the need to revisit existing definitions of lyric temporality. As readers move from text to image, they are indeed engaging in a multifarious task whereby encounters with the poems' poetic materials open the gateway to a memorable and sharable experience of the collection as a whole.

Works Cited

Alvergue, José Felipe. "Lyric Redress: The Racial Politics of Voice and American Personhood." *Criticism* 60.2 (Spring 2018): 221-245.

Brogan, T. V. F., and Alex Preminger. "Prose Poem," in *The New Princeton Encyclopedia of Poetry and Poetics*, 977-979. Princeton: Princeton University Press, 1993.

Brown, Julie Phillips. "Otherbreath: bear life and the limits of self in Claudia Rankine's 'Citizen.'" *Jacket2* (June 2019): n. pag. <https://jacket2.org/article/otherbreath>.

Chan, Mary-Jean. "Towards a Poetics of Racial Trauma: Lyric Hybridity in Claudia Rankine's *Citizen*." *Journal of American Studies* 52.1 (2018): 137-163.

Chiasson, Dan. "Color Codes," *The New Yorker*, October 28, 2014, https://www.newyorker.com/magazine/2014/10/27/color-codes.

"Claudia Rankine Reads from Citizen." YouTube, 24 December 2015, https://www.youtube.com/watch?v=8cnq71TlUvo.

Culler, Jonathan. *Theory of the Lyric*. Cambridge: Harvard University Press, 2015.

Farred, Grant. "Citizen: A Lyric Event." *Diacritics* 45 (2017): 94-113.

Glissant, Édouard. *Poetics of Relation*. Ann Arbor, Michigan University Press, 1997 (English trans. by Betsy Wing).

Huyssen, Andreas. "Modernist Miniatures: Literary Snapshots of Urban Spaces." *PMLA* 112.1 (January 2007): 27-42.

Jackson, Virginia, and Yopie Prins, eds. *The Lyric Theory Reader. A Critical Anthology*. Baltimora: John Hopkins UP, 2014.

Lee, Felicia R. "A Poetry Personal and Political," *The New York Times,* November 14, 2014. https://www.nytimes.com/2014/11/29/books/claudia-rankine-on-citizen-and-racial-politics.html.

Morrison, Toni. "Memory, Creation, And Writing." *Thought* 59 (1984): 385-390.

Rankine, Claudia. *Citizen: An American Lyric*. Minneapolis: Graywolf Press, 2014.

Reed, Anthony. *Freedom Time. The Poetics and Politics of Black Experimental Writing*. Baltimora, John Hopkins University Press, 2014.

Rich, Adrienne. "Permeable Membrane," in *A Human Eye: Essays on Art in Society 1997-2008,* 96-99. New York: W. W. Norton & Co Inc, 2009.

Scully, James. *Line Break. Poetry as Social Practice*. 1988. Evanston: Curbstone Press, 2005.

Shockley, Evie. "Race, Reception, and Claudia Rankine's 'American Lyric.'" *Los Angeles Review of Books* (January 2016). https://lareviewofbooks.org/article/reconsidering-claudia-rankines-citizen-an-american-lyric-a-symposium-part-i/.

Sontag, Susan. *On Photography.* New York: Farrar, Straus and
Giroux, 1977.

Wang, Arthur Z. "Situation, Occasion, Encounter: Claudia
Rankine's *Citizen* and Lyric Theory in the Historical Present."
Contemporary Literature 60.4 (Winter 2019): 515-548.

"Wraiths of Memories . . ."

HENRY BESTON'S CAPE COD
IN/AND THE AMERICAN TRADITION

Stefano Maria Casella
Università IULM

Abstract: Since its discovery (early 1600) Cape Cod is a fundamental place for American memory. Three centuries later (1928), the American writer Henry Beston "re-discovers" the Cape recording his unique experience in *The Outermost House*: a masterly summary of historical, geographical, naturalistic, literary, artistic, and auto-biographical memories. Beston's masterpiece is a treasure trove of intertextual literary echoes from the American canon (Thoreau, Emerson, Whittier, Whitman, Melville) and topoi of the American tradition (solitary life in the wilderness and relationship Man-Nature).

Introduction

Henry Beston (1888-1968) approaches the conclusion of his masterpiece *The Outermost House* (1928) with the following flashbacks that recall some of the most memorable events having taken place during his solitary year (Sept. 1926-Aug. 1927)[1]:

> Wraiths of memories began to take shape. I saw the sleet of the great storm slanting down again into the grass under the thin seepage of the moon, the blue-white spill of an immense billow on the outer bar, the swans in the high October sky, the sunset madness and splendour of the year's terns over the dunes, the clouds of beach birds arriving, the eagle solitary in the blue. (*OH* 216).

---

1 Actually, Beston did not spend a whole year (twelve uninterrupted months) on the Great Beach of Eastham, but various periods of time from 1925 to 1927. He then re-united such periods in a year for the purpose of narrative continuity. Cfr. Wilding (2001, 22; 2003, 18-21); Payne (2016, 154).

He spent that year in a little wooden shack, the "Fo'castle," on the dunes of the Great Beach of Eastham, outer part of Cape Cod, ". . . that land which is called Cape Cod" in William Bradford's *Of Plymouth Plantation* (Bradford [w. 1650, p. 1856] 1978, 16) and, some twenty years before (1602), in Bartholomew Gosnold's original denomination: ". . . we went to another [Cape] . . . where we took great store of codfish, for which we . . . called it Cape Cod." (Gosnold [1602] 1993, 10).

The first landing place of the Pilgrim Fathers (November 1620) returns in the spotlight three hundred years after its discovery in a literary masterpiece which, in its turn, had been preceded by the homonymous travelogue — *Cape Cod* (1865, posthumous) — by H.D. Thoreau. The string of literary — and not only literary — relationships *sub specie memoriae* begins to appear clearly.

Since the very beginning, Cape Cod has always represented and emblematized a fundamental and founding place in American history (and for American memory, as well) in its manifold stratifications and aspects: historical, geographical and naturalistic; cultural, literary and artistic; sociological and anthropological; biographical and autobiographical. Furthermore, through its continuous transformations over the millennia (centuries, for *modern* American history) due to the work of Time and of man, it has become a symbol of change, re-cognition, and re-possession.

From the literary and intertextual point of view, *The Outermost House* is a treasure trove of memories echoing the works of several American (and British) writers. As far as its literary genre is concerned, it draws from various and different categories: nature writing, personal diary, spiritual autobiography, field-naturalist notebook[2]. It re-proposes and re-vives some of the most relevant and entrenched *topoi* of American tradition, culture, and literature: solitary life in the wilderness, close relationship Man-Nature, exploration of physical and psychological spaces, philosophical meditation, spiritual autobiography. Finally, it anticipates and paves the way to almost new (for its age) literary and critical trends and ethical, philosophical

---

2   Cfr. Casella (2020).

and spiritual developments: environmentalism, sustainability, a groundbreaking concern for animalism, biocentrism and post-humanism which goes beyond traditional anthropocentrism and speciesism.

Exploring *The Outermost House* and through *The Outermost House*

> "This is the use of memory . . ."
> (T.S. Eliot, *Little Gidding* III).

Beston's book consists in ten chapters, each with a precise title and dedicated to particular aspects and characteristics of the Cape. Chapter I, "The Beach," opens with a geographical and geological description of the place:

> East and ahead of the coast of North America, some thirty miles and more from the inner shores of Massachusetts, there stands in the open Atlantic the last fragment of an ancient and vanished land. For twenty miles this last and outer earth faces the ever hostile ocean in the form of a great eroded cliff of earth and clay [. . .] Worn by the breakers and the rains, and disintegrated by the wind, it still stands bold. Many earths compose it, and many gravels and sands stratified and intermingled [. . .] Solitary and elemental, unsullied and remote, visited and possessed by the outer sea, these sands might be the end or the beginning of a world. Age by age, the sea here gives battle to the land; age by age the earth struggles for her own [. . .] The great rhythms of nature . . . have here their spacious and primeval liberty [. . .] Journeying birds alight here and fly away again . . . schools of great fish move beneath the waves, the surf flings its spay against the sun. (*OH* 1-2).

It figures more like the introductory *overture* of a great symphony, with mayor and minor themes, development, variations and final *suite*, than the opening of a novel. What stands out is the *epic* tone: in a sense this is Beston's personal interpretation of the American *epic* whose hero is not an extraordinary human being, but the place itself, with its physical characteristics, history, and spirit[3]. The writer anticipates some of the main themes of the book: Nature, the landscape, the ocean's life and phenomena. Here rings the first of several intertextual echoes from the American literary tradition, namely from Beston's predecessor H.D. Thoreau. The latter had concluded his *Cape Cod* with the sentence, "A man may stand there and put all America behind him." (Thoureau [1865] 1987, 319); the former implicitly begins where Thoreau had ended: "these sands might be the end or the beginning of a world." (*OH* 2), literally referring to the vastness of the American continent which begins (geographically and historically) at the Cape. But, from a psychological and autobiographical point of view, this statement represents an anticipation and allusion to the writer's own freshly discovered inner world (a *continent* much wider than the physical one) after the experience of solitary life at the Cape. Finally, the geological specification about the mixed nature of the soil — "Many earths compose it, and many gravels and sands stratified and intermingled" — may be read as a metaphor both of the multiethnic composition of American society in its historical stratifications and transformations (natives, colonization, immigration) and of Beston's *oeuvre* itself, which inherits the "stratified and intermingled" aspects and facets of the American memory and literary tradition.

The *memory of the Earth*: Geography and Geology

As already mentioned above, the *incipit* recapitulates in a nutshell the geological history of the Cape:

---

3   In this sense, also the image of "the eagle solitary in the blue" (initial quotation of this essay, p. 217) seems to symbolically refer to the emblem of the USA, the bald eagle (Haliaeetus leucocephalus) which also appears on the Great Seal of the United States.

Often spoken of as being entirely glacial, this bulwark is really an old land surfaced with a new. The seas broke upon these same ancient bounds long before the ice had gathered or the sun had fogged and cooled. There was once, so it would seem, a Northern coastal plain. This crumbled at its rim, time and catastrophe changed its level and its form, and the sea came inland over it through the years [. . .] Moving down into the sea, later glaciations passed over the old beaches and the fragments of the plain, and, stumbling over them, heaped upon these sills their accumulated drift of gravels, sands, and stones. The warmer sea and time prevailing, the ice cliff retreated westward through its fogs, and presently the waves coursed on to a new, a transformed and lifeless, land [. . .] The east and west arm of the peninsula is a buried area of the ancient plain, the forearm, the glaciated fragment of a coast. The peninsula stands farther out to sea than any other portion of the Atlantic coast of the United States; it is the outermost of outer shores. Thundering in against the cliff, the ocean here encounters the last defiant bulwark of two worlds. (*OH* 3).

It is a powerful, visionary reconstruction of the geological ages and the work of Time, a kind of fantastic cosmogony of a world and its "transformations over the centuries due to the work of Time," so that the Cape really becomes (rather, is and has always been) a symbol of change, re-cognition, and re-possession.

Beston goes on describing the shape of the Cape through the anatomical analogy:

The cliff I write of and the bordering beach face the Atlantic on the *forearm* of the Cape [. . .] At Provincetown it rises from the sea, beginning there in a desert of dunes and *sand* plains of the ocean's making. These sands curve inland toward the continent, *bending* toward Plymouth even as a *hand* may be bent down at the *wrist*, and Provincetown harbor lies in the curve of the *palm* and *fingers*. At Truro, the *wrist* of the Cape—

the *forearm* simile being both exact and inescapable—
the land curve falls from the east and west down through
an arc to the north and south, and the earth cliff begins
and rises rather suddenly to its greatest elevation. (*OH* 4;
emphasis added).

His description clearly echoes Thoreau's:

Cape Cod is the bared and *bended arm* of Massachusetts:
the *shoulder* is at Buzzard's Bay; the *elbow*, or crazy-bone,
at Cape Mallebarre; the *wrist* at Truro; and the *sandy fist*
at Provincetown, — behind which the State stands on
her guard, with her back to the Green Mountains, and
her feet planted on the floor of the ocean, like an athlete
protecting her Bay, — boxing with northeast storms,
and, ever and anon, heaving up her Atlantic adversary
from the lap of earth, — ready to thrust forward her
other *fist*, which keeps guard the while upon her breast
at Cape Ann. (Thoreau [1865] 1987, 4-5, emphasis
added).

Thus Beston's adjective "inescapable" refers not only to the *forearm
simile* of the shape of the Cape, but also to the comparison and
juxtaposition with his predecessor of some seventy-five to eighty
years before [1851/1857].

Historic Memories

After geology, here are few emblematic stages of the Cape's history.
Beston is *historically* correct and begins his brief recapitulation
from the natives: "A powerful tribe of Indians, the Nauset, once
inhabited this earth between the seas." (*OH* 5). It is then the turn of
the explorers and discoverers — "Hundreds of isles and islets on the
Maine coast are as wild to-day as they were when Champlain visited
the archipelago . . ." (*OH* 147) — and of the history of navigation
off the Cape:

Eighteen Century pirates, stately British merchantmen of the mid-Victorian years, whaling brigs, Salem East Indies traders, Gloucester fishermen, and a whole host of forgotten Nineteenth Century schooners—all these have strewn this beach with broken spar and dead." (*OH* 124).

Memory of Nature

The world of Nature with its phenomena and living beings takes the lion's share in *The Outermost House*. In this book, Beston is, on the one hand in the wake of Thoreau (both *Walden* and *Cape Cod*) — and, on the other hand, he is the precursor of several other American nature writers of the twentieth century. The eco-environmental critic Thomas J. Lyon places him (together with Thoreau, Sigurd F. Olson and Edward Abbey) in the category of "Solitude and Back-Country Living": "In essays of experience, the author's first-hand contact with nature is the frame for the writing: putting up a cabin in the wilderness [. . .] walking the beach at night (Henry Beston, *The Outermost House*)." (Thomas 1996, 278, 279).

After all, Beston's self-definition as "Thoreauburrogh" (Payne 2016, 138) puts him in the wake of two of the most important writer-naturalists and eco-thinkers of the American tradition of nature writing and of life in close contact with Nature. But Beston's most relevant contribution to nature writing and its related *philosophy*, or "Naturosophy" (Casella 2019 A, 122) are his considerations about the relationship humans-animals:

> We need another and a wiser and perhaps a more mystical concept of animals. Remote from universal nature and living by complicated artifice, man in civilization surveys the creature through the glass of his knowledge and sees thereby a feather magnified and the whole image in distortion. We patronize them for their incompleteness, for their tragic fate for having taken form so far below ourselves. And therein we err, and greatly err. For the

animal shall not be measured by man. In a world older
and more complete than ours, they move finished and
complete, gifted with extensions of the senses we have
lost or never attained, living by voices we shall never
hear. They are not brethren, they are not underlings: they
are other nations, caught with ourselves in the net of life
and time, fellow prisoners of the splendour and travail of
the earth. (*OH* 24-25).

The most quoted of all his writings, this passage is at the foundation
of his (though still rough and not yet completely elaborated)
biocentrism, animalism, and anti-speciesism. Noteworthy is also
that the *spirit* of this reflection anticipates the *philosophy* of other
American nature writers such as, for example, Aldo Leopold[4].

The "vagabond of the dunes," as he was called by the Cape Codders
(Wilding 2001, 3-4, 31-32) records almost numberless episodes about
animals, plants, atmospheric phenomena that he discovered and
observed during his stay at the Cape, the common denominator being
always life in the wilderness. In his case the wilderness is represented
not by unexplored forests or deserts, rather by the Atlantic Ocean,
both in its most violent and extreme phenomena: wild storms, freezing
winters, summer squalls; and, yet, in its idyllic side: enchanting silent
nights in the *clair de lune*, triumphant spring, animal's life: migrations,
courtship, reproduction, behavior and language, vegetal life cycle and
the changing colors of trees shrubs herbs throughout the seasons[5].

Cultural Memory and Folklore

Though living in solitude, Beston had friendly relationships with the
people of the Cape, in particular the owners of the "Overlook Inn"
(Eastham) and the Surfmen of Nauset Life Saving Station, a few
miles from his "Fo'castle." His solitary life in the wilderness was quite
sui generis:

---

4   Cfr. Payne (2016, 138).
5   Cfr. Casella (2020, parts I, IV-VI).

> I lived as a solitary, yes, but I made no pretence of acting the conventional hermit of the pious tract and the Eighteenth Century romance. With my weekly visits to Orleans to buy fresh bread and butter, my frequent visits to the Overlook, and my conversations with the men on night patrol, a mediæval anchorite would have probably regarded me as a dweller in the market place. (*OH* 94).

In addition, this alternation solitude/sociability suitably fits the traditional American model of the lonely individual who does not disdain authentic and sincere relationships with his fellows, not unlike Thoreau's *moderate* solitude at Walden Pond: "I had three chairs in my house; one for solitude, two for friendship, three for society." (Thoureau [1854] 1960, 97)[6].

Beston's description of the Surfmen and of their selfless, hard and risky work to rescue shipwrecked people is almost a Whitmanian hymn to the common, everyday American hero of the past as well as the present:

> A fine group, these wardens of the Cape. Into the worst storms they go—without a question, with never a hesitation—a storm in which life would seem impossible [. . .] Yet the men make nothing of it and scarcely ever talk about it—they simply take their black oilskins and rubber boots from a locker, get into them by lantern light, and go. (*OH* 133).

It is as well, still in the most authentic tradition of the frontier and of the pioneers, the custom of meeting up and telling more-or-less incredible stories: in Beston this occurs with seamen, i.e. the Surfmen at the Life Saving Station and their tales (*OH* 137-140).

---

6 As regards typical rural American traditions and folklore, customs and habits (already vanishing in the years Beston was writing) there are plenty of examples, brief notes, and reflections at the end of each of the forty-six chapters of Beston's *Northern Farm* (1948), cfr. Casella (2019 B).

Literary Memory (influence and appropriation)

Nonetheless, for a writer like Beston, the richest reservoir of memory is represented by literature. In *The Outermost House* intertextual echoes resound from some of the greatest American writers of the eighteen and nineteen centuries (not to mention the British, from Shakespeare onwards). As already stressed, the main presence is that of Thoreau: Beston's solitary life in his "Fo'castle" facing the Atlantic is also a synthesis of Thoreau's self-chosen isolation in his cabin at Walden Pond and of his lonely wanderings at Cape Cod.

But one cannot dismiss "other echoes" from American literary tradition. To begin with, I would cite two examples about life (and death) at sea. The first one describes how seals hunt sea ducks

> . . . swimming unperceived under a flock of sea ducks, seizing one of the unwary birds from underneath, and then disappearing with their mouths full of flesh and frantic feathers. A confusion follows; the survivors leap from the water with wildly beating wings, they scatter, wheel, and gather again, and presently *nature has erased every sign of the struggle, and the sea rolls on as before.* (*OH* 67; emphasis added).

The second records the last tragic moments of a shipwreck:

> One great sea drowned all the five. Men on the beach saw it coming and shouted, the men on the deckhouse shouted and were heard, and then *the wave broke, hiding the tragic fragment in a sluice of foam and wreckage.* When this had poured away, the men on the afterhouse were gone. A head was visible for a minute, and then another drifting southward, *and then there was nothing but sea.* (*OH* 118; emphasis added).

In both cases one cannot but recall the grand finale of *Moby Dick* (1851): "Now small fowls flew screaming over the yet yawning gulf; *a sullen white surf beat against its steep sides; then all collapsed, and the great shroud of the sea rolled on as it rolled five thousand years ago.*" (Melville [1851] 1967, 469, emphasis added).

Another noteworthy analogy with Melville's "wicked book" is Beston's description of the Coast Guard Surfmen's launching of the boats in order to save shipwrecked people, when compared to the lowering of Ahab's harpooners' boats. This is Beston:

> Captains of coast guard crews here choose their launching ground, choose their moment, choose their wave. *All together now, go!—and out she runs, the captain standing astern, facing the breakers and steering, the men pulling for their lives.* (*OH* 135; emphasis added).

And this is Melville's "The First Lowering:"

> Such was the *thunder* of his voice, that spite of their amazement the men sprang over the rail [. . .] with a wallow, the three boats dropped into the sea; while, with a dexterous, off-handed daring, unknown in any other vocation, *the sailors . . . leaped down . . . into the tossed boats below.*
>
> Hardly had they *pulled* out from under the ship's lee, when a fourth keel . . . *pulled* round under the stern [. . .] Ahab . . . *standing erect in the stern*, loudly hailed Starbuck, Stubb, and Flask . . . (Melville [1851] 1967, 187; emphasis added).

In the first three examples, both writers incline to stress the condition of impersonal detachment (*no* pathetic fallacy . . .) of natural elements — in their cases, the ocean — before the tragedies of life and death, either when animals are chasing their preys, or when sailors tragically loss their lives in shipwrecks. The last two examples, on the other hand, highlight similar actions performed by seamen, though with different aims: the Surfmen launch their boats to save shipwrecked people, Captain Ahab has his boats and harpooners lowered to chase a whale. Worth stressing, beyond these various pictures on the whole, is also the lexical choice of terms like "the sea rolls on as before" in Beston and "the sea rolled on as it rolled five thousand years ago" in his predecessor Melville; and the similar *graphic* portrait of "the captain standing astern" (Beston) and of "Ahab . . . standing erect in the stern" (Melville).

Other analogies as well may be established between Beston's *nocturnes* (Ch. VIII: "Night on the Great Beach," but also less idyllic nights, stormy and wintry: *OH* 157-180) and Melville's nights on the ocean, in particular "Enter Ahab," "The Spirit Spout," and "Squid" (Chs. XXIX, LI, LIX).

Quite remarkable is also Beston's description of winter storms on the Cape, inasmuch as it bears resemblances both to Ralph Waldo Emerson's *The Snow-Storm* (1847) and to John Greenleaf Whittier's "Winter Idyl" *Snow Bound* (1866). Beston in fact writes:

> A northwest *snow* squall was *blowing* across the sedgy marshes and the dunes, '*seeming nowhere to alight*' in the enormous landscape, and whirling off to the sullen, iron-green, and icy sea. (*OH* 61; emphasis added).

Beston's prose is a clear allusion to Emerson's *incipit*:

> Announced by all the *trumpets* of the sky,
> Arrives the *snow*, and, driving o'er the fields,
> *Seems nowhere to alight*: the whited air
> Hides hills and woods, the river, and the heaven,
> (Emerson 1975, 217; emphasis added).

A few lines later, Beston describes the winter solstice:

> *The sun, this December morning*, has come to the end of his southern journey, he climbs the whitish *sky* to the south over the white fury of the Orleans shoals, and takes on a *silvery* quality from the pallor of the *sky*. (*OH* 62; emphasis added).

This thus echoing Whittier:

> *The sun* that brief *December day*
> Rose cheerless over hills of *gray*,
> And, darkly circled, gave at noon
> A sadder light than waning moon.
> Slow tracing down the thickening *sky*
> Its mute and ominous prophecy,
> [. . .]
> It sank from sight before it set.
> (Whittier 1975, 642).

The comparison Beston-Emerson is characterized first of all by Beston's almost *verbatim* repetition of Emerson's hemistich "Seems nowhere to alight" — the only variation being the present participle "seeming" instead of "seems" (but the twentieth century epigone acknowledges his literary debt by putting the [mis-]quotation between inverted commas). Secondly, the use of the verb "blowing" (referred to a "northwest snow squall" in Beston) cannot but metonymically evoke also the sound of the trumpet, thus linking it to Emerson's line and image: "Announced by all the trumpets of the sky." Finally, the sombre/gloomy atmosphere of the raging snow-storm both on the Atlantic coast and in the country equates the two authors.

Beston's and Whittier's brief descriptions of the Winter solstice, apart from the similar *incipits*: "The sun, this December morning" and "The sun that brief December day" — both referring to the shortest day of the year — have as common denominator the general atmosphere characterized by dull colours (rather, non-colours): "whitish sky . . . white fury . . . silvery quality . . . pallor of the sky" in Beston, "hills of gray . . . A sadder light than waning moon." in Whittier. Furthermore, the fact that in his original "Winter Idyl" Whittier preposes, as an epigraph, the very first stanza (nine lines) of Emerson's "The Snow-Storm" did not pass unnoticed to Beston: in other words the latter intentionally ranks/fits himself in the tradition of his two great predecessors of the nineteenth century by quoting and echoing both of them a few lines one after the other, in his chapter entitled "Midwinter."

Thus, four of the Five Great writers of the American Renaissance appear in Beston's masterpiece. After Thoreau, Melville, and Emerson it is now Walt Whitman's turn with his *hymn* to male physical beauty and strength:

> *I see* a *beautiful* gigantic *swimmer* swimming *naked*
>   through the *eddies of the sea*,
> His *brown* hair lies close and even to his head, he *strikes*
>   *out* with courageous *arms*, he urges himself with his
>   *legs*,
> *I see* his white *body*, *I see* his undaunted *eyes*,
> (Whitman [1855, 1891-1892] 1992, 545; emphasis
>   added).

Beston, in turn, describes a young man diving in the breakers of the Atlantic:

> The other day *I saw* a young *swimmer* in the *surf.* He was . . . little less than *six feet tall, splendidly built* . . . sunburned and *brown.* Standing *naked* on the steep beach, his feet in the climbing seethe, he gathered himself for a swimmer's crouching spring . . . and suddenly leaped headfirst through a long arc of air into the wall of a *towering* and *enormous wave.* Again and again he repeated his jest, emerging each time beyond the breaker with a stare of salty *eyes,* a shake of the head, and a smile. It was all a *beautiful* thing to see: the *surf thundering* . . . the *beautiful* and compact *body* in its *naked* strength and *symmetry,* the astounding plunge across the air, *arms* extended ahead, *legs* and feet together, the emerging *stroke* of the flat hands, and the alternate rhythms of the sunburned and *powerful* shoulders. (*OH* 212-213; emphasis added).

The similarities between the two descriptions are evident, both gloriously celebrating a young, handsome, healthy male body[7].

There are also "other echoes" from British authors: Shakespeare, Pope [*NF* 100], Defoe, Blake, Coleridge, Tennyson, Arnold [*NF* 101], Swinburne, Darwin, and T.S. Eliot, but these are not the object of our exploration here. They are, however, evidence of Beston's deep and wide literary memory, going beyond American literature to include its linguistic and cultural model and source, that is the British one.

In light of all these examples, it seems quite evident that Beston — also thanks to his knowledge and love of American and British literature (he graduated in English literature at Harvard) — adopts various intertextual strategies, from direct quotation and/or partial appropriation of, to more or less explicit allusions to, and echoes from, his predecessors also in order to fit himself in the American literary tradition, which he is, as a writer, both inheritor

---

7   Incidentally, there is also an intentional allusion to William Blake's *The Tyger* in the noun "symmetry" which recalls the "fearful symmetry" of the feline protagonist of Blake's poem.

and partial continuer of. As already recalled, his self-definition as "Thoreauburrogh" is eloquent enough, though in a sense limited to the category of naturalistic literature (which proves also Beston's modesty). As a matter of fact the writer from Quincy encompasses a wider range of American writers, especially the most important ones of the nineteenth century. Should one recur to Harold Bloom's categories of literary influence, it might be said that Beston employed at least four Bloomian modalities: "Clinamen," "Tessera," and "Kenosis" towards H.D. Thoreau (he partly "swerves away" from, partly "completes," and partly moves "towards discontinuity" with Thoreau); "Clinamen" and "Tessera" towards Emerson, Whittier, Whitman (Beston again partly "swerves away" from, and partly "completes" the trio Emerson Whittier Whitman); "Clinamen" and "Askesis" towards Melville (here Beston partly "swerves away" from, and partly "curtails" himself in front of great Melville) (Bloom 1973, 14-15).

Artistic Memories

Other meaningful connections that confirm Beston's cultural belonging to, and knowledge of the American artistic tradition have to do with painting and music. Echoes of, and allusions to, painting include the famous American artists Winslow Homer (1836-1910) and Edward Hopper (1882-1967), as well as the traditional prints of Currier and Ives.

In "Lanterns on the Beach" (*OH* Ch. VI), Beston describes in detail the technical devices employed by the Coast Guard Surfmen to rescue shipwrecked people from the boats stranded "offshore in the surf":

> The life-saving cannon and its auxiliary apparatus . . . are kept in a stout two-wheeled wagon called "the beach cart." The "shot," or projectile, fired from this gun resembles a heavy brass window weight with one end pulled out into a stout two-foot rod ending in a loop.

When a wreck lies offshore in the surf, the end of a very light line called the "*shot line*" is attached to the eyelet in the brass projectile, and the gun aimed at the wreck with particular care. One must place the shot where the men in the rigging can reach it, and yet avoid striking them. If all goes well, the shot whizzes into the very teeth of the gale and falls aboard, leaving the *shot line* entangled. Should the wrecked men succeed in reaching and hauling in this first cord, a *heavier line* is sent on, and when the mariners haul in this second line, "the whip," they haul out to their vessel the *lifebuoy* and its hawser. *Pulleys* and cables are so rigged as to permit the *buoy* to be hauled *in and out to the wreck* by the coast guard crew. (*OH* 130-131; emphasis added).

The so called "shot line" is nothing but the "life-line" of the homonymous painting by Winslow Homer which depicts one such rescue[8]. The scene is highly dramatic: among turbulent and menacing waves, a (probably fainted) woman is in the foreground, precariously sitting on a lifebuoy secured to the pulley of the "life-line" and supported by the rescuer. The latter's face is not visible, only his southwestern rain cap partly hidden by the woman's dark red scarf blown by the storm. On the left the torn sails of the shipwrecked vessel are glimpsed, on the right dark cliffs stand out. The couple is (symbolically) at the center of the scene, still in danger, precariously between shipwreck and safeness.

Regarding Edward Hopper, an artist closely connected to the Cape since the mid-Thirties of the twentieth century, we need only note that his famous landscapes of the dunes, his sunrises and sunsets and cottages of the Cape perfectly transpose on the canvas Beston's descriptions in his book. For example, Hopper's brilliant painting *Rooms by the Sea*[9] seems the visual rendering of Beston's very words: "The winter sea was a mirror in a cold, half-lighted room, the summer sea is a mirror in a room burning with light. So abundant

---

8   Homer, Winslow. *The Life-Line* (1884). Oil on canvas. 72.7 cm. × 113.7 cm. (28.6 in. × 44.8 in.), Philadelphia Museum of Art, Philadelphia.

9   Hopper, Edward. *Rooms by the Sea* (1951). Oil on canvas. 74.3 cm. × 101.6 cm. (29.25 in. × 40 in.), Yale University Art Gallery, New Haven/CT.

is the light and so huge the mirror that the whole of a summer day floats reflected on the glass." *(OH* 192).

Concerning a more popular and traditional form of visual art, printing and lithography, Beston refers to the famous firm Currier and Ives, one of America's most successful enterprises of the second half of the nineteenth century, in *Northern Farm* (1948) describing a particular place near Lake Damariscotta close to his "Chimney Farm" in Nobleboro, Maine: "The glen of the cascades is such a scene as one might find in an old Currier and Ives print . . . " (*NF* 125), thus evoking one of the most typical and traditional subjects of the two printers, the imposing natural landscapes of the New World.

The concluding example is from music. In the first chapter of *Northern Farm* Beston is travelling by train from a big city (probably Boston) to his Maine farm. His observations and meditations about the changes from urban to country landscape in each of the six paragraphs are sealed by a refrain: the first five articulations are "Home. Going home." whereas the last is "Home again. Home." (*NF* 3-6). This refrain is the title of one of the most popular American motifs deriving from the second movement (largo, main theme in D-flat major) of the Czech composer Antonin Dvořák's Symphony No. 9 in E minor *From the New World* (1893). This most famous theme draws from popular American music (spiritual, gospel, native, perhaps blended with Czech folk music) and evokes the grandeur of American spaces and landscapes. Such theme has been interpreted by numberless singers, groups, and orchestras in the most different circumstances, private and public, of American life and history.

To "know the place for the first time."

Literature, painting, music (and, in a sense, sculpture:[10] all these expressions of artistic languages as originally developed by American

10   In using the term "sculpture," I refer to the sculptural/statuesque (however dynamic, not static) effect of Beston's description of the "swimmer in the surf" in the comparison with Whitman's scene from the latter's poem *The Sleepers* (see above, pp. 219-220).

writers, poets, painters, and musicians[11] throughout the nineteenth and the beginning of the twentieth century are present in Beston's masterpiece *The Outermost House* (and, in a slightly lesser degree, in *Northern Farm*) and evidence, through the various ways the writer approaches and relates to them, his deep awareness of belonging to a tradition and continuing it. It is not by chance that Beston begins (both from the creative-literary and partly from the biographical point of view) from one of the very sources of American modern history, civilization, and culture, that is Cape Cod, its early discoverers and explorers — Bartholomew Gosnold and William Bradford — and its geological, geographical, and historical memories. He becomes, in turn, a re-discoverer, as in T.S. Eliot's words:

> We shall not cease from exploration
> And the end of all our exploring
> Will be to arrive where we started
> And know the place for the first time.
> (Eliot 1969, 197)

These lines of the great poet coeval with Beston (they were both born in the same year, 1888) are an apt metaphor for Beston's re-discovery of American multifaceted tradition and memory/-ies, of his personal *journey* which "started" from a precise "place" — the Cape — and knowing it "for the first time" re-cognized and made his own also all the tradition and memories it represents.

Bibliography

Archer, Gabriel. *The Relation of Captain Gosnold's Voyage to the North Part of Virginia (1602)*, in Finch, R. (ed.), *A Place Apart. A Cape Cod Reader*. New York and London: W.W. Norton, 1993: 10-11.

---

11   Even though it is well known that Antonin Dvořák was not American but Czech.

Beston, Henry. *The Outermost House. A Year of Life on the Great Beach of Cape Cod* (1928). New York: Henry Holt, 1992 (abbreviated in the essay as *OH* followed by page number, between brackets after the quotation itself).

_____. *Northern Farm. A glorious Year on a small Maine Farm* (1948). New York: Henry Holt, 1994 (abbreviated in the essay as *NF* followed by page number, between brackets after the quotation itself).

Bloom, Harold. *The Anxiety of Influence. A Theory of Poetry*. London - Oxford - New York: Oxford University Press, 1973.

Bradford, William. *Of Plymouth Plantation* (w. 1630-1650, p. 1856), in Stern, M.R., Gross, S.L. (eds.), *American Literature Survey. Colonial and Federal to 1800*. New York-Harmondsworth: Penguin, 1978: 11-33.

Casella, Stefano Maria. "'La Mystère, la Beauté, et la Mystíque de la Nature': The Poetics of Wonder in Henry Beston's *The Outermost House*," in Potter M., Gregorzewska M., Ward J. (eds.), *In Wonder, Love and Praise. Approaches to Poetry, Theology and Philosophy*. Berlin-Bern-Bruxelles-New York-Oxford-Warszawa-Wien: Peter Lang, 2019 A: 117-128.

_____. "'Peace with the Earth is the First Peace'. Henry Beston, Nature, the Earth, and Economy," in De Gennaro I, Lüfter R., Kazmierski S., Simon R., (Hrsg.), *Wirtliche Ökonomie. Dritter Teilband* (*Elementa Oeconomica* 1.3). Nordhausen: Verlag Traugott Bautz, 2019 B: 205-244.

_____. " 'On my solitary dune'. *The Outermost House* di Henry Beston: solitudine e spiritualità dell'Oceano," in Nori G., Vallone M. (a c. di), *Deserto e spiritualità nella letteratura americana*. Città di Castello/PG: Odoya, 2020: 77-107.

Eliot, T.S. *The Complete Poems and Plays*. London and Boston: Faber and Faber, 1969.

Emerson, Ralph Waldo. *The Snow Storm*, in Stern M.R., Gross S. L., (eds.), *American Literature Survey. The American Romantics*. New York-Harmondsworth: Penguin, 1975: 217-218.

Lyon, Thomas A. "A Taxonomy of Nature Writing," in Glotfelty C., Fromm H., (eds.), *The Ecocriticism Reader: Landmarks in Literary Ecology*. Athens and London: University of Georgia Press, 1996: 276-281.

Melville, Hermann. *Moby-Dick*. New York-London: W.W. Norton, 1967.

Payne, Daniel G. *Orion on the Dunes. A Biography of Henry Beston*. Boston: David R. Godine, 2016.

Thoreau, Henry David. *Walden, or Life in the Woods* [1854] and *On the Duty of Civil Disobedience*. New York-Scarborough (Ontario): New American Library, 1960.

_____. *Cape Cod* [1865]. New York: Penguin, 1987.

Whitman, Walt. *Leaves of Grass* [1855, 1891-1892]. New York: Library of America, 1992.

Whittier, John Greenleaf. *Snowbound. A Winter Idyll*, in Stern M.R., Gross S.L., (eds.), *American Literature Survey. The American Romantics*. New York-Harmondsworth: Penguin, 1975: 641-660.

Wilding, Donald (Don), (ed.) *On its Solitary Dune: Dedicated to Henry Beston and His Literary Classic The Outermost House*. North Attleboro/MA: published for the Eastham's 350th Anniversary History and Publications Committee by The Outermost Web, 2001.

_____. *Henry Beston's Cape Cod*. Haverford/PA: Infinity, 2003.

Discussing the Canon with John Fante and Carlos Bulosan

IMMIGRANT NARRATIVES AS SITES OF MEMORY

Enrico Mariani
Università Roma Tre

Abstract: The essay explores diasporic Californian writers John Fante's and Carlos Bulosan's practice of mentioning literary models in their autobiographical narratives from an intertextual perspective. The practice reveals instances of affiliation and identity: a way to insert themselves in the dominant literary canon, not simply as a need of assimilation, rather to negotiate their intellectual and social position. Their books are thus sites of United States literary memory through the building of a global canon.

We can agree, with a fair amount of certainty, on the axiom that books are sites of memory, regardless of their author, their contents and their function, because they are documents written by an individual in a certain historical period. Therefore, if we narrow the field, literary narratives that explicitly mention the names of other (contemporary and past) writers provide information about a given literary tradition. By challenging a canon or signaling the author's desire to be part of it, these books function as a sort of meta-literary discourse about the United States literary canon, thus becoming sites of literary memory. This is the case of some of the autobiographical works by John Fante and Carlos Bulosan, which employ similar narrative devices that inform the reader about the literary traditions their alter-egos dealt with and were influenced by.

One of the literary devices Fante's and Bulosan's narratives use there is the self-educated alter-egoes attending public libraries and mentioning the authors and books they read. The *topos* of attending public libraries and retracing one's own intellectual self-education is rather common among autobiographical immigrant texts in the

United States, while the practice of mentioning other authors could be called, by drawing from the narratological language (Cohn, 778-779), "referential naming", that is, the reference to real, historical writers in a fictional (or partially fictional) narrative. This practice, moreover, can be detected in a wide variety of novels and can be considered a meta-literary *topos*. One example is Jack London's *Martin Eden* (1908), in which the eponymous protagonist, a self-taught aspiring writer, makes large use of referential naming of his literary models (Swinburne, Longfellow, Tennyson etc.), thus claiming his belonging or desire to belong to a specific Anglo-American literary tradition. London is, in turn, cited in both Fante's and Bulosan's texts[1].

Such literary devices acquire relevance in the United States autobiographical narratives of the 1930s and 1940s written by first and second-generation immigrant authors, inasmuch as they voice a desire for "assimilation" within the dominant intellectual culture by explicitly inscribing their fictional narrators in the national literary tradition, and claiming, at the same time, a more global or transnational influence. This attempt expressed a need for recognition, since the two authors had to struggle against racial and ethnic prejudice, violence and exploitation derived from their foreign cultural heritage: in different socio-historical contexts, both authors' ethnic community, in fact, were considered unfit for "Americanization" (Carravetta, 134; Boelhower, 59; Harris, 61-82). Thus, because their legal, social and cultural status was denied, referential naming of the literary models in their works, and the affiliating quality that comes along with it, reveals precise meanings in both authors' endeavors to gain a literary identity or a cultural citizenship. However, it will be demonstrated that both authors did more than just praise the U.S. literary canon: the referential naming shows also a stimulating discussion about that very canon, about the possibility of enlarging it and completing it with the literature of their countries of origin. Therefore, this article tries to demonstrate

---

1   The practice of "name-dropping", along with parodic quotations from the literary tradition as a stylistic mark of postmodern fiction, will not be examined here.

that Bulosan's and Fante's abovementioned narrative practices turn their texts into sites of memory of the "nearly lost progressive heritage of cultural pluralism," as Gerald Meyer put it:

> cultural pluralism situated the demands of the various groups within a context of an on-going struggle for the realization of a much broader definition of democracy that included cultural rights. [. . .] [Its] recovery could help cultural minorities to more effectively assert their rights to equality against increasingly aggressive forces that, in the name of national security, are intent on erasing difference. (Meyer, 52-53)

As Elisa Bordin argues, both John Fante and his alter-ego Arturo Bandini look at literature as a practice of social advancement. The authorial space provided by literature allowed Fante to preserve his own individual voice while inscribing himself into the shared space of American readership (Bordin, 101). Moreover, considering the main themes of Fante's production, the presence of "literary fathers" in his novels challenges the bulky presence of the Italian fictional father: being a second-generation Italian American, Fante lived first-hand the conflict between his Italian heritage in domestic spaces and the desire to emancipate from his heritage in order to fully "become American." This conflict or negotiation are addressed in most of his narratives, in which an Italian fictional father often stands in opposition to literary fathers. Literature, thus, turns out to be the only way for Fante's alter-egoes to avoid the life of bricklaying imposed by the Italian fictional father. Fred Gardaphé claims that in the first decades of the 20th century "for [the] American-born [Italian] children, literacy became synonymous with 'going American'" (Gardaphé, 292), and for Fante's alter-egoes, not only literacy, but also literary erudition represented a step further in this process of "going American." His narratives, in fact, are interspersed with literary references, although the names of the authors he mentions change over the years, as if he were constantly updating his personal canon from one novel to another. In the early novels the referential naming was more focused on American authors and cultural references, probably because Fante, through his alter-ego, aspired to be included among them. In the last novels, on the contrary, more space is given to an Italian and transnational canon, which demonstrates that Fante's individual struggle had become plural, and his canon had turned global (Bordin, 106-107). In the novels of his first writing period, such as *Ask the Dust* (1939) and *The Road to Los Angeles*, written in the mid-1930s but published posthumously (1985), referential naming spans from the American Renaissance to the naturalist, modernist and proletarian novelists. In *The Road to Los Angeles*, the young protagonist Arturo Bandini often reads books of German philosophers in the park, without really understanding them, until he discovers the 1930 novel by Michael Gold: "it was a book called *Jews Without Money*. What a book that was!" (Fante 2004, 264). In *Ask the Dust*, the aspiring writer Arturo Bandini always comforts himself by putting his name in line with those of other acclaimed authors. In chapter 7, for example, Bandini disseminated the hotel where he was living in Los Angeles with copies of the magazine in which he published his first short story and was disappointed by the guests of the hotel for not reading it:

> they were foolish, all of them. It was a story about their own middle-west, [...] the cool homelands from whence they came were so near at hand, right there in the pages of that little magazine. And I thought, ah well, it was ever thus — Poe, Whitman, Heine, Dreiser, and now Bandini; thinking that, I was not so hurt, not so lonely. (Fante 2004, 465)

Another significant passage, in this sense, is at the beginning of the novel, where Bandini finds solace at the Los Angeles Public Library: "the library with the big boys in the shelves, old Dreiser, old Mencken, all the boys down there, and I went to see them, Hya Dreiser, Hya Mencken, hya, hya: there's a place for me too, and it begins with B, in the B shelf, Arturo Bandini, make way for Arturo Bandini, his slot for his book" (Fante 2004, 414).

It is interesting to note that in the novel the critic and editor Henry Louis Mencken has the double status of both referential historical character, as can be seen in the quotation, and diegetic fictional character under the name of J. C. Hackmuth, the much-admired editor of Arturo Bandini. The epistolary relationship between Bandini and Hackmuth is in fact based on the actual epistolary relationship between Fante and Mencken, which lasted non-continuously from 1930 to 1952 and was published in 1989 by Michael Moreau, and often focuses on prose writing. In the novel, Bandini asks his mentor if he "writes as well as William Faulkner" (Fante 2004, 418), an author mentioned also in Bulosan's semi-autobiography. As Bordin points out, Fante's reference to Faulkner is peculiar because it was quite unusual at the time, since Faulkner reached wider popularity only at the end of the 1940s, after having been awarded the Nobel Prize (Bordin, 106). Faulkner, however, published his short stories in the *American Mercury*, directed by H.L. Mencken, one of the most influential magazines between the end of the 1920s and early 1930s, a magazine that Fante read voraciously and in which he published his first short stories as well.

Along the 1910s and 20s, Mencken himself was concerned about transnational and global influences, although at that time the lexicon was characterized differently, and the influences were named "foreign" or "alien." The preoccupation about "foreign influences" on the national literary canon was expressed in many of Mencken's articles and condensed in an essay from the second series of the *Prejudices*, "The National Letters." Here, he embodied the complaint that, apart from the regional and popular literary genres, the highbrow American literature could not claim to be independent from the "foreign letters" — that is, European, and especially British, literature (Mencken, 171-180). He found an immediate answer to this concern in the works of naturalist and modernist authors like Sinclair Lewis, Theodore Dreiser, Willa Cather, F. Scott Fitzgerald and Sherwood Anderson (among the others), whom he praised for their privileging American over British English, and for their challenge to the institutional mores (and also because some of them were personally acquainted with him). Fante, in turn, did not conform to their themes and perspectives because of his different ethnic and class background, although some of them were among the first writers featuring the lives of immigrants in the United States in third person-narratives. He, instead, opted for an autobiographical first-person narrative, but mentioned them in his novels as if he wanted to fix a national "Menckenian canon."

Mencken, who was boldly and idiosyncratically American, despised the nationalists and the patriots, and in his essay comes to the logical conclusion about the "foreignness" of the whole population of the U.S., thus that "foreignness" was the foundation of the national letters:

> It is not to be forgotten that, without this rebellion of immigrant iconoclasts [Dreiser], the whole body of the national literature would tend to sink to the 100% American level of such patriotic literary business men as the president of the Authors' League. In other words, we must put up with the aesthetic Bolshevism of the Europeans and Asiatics [sic] who rage in the land, for without them we might not have any literature at all. (Mencken, 177)

The dialectical approach between "nativism" and "foreignness" was at the base of many of his works, such as the volume *The American Language*, published in four editions from 1919 to 1948, in which he collected the English spoken in the United States, including the dialects spoken by Asian and European immigrants, and African Americans. This multicultural, but nonetheless ethnocentric, approach was reflected also in the editorial choices of *The American Mercury*, in which he published works of young first and second-generation immigrant writers such as Fante, Louis Adamic, William Saroyan, and African American writer Langston Hughes.

What Fante found appealing in Mencken was his national-scale authority on literature and his iconoclasm, and from him Fante inherited both the political iconoclasm and the dialectic "nativism/foreignness", which, given his second-generation background, was brought to a more pluralist perspective. A hint of a pluralist notion of the literary canon in Fante's works can be found in the last novels, *The Brotherhood of the Grape* (1977) and *Dreams from Bunker Hill*

(1982), in which he mentions, along with American and European authors, the Italians Gabriele D'Annunzio, Ignazio Silone, Luigi Pirandello (Fante 2004, 739). *The Brotherhood of the Grape* has an epigraph by an essentially unknown Eduardo Verga, author of *The Abruzzi*, while in its iconic chapter 8, the protagonist recalls his youth in a flashback with a brilliant stream of consciousness prose, claiming that literature fueled his desire to migrate to California, a claim that will also be found in Bulosan:

> Yes, I got away. I made it when I was not yet twenty. The writers drew me away. London, Dreiser, Sherwood Anderson, Thomas Wolfe, Hemingway, Fitzgerald, Silone, Hamsun, Steinbeck. Trapped and barricaded against the darkness and the loneliness of the valley, I used to sit with library books piled on the kitchen table, desolate, listening to the call of the voices in the books, hungering for other towns. (Fante 2005, 70)

In this passage, Fante explicitly mentions for the first time the Norwegian Knut Hamsun, his lifelong source of inspiration, along with the "Menckenian canon." An indirect tribute to Hamsun was however already present in *Ask the Dust*, since "ask the dust on the road" was a quotation from the novel *Pan* (1894). References to Italian authors, which lacked in the early novels, coincide with Fante's return to his national legacy, a process quite common among immigrant authors (Basile Green, 1-2). The referential naming made by Fante in his novels appears thus, to an attentive reader, not a sterile homage or a mere brag about erudition, although at times it may seem so: this meta-literary *topos* rather signals his desire to be part of the American letters by enlarging the canon from within. In doing so, Fante traces a map for future memory of both a national ("Menckenian"), personal and global canon.

In the case of Bulosan's semi-autobiography *America Is in the Heart* (1946), as in Fante, the referential naming is functional to the process of the protagonist's self-education and intellectual growing. It could be read as both the author's attempt to be assimilated into the dominant culture and a praise of a pluralist and global literary canon.

Any assimilationist interpretation of Bulosan's semi-autobiography, however, would be problematic due to the social and political implications of the author's background and to the ambiguous position of the autobiographical narrator. The latter feature is shared with Fante, who was also a friend of Bulosan and is mentioned in the text as a historical character, as a friend and inspiration for the protagonist, along with Louis Adamic and Carey McWilliams. In the character's description, however, Bulosan's narrator reveals a torn sense of kinship, a pluralist conception of society, and of class and ethnic solidarity:

> Fante's obscure background and racial origin aroused in me a sense of kinship. I considered his imperturbability as merely a defense against an alien world, for his Italian pride and prejudice were similar to my Filipino pride and prejudice. But at the same time I feared that, because he lacked a positive intellectual weapon with which to cope with his environment, he might eventually lose the vigor of his peasant heritage. (Bulosan, 266)

This pluralist conception, linked with the concern about "losing the peasant heritage", also derives from the fact that, despite the first-person and at times introspective narration, *America Is in the Heart* is a collective history of the Filipino migrants in the United States during the colonial decades[2], which finely voices the Filipinos' awareness of the class liberation in the Philippines and the class and colonial liberation from the United States. Moreover, the quotation is telling about the narrator's marking the gap between first and second-generation immigrants.

---

2   After nearly 300 years of Spanish colonialism, the Spanish-American war (1898) and the Philippine-American war (1899-1902), the Philippines have been a United States colony from 1901 to 1946. At first, as an "Unincorporated State" until 1935, then the Tydings-McDuffie Act established the Commonwealth of the Philippines, which provided the Philippines with a local government, but still under the U.S. direct influence. In 1946, the Philippines gained political independence from the U.S., although many critics claim that the Philippines are still an economic and cultural neocolony of the U.S. (San Juan Jr, xvi-xxvi).

The protagonist's "American education" begins in the first part of the semi-autobiography set in the U.S.-colonized Philippines where, as a young boy, he is acquainted with an American woman who invites him to work for her in a library, a place which, similarly to what happens to Bandini, takes a major part in fueling his wish to migrate. Not surprisingly, in the colonial context the protagonist's discovery of literature amounts to his apprehending the rhetoric of the United States as the "land of opportunity." Thus, in the text, the protagonist's intellectual and artistic career is often related to the "American Dream." In the library of Baguio (Luzon), the protagonist is taught about Abraham Lincoln, "a poor boy who became the president of the United States [. . . and] died for a black person" (Bulosan, 69-70), and wants to know more about the United States culture in order to migrate. Just as the story of Lincoln, literature and the shelves of the library nurture the protagonist's horizons: "I found great pleasure in the library. [. . .] I was slowly becoming acquainted with the intricacies of a library. Names of authors flashed in my mind and reverberated in a strange song in my consciousness. A whole new world was opened to me" (Bulosan, 70).

The names of the authors reverberate also in the third part of the semi-autobiography, in which the protagonist is hospitalized for two years due to a severe form of tuberculosis. Here he continues his literary education with the help of two socialist sisters, Alice and Eileen Odell, whose characters are based on the historical figures of the writer Sonora Babb and her sister Dorothy, who provided Bulosan with books during his hospitalization (University of Washington Library). The referential naming in Part Three shows that his literary education was also conditioned by world-shaking events such as the rise of Nazism in Germany, the Spanish Civil War, the menace of a global conflict and the gathering of socialist forces around the world. Thus, the protagonist's intellectual growing unravels through two main paths: one leads to an idiosyncratic assimilation into the United States culture, the other towards homecoming. The narrator begins by naming some of the contributors to *Poetry: A Magazine of Verse*, founded by Harriet Monroe, such as Hart Crane, Malcolm Cowley, Carl Sandburg etc. The narrator himself published his poems in that very magazine, and also Bulosan was a regular contributor in the second half of the 1930s: "I felt it was a great triumph for me, and also a definite identification with an intellectual tradition" (Bulosan, 227-228). Hence, the narrator discovered European authors such as Lorca, Kafka, Rilke, Heine, Proust, the Russians, above all of them Maxim Gorki, but also the Chinese Lu-Sin and Cuban Nicolas Guillen, learning that "one writer led to another [and] that they were all moved by the same social force." Thus, the protagonist became aware of Gorki's "counterparts in America: Jack London, Mark Twain and the youngest of them all — William Saroyan" (Bulosan, 246). In a utopian way, the narrator associates the power of literature to reflect the human condition, regardless of nationality and race, with the American Dream, which for him constituted in the ideal of democracy, thus displaying an assimilationist sentiment:

> I felt that I was at home with the young American writers
> and poets. Reading them drove me back to the roots of
> American literature — to Walt Whitman and the tumult
> of his time. And from him, from his passionate dream
> of an America of equality for all races, a tremendous
> idea burned my consciousness. Would it be possible for
> an immigrant like me to become part of the American
> Dream? Would I be able to make a positive contribution
> toward the realization of this dream? (Bulosan, 251)

These questions recur many times throughout the book until the end. The literary education in Part Three ends with the reading of the fairy tales and the folklore from different cultures, such as the *Arabian Nights,* Grimm's *Fairy Tales,* Aesop's *Fables*:

> These books stimulated me to go back to the folklore
> of my own country. I discovered with amazement that
> Philippine folklore was uncollected, that native writers
> had not assimilated it into their writings. This discovery
> gave me an impetus to study the common roots of our
> folklore, and upon finding it in the tales and legends of
> the pagan Igorots in the mountains of Luzon, near my
> native province, I blazed with delight at this new treasure.
> Now I must live and integrate Philippine folklore in our
> struggle for liberty! (Bulosan, 260)

The narrator, here, presents one more goal he began to pursue as a result of his self-education, that is, his own (physical or ideal) return to the Philippines in order to emancipate them, although it is not said explicitly, from the United States yoke after a cultural revolution. Like Arturo Bandini, Bulosan's narrator considers Faulkner a model, although not only of prose writing, and is struck by his obsession with the decay of the South. Significantly, Bulosan's narrator mentions Faulkner's influence on the stories about his rural village in Pangasinan and parallels the "philistinism" of the Philippines petty bourgeoisie towards this "peasant stories" with the sensation caused by Faulkner's treatment of obscene subjects in his works (Bulosan, 242-243).

The affiliation to United States literature and American idealism, however, should not be confused with a total assimilation of the author within the United States dominant culture. Marilyn Alquizola points out that the distinction between the fictive naïve narrator Allos/Carlos and the author Bulosan "allows the text to function as a glaring critique of American colonialism" (Alquizola 1989, 212). Even though the narrator, at the end of the novel, seems to fully embrace the American idealism, the text is undeniably scattered with critiques towards United States colonialism in the Philippines, violent forms of racism and exploitation at the expenses of the Filipinos in the United States, as well as themes such as class struggle, anti-fascism and anti-capitalism, thus revealing the author's Marxist orientation (Alquizola 1989, 213). This critical reception, however, was only possible after *America Is in the Heart*'s republication in 1974, because the first reviews were conditioned by the WWII alliance between the United States and the Philippines and thus by assimilating sentiment, since "the surplus of meaning in the narrative" allowed the text to be read on multiple levels (Alquizola 1991, 203-206).

In conclusion, the intertextual analysis of Fante's and Bulosan's texts demonstrates that if their alter-egoes present a similar desire of assimilation within the United States culture, the ambiguous status of the autobiographical narrators challenges the melting-pot narrative, and their referential naming shows a pluralist view of the literary canon. Moreover, they underline how crucial is that the material spaces for literary education, such as public libraries, be accessible to everyone, especially for those who could not afford, or were systematically excluded from, higher education. In 2010, the City of Los Angeles designated John Fante Square the intersection beside the entrance of the Los Angeles Public Library, where Fante and Arturo Bandini educated themselves. In 2011, the University of California, Davis instituted the Bulosan Center for Filipino Studies, a gathering for scholars who want to deepen their knowledge of Filipino culture, as Bulosan wanted to. Whether or not these immigrant narratives stand as sites of memory of the national canon becoming global, these dedicated institutional sites enhance the importance of public education in the construction of a full, conscious and responsible citizenship.

Works cited

Alquizola, Marilyn C. "Subversion or Affirmation: The Text and the Subtext of America Is in the Heart," in *Asian Ameircans: Comparative and Global Perspectives*, ed. Shirley Hune et al., 199-209. Pullman: Washington State University Press, 1991.

Alquizola, Marilyn C. "The Fictive Narrator of America Is in the Heart," in *Frontiers of Asian American Studies: Writing, Research, and Commentary*, ed. Gail M. Nomura et al., 211-217. Pullman: Washington State University Press, 1989.

Basile Green, Rose. "The Italian-American Novel in the Main Stream of American Literature," in *The Italian American Novel*. New York: American Italian Historical Association, Inc., 1969, pp. 1-5.

Boelhower, William. *Immigrant Autobiography in the United States*. New York: Bordighera Press, 2021.

Bordin, Elisa. *Un'etnicità complessa. Negoziazioni identitarie nelle opere di John Fante*. Napoli: La scuola di Pitagora, 2020.

Bulosan, Carlos. *America Is in the Heart.* Seattle and London: University of Washington Press, 2014.

Carravetta, Peter. "The Silence of the Atliantians. Contact, Conflict, Consolidation (1880-1913)," in *The Routledge History of Italian Americans,* eds W. J. Connel and S. G. Pugliese. New York: Routledge, 2018.

Cohn, Dorrit. "Signposts of Fictionality: A Narratological Discourse." *Poetics Today* 11.4 (Winter 1990): 775-804.

Fante, John. *The Bandini Quartet.* Edinburgh: Canongate, 2004.

—. *The Brotherhood of the Grape.* Edinburgh: Canongate, 2005.

Fante, John, and Henry L. Mencken. *John Fante & H. L. Mencken - A Personal Correspondence 1930-1952.* eds Michael Moreau and Joyce Fante. Santa Barbara: Black Sparrow Press, 1989.

Gardaphé, Fred L. "From Oral Tradition to Written Word: Toward and Ethnographically Based Literary Criticism," in *From the Margin: Writings in Italian Americana (revised edition),* eds Fred L. Gardaphé, Paul Giordano and Anthony J. Tamburri. West Lafayette: Purdue University Press, 2000.

Harris, Susan K. *God's Arbiters: Americans and the Philippines, 1898-1902.* New York: Oxford University Press, 2011.

Mencken, Henry Louis. *Prejudices: First, Second, and Third Series.* New York: The Library of America, 2010.

Meyer, Gerald. "Cultural Pluralists versus Americanization: The Contributions of Horace Kallen, Randolph Bourne, Louis Adamic, and Leonard Covello." *Community Review* 18 (2000): 37-58.

San Juan Jr, Epifanio. *U.S. Imperialism and Revolution in the Philippines.* New York: Palgrave McMillan, 2007.

University of Washington Library. n.d. *Author, Poet, and Worker: The World of Carlos Bulosan.* Last accessed January 7, 2022. https://content.lib.washington.edu/exhibits/bulosan/index.html.

Cinco escritores chilenos sobre cinco escritores chilenos

FORMAS DE REIVINDICACIÓN DE UNA HISTORIA LARGA
DESDE LA LITERATURA

Felipe Joannon
Université Paris 8

Abstract: El artículo estudia el auge del fenómeno de la biografía en Chile durante la segunda década del siglo XXI. En particular, se centra en publicaciones llevadas a cabo por escritores chilenos contemporáneos sobre la vida de escritores y escritoras chilenas de generaciones pasadas. El texto propone comprender este fenómeno como una reacción a tres discursos contemporáneos — (i) uno mítico identitario, (ii) uno ideológico, y (iii) uno literario — ante los que se reivindica un discurso histórico de largo plazo orientado a fortalecer los lazos de una comunidad nacional.

Introducción

Ante el muchas veces vaticinado fin de la historia y lo diacrónico y su reemplazo por parte de lo espacial y lo sincrónico,[1] vale la pena preguntarnos cómo podríamos imaginar las convergencias futuras de los fenómenos artísticos, en base a qué criterios podríamos agrupar expresiones individuales para hablar de fenómenos colectivos. En efecto, al abandonar la noción de un tiempo progresivo en cuyo desarrollo ciframos la construcción de sentido,[2] nos vemos de

---

1 Ya lo afirmaba Foucault en la introducción de su célebre conferencia de 1967: "La grande hantise qui a obsédé le XIXe siècle a été, on le sait, l'histoire: thèmes du développement et de l'arrêt [. . .]. L'époque actuelle serait plutôt l'époque de l'espace. Nous sommes à l'époque du simultané, nous sommes à l'époque de la juxtaposition" (12).

2 Sigo aquí las nociones de tiempo propuestas por Schlanger en su artículo "Le precurseur" (2001), especialmente desarrolladas en las páginas 17-19.

pronto arrojados a un tiempo marcado por un presente indefinido e impredecible. Este presentismo que signa nuestra época ha dejado de creer en un futuro que pueda validarlo; en cambio, ha desplazado su mirada hacia el pasado para entablar con él una relación particular. Una relación, la de nuestro presente con su pasado, que opera paradójicamente como un pensamiento sincrónico. Instalados al final de la historia, miramos hacia atrás ya no en calidad de deudores frente a las generaciones anteriores ni de responsables frente a las generaciones venideras, sino como usuarios que a discreción pueden elegir la filiación que más les gusta.[3]

Los escritores y los artistas no escaparían a este cambio de paradigma. Frente a la tradición, el modo en que reivindican precursores parece más una estrategia de posicionamiento en la cartografía contemporánea que un arma para desprenderse de la "angustia de la influencia" que pudo ejercer en ellos la generación anterior, según el concepto acuñado por Harold Bloom. Que un escritor o un artista actual pueda reivindicar una estética modernista de fines del XIX o el surrealismo de los años 20 es algo que, hoy, parece cada vez más difícil de anticipar. Por eso tal vez el gesto que motiva este breve artículo es anacrónico y corre el riesgo de extinguirse. O quizá permita advertir lo contrario: que esta sensación presentista es ilusoria para quienes vivimos un período de crisis, y que pasado un tiempo, cuando nuestro presente ya sea pasado, no será más difícil para la nueva generación asignarle un sentido a nuestro tiempo que a cualquier otro período anterior. En cualquier caso, el procedimiento seguido aquí ha sido el clásico: frente a una serie de publicaciones que intuí comunes quise ver un fenómeno colectivo que respondía de una manera determinada a interrogantes de nuestro presente.

Este fenómeno, o lo que me gustaría llamar así, incorpora precisamente como materia esencial una pregunta sobre la concepción del tiempo en un contexto particular. Ya podemos formularlo en términos sencillos: se trata del auge de publicaciones biográficas en Chile en la última década. Específico un poco más: se trata de publicaciones realizadas por escritores chilenos de una generación

---

3   Es la propuesta central del célebre ensayo de Borges "Kafka y sus precursores" (véase Schlanger).

actual más o menos joven, sobre la vida de escritores y escritoras chilenas de generaciones pasadas. Como representantes de este fenómeno biográfico, es decir, de la instalación de una determinada comprensión contemporánea de la tradición literaria chilena en el tiempo, elegí el siguiente *corpus* de textos, escritos entre 2014 y 2020. No podré analizarlos todos con la profundidad que merecen. Ante la posibilidad de reducir el *corpus* para ganar en profundidad, opté por mantener el número para destacar el significado de la recurrencia del fenómeno. Al nombrarlos, ahora, el lector podrá juzgar por sí mismo la pertinencia de las interpretaciones. En fin, los textos convocados para el análisis son: *Luis Oyarzún. Un paseo con los dioses* (2014), de Óscar Contardo; *Lihn. Ensayos biográficos* (2016), de Roberto Merino; *Nicanor Parra. Rey y mendigo* (2018), de Rafael Gumucio; *María Luisa Bombal, el teatro de los muertos* (2019), de Diego Zúñiga; y *Mala lengua. Un retrato de Pablo de Rokha* (2020), de Álvaro Bisama.

*

¿Qué tipo de relaciones despierta la disposición contigua de estos escritos? Sin siquiera abrir los libros, basándonos solo en la información general que manejamos sobre biografistas y biografiados y a partir de ciertos contenidos del paratexto, podríamos comenzar a establecer infinitas relaciones de sentido entre ellos. Anoto algunas: predominio de escritores hombres que escriben sobre escritores hombres, predominio de cronistas que escriben sobre poetas, predominio de una generación postdictadura que elige figuras más bien anteriores al Golpe de Estado, emergencia de títulos que anuncian cierta flexibilidad formal para acometer la empresa biográfica ("ensayo", "retrato", "biografía" clásica), y así podríamos continuar indefinidamente. Para no perdernos en este mar de posibilidades, intentaré acotar la búsqueda a la respuesta de las siguientes dos preguntas: primero, ¿por qué el auge de este fenómeno ocurre en Chile ahora? Y segundo, teniendo en cuenta que se trata de un fenómeno muy extendido en otras literaturas en la actualidad, ¿cuáles serían las particularidades (si las hay) del caso chileno? Para hacerme cargo de estas preguntas, propondré entender la escritura de estas biografías como una reacción a tres discursos contemporáneos. Discursos que se articulan en tres ejes: (i) uno mítico identitario, que aborda el cambio de la percepción de los biografistas sobre algunos procesos y personajes que marcaron el siglo XX y parte del siglo XXI en Chile; (ii) uno histórico ideológico, que explica brevemente cómo los autores se hacen cargo del problema del presentismo en el contexto de la transición neoliberal chilena de los años 90; y (iii) uno literario, que indaga, de la mano de la bibliografía reciente, en el auge del prestigio del género biográfico ante el agotamiento de la novela tradicional.

La reacción al discurso mítico y su suplantación por uno histórico

La irrupción de un acontecimiento histórico percibido como crucial por una comunidad cambia, sobre todo durante los años que inmediatamente lo suceden, el contexto de recepción no solo de los textos publicados después de este evento específico, sino de toda la literatura escrita por esa comunidad. Tal ha sido el efecto del estallido social del 18 de octubre de 2019, que vino a alterar (y a renovar) de manera decisiva las coordenadas de lectura en base a las que se interpretaban las obras de la tradición chilena. La lectura actual, por ejemplo, de *Martín Rivas*, la primera novela chilena, publicada en 1862; de *Casa de Campo* de José Donoso, de 1978; o de *La dimensión desconocida*, de Nona Fernández, de 2018, hoy tienen en común — y probablemente continuarán teniéndolo todavía por un período significativo — el mismo telón de fondo. El lector contemporáneo no puede evitar establecer una comparación inmediata y continua entre los lugares, personajes y hechos que estas novelas narran y los sucesos diarios a los que asiste cotidianamente, en medio de una situación caracterizada por una consciencia transversal de estar viviendo un escenario de inestabilidad comunitaria que no se veía desde hace medio siglo. En este sentido, estos libros biográficos que ahora comentamos, todos escritos en los años inmediatamente anteriores a esa fecha (aunque algunos hayan sido publicados después), están, por poco, desfasados de su contexto contemporáneo, nacieron antes. Su actual contexto de recepción, el estallido social del 18 de octubre de 2019, llegaría después.

Ahora bien, ¿qué particularidades históricas portan estos cinco libros que podrían considerarse simbólicos de cierta mentalidad contemporánea? Una de ellas tiene que ver con el cambio de percepción que adoptan frente al acontecimiento histórico más importante anterior a este de octubre 2019, es decir, el Golpe Militar del 11 de septiembre de 1973, y más en general, frente a la construcción de una identidad nacional en base a la oposición Allende-Pinochet.

Aclaremos de antemano que no se trata esencialmente en este caso de un cambio en la valoración moral del gobierno de la Unidad Popular y la Dictadura, juicio que, por supuesto, también está implícito en los textos. Se trata, más bien, de la relativización de su estatura mítica, o más precisamente, del cambio en la posición que estos hitos y gobiernos ocupan en la historia de Chile. Me explico: para estos escritores "hijos",[4] que entran en la escena local durante la primera o segunda década de transición a la democracia, es decir, en los noventa, la elección de Allende el 4 de septiembre de 1970 había sido — ese fue el discurso al que asistieron durante su infancia y juventud — el hito fundacional del relato mítico de Chile. Todo lo que antecedía a esta fecha parecía formar parte de una misma nebulosa. Los gobiernos radicales que abarcaron las décadas del treinta al cincuenta pertenecían a la misma prehistoria que la guerra civil de 1891, y un Carlos Ibáñez del Campo podía confundirse con algún gobernante autoritario del XIX. Extremo el punto, por supuesto, para enfatizar que uno de los móviles de estos escritores tiene que ver con la necesidad de conocer y rehabilitar la

---

4 Me apoyo aquí en la noción "Literatura de hijos", surgida hace algunos años para designar la escritura de la generación que vivió la dictadura en su infancia y adolescencia, y que adoptó precisamente este foco para abordar la experiencia política. A más de una década de la publicación de *Formas de volver a casa* (Alejandro Zambra), una de las novelas inaugurales sobre el tema, la categoría perece haber terminado de afianzarse para designar un fenómeno especialmente fecundo en la literatura chilena y argentina. Véase Amaro 2014.

historia inmediatamente anterior a la asunción de Allende al poder, para luego poder incorporar este período mítico (el de la Unidad Popular y la Dictadura) al relato histórico de Chile.

Ello se manifiesta, en primer lugar, en el perfil de los biografiados. Ninguno de los cinco escritores elegidos es un protagonista fuerte en el período Allende Pinochet. De hecho, dos de ellos, Luis Oyarzún y Pablo de Rokha, murieron antes del Golpe de Estado. María Luisa Bombal permanece al margen del contexto político, Parra reivindica una posición personal más bien anárquica y Lihn, tal vez el más comprometido con su contexto, está lejos de exhibir la militancia política de figuras como Neruda, Gonzalo Rojas o Carlos Droguett. Lo cierto es que, exceptuando en parte a Lihn, se trata de escritores que representan y escribieron principalmente (aunque no exclusivamente, como lo demuestra Parra) sobre el Chile de la primera mitad del siglo XX hasta fines de la década de los sesenta.

En estas biografías la voluntad de recrear el ambiente social de esa época pre Allende es tan fuerte como la de dar vida al personaje biografiado. Ello es particularmente visible en la biografía escrita por Bisama sobre de Rokha, que abruma al lector con centenares de nombres propios desconocidos, con el afán de plantear una historia literaria alternativa a la canónica. Y más elocuente aún es la elección de Contardo por narrar la vida de Luis Oyarzún, a quien llama "el principal personaje secundario" de la literatura chilena en el siglo XX. Es significativa la elección de Oyarzún porque, más allá del valor intrínseco de su obra ensayística, el personaje es el producto de un sueño totalmente destruido (hasta ahora) en Chile: el del intelectual hijo de la educación pública laica. Oyarzún era la prueba de que un niño nacido en una pequeña ciudad rural podía llegar a ejercer una influencia notable en el debate a partir de una formación completamente pública. La ausencia casi total de lazos familiares en los que pudiera apoyarse para surgir no hacía más que fortalecer el punto. Eso mismo lo llevó a formarse algo así como una familia propia a partir de sus relaciones con compañeros de curso, poetas, artistas, etc. Oyarzún fue, como se sabe, íntimo amigo de Nicanor Parra, a quien conoció en el Internado Barros Arana; amigo cercano de Gabriela Mistral, como prueba su correspondencia; un escritor muy admirado por alguien como Neruda, que le dedica un sentido artículo de despedida tras su muerte temprana; y el amor platónico de Violeta Parra. Así, sus ensayos, pero sobre todo su inestimable *Diario íntimo*, que consigna escrupulosamente sus impresiones durante dos décadas, es uno de los materiales más completos para entrar en el corazón de las ideas que dominaron el ambiente intelectual chileno entre los años cincuenta y sesenta.

El intento de Gumucio por narrar la vida de Nicanor Parra también dice mucho sobre el cambio de perspectiva histórica que pide esta generación. De las cinco biografías la de Gumucio es una de las más arriesgadas, porque el personaje es el más conocido y a la vez el más escurridizo. También en el plano político. El anarquismo personal que practicaba lo sustraía del binomio Allende-Pinochet, como reza uno de sus más famosos *Artefactos* ("La izquierda y la derecha unida jamás serán vencidas", 1972). El libro no elude momentos controvertidos, como el famoso té con la señora Nixon, que le valió la expulsión en calidad de jurado del premio de la Casa de las Américas en Cuba, pero también deja claro que el sustrato popular de Parra, tan provinciano como el de Pablo de Rokha, pertenece a otra época. Recordemos que el libro que abrió el éxito de Parra en el campo literario, *Poemas y Antipoemas*, se publica en 1954.

En resumen, desde este primer eje interpretativo, la escritura de estas biografías es leída como un intento de rehabilitación de un pasado menos inmediato (inconfundible con las infancias personales de los biógrafos), que implica una búsqueda de respuestas nuevas para el presente. Se trata de quitar al período de la Unidad Popular y al de la Dictadura su dimensión mítica, en el sentido de relato de origen absoluto, para incorporarlos a la dimensión histórica del país en calidad de puntos de inflexión.

La reacción al discurso "presentista" chileno

El segundo eje viene dado por la reacción de estos escritores al discurso presentista mencionado en la introducción. Cabe notar que la hegemonía de lo sincrónico sobre lo diacrónico, y del presente sobre el pasado y el futuro, cala en Chile particularmente hondo. El fenómeno encuentra en este país un terreno más fértil de lo usual debido a la implantación del neoliberalismo durante la dictadura de Pinochet y a la vigencia del modelo varias décadas después. En efecto, el control total de la fuerza y de todas sus derivas por parte de la Junta de Gobierno, permitía soñar con la tabula rasa, con empezar un país desde cero. Como sucede con casi todas las dictaduras, se podía desconocer la historia y construir una nueva. Sin embargo, a diferencia de las dictaduras que intentan reelaborar un relato largo que las emparente con ciertas figuras clave del pasado, la adopción de la doctrina neoliberal de Friedman podía abdicar de la búsqueda de símbolos pasados y reforzar al máximo un mensaje que apostaba por lo nuevo. La eficacia de su doctrina descansa en la instalación de una red sincrónica y en la superación de la carga que suponen los modos de vida históricos. Así, de la mano de los famosos Chicago Boys, que encabezaron ministerios claves en la Dictadura, Pinochet pudo acabar con el modelo de industria local (que había predominado desde la década de 1930 y hasta el gobierno de Allende), y abrir el comercio a todo el mundo, estableciendo las bases para generar una economía fuertemente dependiente de una red global. Se ponía fin, de esta forma, a cualquier tipo de saber local transmitido de generación en generación si estos no eran lo suficientemente rentables.

Es cierto que el monopolio de la fuerza por parte de la dictadura fue uno de los principales factores del éxito del proyecto. Pero la mantención, aunque atenuada, de este modelo neoliberal en los gobiernos de transición democrática exige buscar otras razones que expliquen una vigencia todavía activa.[5] Una lectura desde el marxismo argumentaría que la vigencia del neoliberalismo se debe a que las élites, ya no solo de derecha sino también de centroizquierda, vieron en este y en su discurso meritocrático la mejor forma de mantenerse en el poder. Esta explicación, a estas alturas clásica, es complementaria de otra socialmente más transversal, presente en el

---

5 Vigencia, por supuesto, hoy en plena crisis y que podría verse fuertemente mermada si se aprobara la Constitución que actualmente se está escribiendo, pero que de todas formas imperó durante las tres décadas de vida democrática que sucedieron a la dictadura.

pensamiento de escritores y cronistas de la primera mitad del siglo XX. Una lectura de corte antropológico sobre el carácter chileno, que atraviesa todos los estratos sociales y que permite comprender cómo un modelo marcadamente antihistórico como el neoliberal pudo asentarse con tanta fuerza en Chile.

Esta lectura postula que existe cierta resistencia peculiar del chileno a la historia y a la memoria, un terror al pasado, que desemboca en la necesidad que cada generación tiene de empezar desde cero. Algunos escritores han llegado a expresar esta característica basándose en la observación del devenir de las ciudades en Chile, principalmente en la evolución de Santiago. Porque ahí se encuentra el principal símbolo de esta mentalidad: la demolición. La ciudad de Santiago, con su mutación infinita, manifiesta un rechazo obsesivo por la continuidad temporal de sus formas, por la condensación en lugares históricos de cualquier tipo de lazo comunitario con el pasado.

Es la queja constante de Joaquín Edwards Bello, el cronista más prolífico de la primera mitad del siglo XX, quien afirma con ocasión de la demolición del puente de Cal y Canto: "Sufrimos invariablemente la desgracia de desear el cambio de todo cuanto nos rodea. Lo óptimo nos cansa y termina por fastidiarnos. Deseamos estrenos" (50). El autor de *El roto* dedicará decenas de crónicas a este tema, convencido de que la rapidez con que se borran las marcas físicas de las ciudades en Chile es un síntoma de un carácter inestable. Décadas después, uno de los autores de las biografías aquí comentadas, Roberto Merino, se referirá también en sus crónicas al problema de la demolición en los santiaguinos (véase, por ejemplo, el libro *Santiago de memoria*). De acuerdo a quienes plantean esta lectura habría entre los chilenos un rechazo ancestral por habitar el mismo espacio que ayer habitó el padre o el abuelo, lo que los lleva a optar por abandonar ese espacio urbano, echarlo abajo y construir una nueva morada en otro territorio.

A este espíritu de presentismo neoliberal y a este afán de demolición reaccionan también estas biografías, tejiendo lazos con el pasado, en una búsqueda a contracorriente por echar raíces. El mismo Merino titula el primero de los capítulos de su biografía de

Enrique Lihn "Caminatas", como una forma de dejar constancia de las marcas visibles de la ciudad que vivió el poeta de *El Paseo Ahumada*, y así conjurar mediante la literatura el cambio al que inevitablemente se encaminará la ciudad. Tal como en el eje anterior, hay una reivindicación de los biografistas de una mirada histórica larga, la convicción de que aún se está a tiempo (pero cada vez queda menos tiempo) de rescatar formas de vida pasadas que la vida contemporánea oculta.[6] Y como los hitos físicos de las ciudades van desapareciendo, borrando las conexiones con el pasado, se cifra en las palabras la posibilidad de rehabilitar una historia colectiva.

Reacción al discurso literario autobiográfico

Como mencioné rápidamente al inicio, el auge de los escritos biográficos y el consecuente prestigio ganado por este género en el último tiempo, no es en absoluto un acontecimiento local. En los dos primeros ejes que brevemente desarrollé vimos las particularidades del caso chileno, pero no sería difícil emparentarlo con fenómenos de otros países. Pienso, por ejemplo, en el caso argentino, que ya cuenta con notables publicaciones que se han hecho cargo del fenómeno, como el libro de las investigadoras de la Universidad Nacional de Rosario, Nora Avaro y Judith Pudlubne, titulado *Un arte vulnerable. La biografía como forma* o el reciente número publicado por la Revista Franco-rioplatense *Cuadernos LIRICO*, que se titula: "¿Cómo se cuenta una vida? El retorno de lo biográfico en la literatura rioplatense" (2021). En uno de estos libros se señala al escritor colombiano Fernando Vallejo como uno de los precursores de este boom en Latinoamérica, con las biografías de José Asunción Silva, Porfirio Barba Jacob y Rufino José

---

6 Buena parte de la eficacia de la biografía de Bisama descansa en la preocupación del escritor por suscitar la fascinación en el lector no solo frente al personaje biografiado, sino del "clan" de los Rokha, una suerte de familia alargada que mezcla lazos sanguíneos, con amistades, afinidades ideológicas y literatura. La misma economía de subsistencia del clan (presidida por este poeta nómade, comerciante heterodoxo de cuadros) se muestra como una alternativa a la economía del orden neoliberal.

Cuervo, de modo que resulta más que evidente que el caso chileno surge en sintonía con tantos otros.

Y esta sintonía tal vez se aprecia mejor si consideramos los textos chilenos a la luz de este tercer eje, que es el literario. Es decir, si analizamos estas biografías en lo que tienen de reacción a una forma narrativa predominante. Dos observaciones que Julio Premat, uno de los autores que aparece en ambas compilaciones argentinas, realiza sobre el fenómeno trasandino son perfectamente aplicables al fenómeno chileno. La primera, y más general, tiene que ver con concebir la biografía como el último reducto de lo literario. En otras palabras, cuando lo novelesco está en crisis, la narración de una vida "real" sirve como coartada.[7] Si Vargas Llosa en 1992 podía hacer la apología de la ficción oponiéndola a la escritura de lo real en su libro *La verdad de las mentiras*, la difuminación de los límites genéricos y el auge de la hibridez terminaría por invertir las cosas, asignándole un prestigio que no tenían a la crónica y a la misma biografía. Por supuesto, desde un punto de vista teórico es cuestionable que existan verdaderas diferencias entre una novela y una biografía (como explica muy agudamente el uruguayo Aldo Mazzucchelli, en "Escritura, ensayo, biografía. Un manojo de apuntes", uno de los artículos del libro editado por Avaro y Pudlubne). Aquí me limito solo a constatar un hecho todavía operativo en la práctica y que tiene incidencia en la forma en que se leen los textos. Basta pensar que muchas editoriales se especializan en biografías, o bien otorgan formatos distintos a la ficción y a la no ficción, lo que seguramente incide en las estrategias de escritura de los narradores. En el *corpus* aquí comentado esto es notorio. Cuatro de los cinco libros que lo conforman fueron publicados en una colección especialmente creada por el interés que estaban despertando los escritos biográficos. Me refiero a la colección "Vidas ajenas", de la Editorial Universidad Diego Portales, creada en 2009. Esta fecha podría considerarse como un punto de referencia

---

7 Afirma Premat: "la expansión de lo biográfico tendría que ver con la situación de la novela contemporánea: la vida sería la última historia narrable, en un período de debilitamiento de lo novelesco" ("De espectáculos y absolutos. Formas de la vida en Guebel y Becerra", s/p).

inaugural del fenómeno que analizamos.[8]

La segunda observación de Premat tiene que ver con la evolución de la literatura argentina sobre la dictadura y los efectos que tuvo en los mecanismos de narración. El crítico sostiene que el discurso biográfico argentino nace en parte por el "agotamiento" de dos tipos de escritura memorialista anteriores. Un recorrido muy similar al chileno, como veremos. La primera de estas escrituras que señala Premat es aquella que marcó la elaboración de novelas basadas en la indagación de la "historia nacional" y en los "relatos de las víctimas." Es un tipo de relato que se aboca al estudio de los lugares de detención y a la descripción cruda de las metodologías de tortura, que intenta conocer y revelar las huellas concretas del crimen escudriñando los restos materiales del horror. Un ejemplo chileno que cuadra con estas características es *El palacio de la risa* (1995), de Germán Marín. En poesía, podemos pensar en *Canto a su amor desaparecido* (1985), de Raúl Zurita.

Un segundo momento de escritura se impone, tanto en Argentina como en Chile, a raíz de la renovación generacional, cuando irrumpe la denominada "literatura de hijos" (Amaro 2014). Aquí el centro de la narración es más indirecto, y ya no tiene como núcleo centrífugo la huella o el resto concreto de la víctima, sino la memoria de infancia del escritor. La literatura de hijos recurrió a la autoficción y a la memoria personal para acceder a la verdad sobre los crímenes de la dictadura (los ejemplos chilenos son muchísimos, baste mencionar *Formas de volver a casa*, de Alejandro Zambra, *Cansado ya del sol*, de Alejandra Costamagna, o *El brujo*, del mismo Bisama). Sin embargo, esta segunda etapa, que ha sido muy prolífica en la literatura chilena, ha comenzado a exhibir muestras de agotamiento en su mecanismo de narración, es decir, la autoficción. La crítica se ha vuelto más

---

8 La colección "Vidas ajenas" también publica textos que no son estrictamente biográficos (Diarios, crónicas, correspondencias, memorias, entrevistas). Su criterio parece ser la edición de textos de no-ficción. La biografía, sin embargo, es el formato más recurrente en ella. Cabe destacar, además, que no solo se publican biografías de escritoras y escritores nacionales, sino de todas partes, con cierta presencia mayor de latinoamericanos (entre las publicaciones se encuentra una biografía de César Vallejo, por Daniel Titinger, y otra de Silvina Ocampo, por Mariana Enríquez, por ejemplo).

susceptible y advierte con cada vez mayor insistencia sobre los peligros de caer en una narración ensimismada y narcisista. Han resucitado, incluso, las viejas discusiones sobre el "culto al yo", que recientemente animaron encendidas polémicas entre reconocidas escritoras y críticas.[9]

En este contexto y ante esta línea evolutiva, la biografía proponía una alternativa: al elegir un personaje histórico cuyo nombre despertaba un interés colectivo, los escritores se aseguraban la atención general y se libraban de las acusaciones de narcisismo derivadas de la autoficción. Ahora bien, esto no significó el abandono total de las técnicas narrativas anteriores sino más bien su atenuación. De hecho, en casi todos los libros que forman el *corpus* de este ensayo, el autor se introduce en el relato como un personaje, pero en general lo hace de manera muy discreta, lo que consigue llevando toda la atención fuera de sí mismo. Ello es muy claro en el caso de Zúñiga narrando la vida de María Luisa Bombal y de Contardo relatando la de Luis Oyarzún. Si bien escenifican parte del proceso de composición de la biografía (al transcribir, por ejemplo, sus propias intervenciones en las entrevistas realizadas por ellos mismos a cercanos del biografiado), se cuidan de no ocupar el centro de la historia.

En resumen, el recurso a la biografía de estos escritores es también, a la luz de este tercer eje, una reacción a la percepción de agotamiento de dos discursos: el de la novela ficticia, por un lado, y el de la autoficción, por otro.

Conclusión

El auge de la biografía de escritores realizada por escritores en la última década en Chile es, en parte, una reacción a discursos ubicados en tres planos diferentes: uno mítico histórico, otro presentista ideológico y uno literario. ¿Qué tienen en común estas

---

9   Me refiero a la polémica gatillada por la reseña que la crítica Lorena Amaro realizó del libro *Las heridas*, de Arelis Uribe, cuyo título es precisamente "Culto al yo". Puede consultarse la reseña en el siguiente enlace: https://palabrapublica. uchile.cl/2021/04/21/culto-al-yo/

tres reacciones? Pareciera que lo que muestran con mayor insistencia es la necesidad de reinstalar y de renovar una visión histórica de largo plazo de la comunidad. Por un lado, buscan la reivindicación del discurso histórico en sí mismo, de las posibilidades que ofrece para interpretar el presente y ensayar el futuro, en oposición a la mentalidad antihistórica que propugna el neoliberalismo. Por otro lado, quieren rehabilitar períodos muertos mediante la redistribución del peso simbólico de figuras y acontecimientos de un pasado anterior al gobierno de la Unidad Popular. ¿Qué significan María Luisa Bombal y Pablo de Rokha hoy en Chile?, pero más importante: ¿qué valores portan consigo y qué tipo de comunidad sugieren? A esta constatación de la reivindicación de la historia la debiera seguir una nueva etapa: la de saber interpretar qué valores están en juego en estas biografías. Una futura investigación debiera intentar despojar de carne a los biografiados, depurarlos hasta hacerlos ideas, para así conocer cuál es la propuesta colectiva que quiere promover esta generación de escritores.

Bibliografía

Amaro, Lorena. "Formas de salir de casa, o cómo escapar del Ogro: relatos de filiación en la literatura chilena reciente". *Literatura y Lingüística*, 29 (2014): 109-129.

_____. "Culto al yo". *Palabra pública*, 21 de abril de 2021. Disponible en: https://palabrapublica.uchile.cl/2021/04/21/culto-al-yo/

Bisama, Álvaro. *Mala lengua. Un retrato de Pablo de Rokha*. Santiago de Chile: Editorial Alfaguara, 2020.

Contardo, Óscar. *Luis Oyarzún. Un paseo con los dioses*. Santiago de Chile: Editorial Universidad Diego Portales, 2014.

Edwards Bello, Joaquín. *Mitópolis*. Santiago de Chile: Nascimento, 1973.

Foucault, Michel. "Des espaces autres". *Empan*, 54 (2004): 12-19. Disponible en: https://www.cairn.info/revue-empan-2004-2-page-12.htm

Gumucio, Rafael. *Nicanor Parra. Rey y mendigo.* Santiago de Chile: Editorial Universidad Diego Portales, 2018.

Merino, Roberto. *Lihn. Ensayos biográficos.* Santiago de Chile: Editorial Universidad Diego Portales, 2016.

Parra, Nicanor. *Artefactos.* Santiago de Chile: Ediciones Nueva Universidad, 1972.

Premat, Julio. "De espectáculos y absolutos. Formas de la vida en Guebel y Becerra". *Cuadernos LIRICO*, 22 (2021). Disponible en: http://journals.openedition.org/lirico/9964

Schlanger, Judith. "Le précurseur", en *Le Temps des oeuvres. Mémoire et préfiguration.* Ed. Jacques Neefs. Paris: Presses Universitaires Vincennes, 2001.

Zúñiga, Diego. *María Luisa Bombal, el teatro de los muertos.* Santiago de Chile: Editorial Universidad Diego Portales, 2019.

La dimensione *emergente* della memoria nell'atto fotografico di Berenice Abbott e Tina Modotti

Laura Rossi
Università di Valencia

Abstract: Il presente studio tratta della memoria come possibile dimensione *emergente* all'interno dell'atto fotografico. Il piano di analisi segue due direzioni interconnesse. La prima, consiste nell'approccio filosofico sviluppato attorno al concetto di *emergenza* coniato da George Herbert Mead all'interno della sua filosofia dell'atto sociale. Il concetto di *emergence* è infatti connesso alla formazione del Sé che, *emerge*, appunto, nell'esperienza sociale; in tal modo Mead pone la relazione soggetto-oggetto all'interno del mondo dell'esperienza. Rispettando la logica meadiana si analizza, altresì, anche la relazione tra passato-presente e futuro che divengono elementi costruttivi di una memoria collettiva e condivisibile. La seconda direzione traccia, invece, il passaggio all'atto fotografico considerando le esperienze di Abbott e Modotti; direzione d'indagine che viene concepita all'interno dell'ipotesi di costruzione di una memoria sociale. Entrambi i lavori delle fotografe possono essere considerati come testimonianze: da una parte, il cambiamento urbano come risultato della modernità e dall'altra, le tensioni socio-rivoluzionarie del Messico. Tali percorsi sono volutamente scelti per decifrare lo scarto fotografico verso la modernità tra Messico e Stati Uniti d'America, nella decade tra il 1926 e il 1936. La memoria emergente sociale, così, attiva l'origine di una consapevolezza del fotografo narratore e, al tempo stesso, una visione verso il futuro che, decisamente, possiede un'impronta di tipo pragmatista. Con la consapevolezza che laddove il presente si rende legame imprescindibile tra passato e futuro, è possibile la nascita di un'immagine come traccia di una memoria collettiva.

«The *Self* is emergent»
(G. H. Mead, *Mind, Self, and Society*, 1934)

Questa analisi si propone di trattare la memoria come dimensione *emergente*[1] all'interno dell'atto fotografico; il percorso si snoda attraverso un approccio, per così dire, bidirezionale: da una parte una teoresi di stampo filosofico-sociale e dall'altra la vera e propria pratica fotografica attraverso il lavoro di Tina Modotti e Berenice Abbott. I due approcci, in relazione tra loro, possono offrire allo studioso un percorso comune e foriero di spunti innovativi.

La scelta della dimensione *emergente* trova la sua origine nella convinzione che l'atto fotografico racchiude la potenzialità di formare e costruire la memoria collettiva; tuttavia, tale approccio rischia di rimanere riduttivo — o troppo generale — se non si giunge ad attivare una caratterizzazione maggiormente significativa. L'obiettivo tenderà, quindi, a formulare un'ipotesi più completa e costruttiva all'interno del rapporto tra l'atto fotografico e la memoria; grazie a questa relazione si evidenzierà la costruzione dell'emergenza come dimensione empirico-sociale ad essa interna. Attraverso questo approccio si offre al lettore una visione laterale, ma non secondaria, agli studi sull'emergenza della memoria, di cui Pierre Nora (Kerwin Lee Klein, 2000, 69) è stato un valido rappresentante. Questo studio, differentemente, seguirà la focalizzazione dell'emergenza come caratteristica peculiare in un'ottica di costruzione culturale. Per tale scopo la pratica fotografica verrà intesa come azione e non esclusivamente come immagine, evitando, così, giudizi estetici o di gusto che, in questa analisi, non verranno affrontati.

Questo percorso si attiva considerando come punto iniziale la teoresi meadiana della natura sociale dell'atto umano, per poi giungere al vero e proprio concetto di *emergence* coniato dal filosofo americano. Mead provò a dimostrare la natura sociale della condotta umana attraverso l'utilizzo di termini provenienti dalla psicologia sperimentale; seguendo tale direzione, infatti, un atto individuale, all'interno della tesi "sociale", viene concepito come un'azione che

---

1   Atto dell'emergere, venire in luce, affiorare.

include la cooperazione di molti individui, così come citato in *Philosophy of the Act* (1938, IX): "The individual act is seen within a social act, and whose object as defined by the act is a social object I mean by a social object one that answers to all parts of the complex act, though these parts are found in the conduct of different individuals." Quindi, un atto individuale (Mead 1938) è sempre un atto sociale, ovvero relazione tra "Organismo e ambiente caratterizzata da un circuito sensoriale composto dallo stimolo sensibile, dalla risposta dell'organismo e dai risultati a cui questa risposta conduce" (Baggio 2015, 47).

Ad una prima lettura, la logica appare quella di individuare la natura della mente e la dipendenza della condotta individuale dall'ambiente sociale[2]; tuttavia, come ha ravvisato Nieddu: "Questo punto pare sembra condurre a una sorta di conformismo" (1978, 154), il rischio è di attivare una indifferente generalizzazione dell'individualità, come se la società avesse la funzione di pre-ordinare o peggio, ordinare la nostra esistenza. Nondimeno, Mead si svincola da questo punto cardine della teoresi analizzando il legame tra il Sé e l'ambiente in *Mind, Self and Society* (1934), asserendo che l'oggetto d'indagine della psicologia non è solamente la coscienza, ma l'esperienza dell'individuo e la sua capacità di *espansione*[3], mettendo in questo modo in collegamento l'interiore con l'esteriore, il Sé — *Self* — e l'Altro — *Other* —, in virtù del fatto che l'organismo umano possiede una naturale disposizione verso gli oggetti del mondo e si forma in contatto con essi. Il punto nodale del filosofo è quello di opporsi alla visione secondo cui la condotta umana sia determinata solo dall'organismo o dall'ambiente. Rossella Fabbrichesi (2015, 99), in accordo con Mead, interpreta "The individual psyche as an adaptive result of a founding sociality and sees sociality not as a mere

2   In particolare Mead indica negli atteggiamenti e comportamenti umani di aggiustamento reciproco gli atti iniziali della comunicazione; si veda a riguardo Mead (1910).

3   Il tema della relazione continua — tra mondo e coscienza — portò il filosofo americano verso l'approfondimento dell'organismo inteso come individuo bio-logico e verso sia la genesi della coscienza individuale che del fenomeno psichico nelle interazioni tra individuo e ambiente sociale; questo percorso contribuì allo sviluppo della psicologia sociale.

aggregation of many discrete individuals, but as a result of an act able to test the different degrees of experience."

Tale approccio pone in evidenza la dinamicità processuale e relazionale attraverso la quale l'individuo si forma e si *espande* in una considerazione sociale ed esperienziale non centrata su un dualismo interno-esterno, bensì sulla loro relazione non univoca. È questo il contesto che qui interessa per evidenziare che la mente nasce - Mead usa il verbo *to arise* - attraverso la comunicazione: "By a conversation of gestures" (Mead 1934, 50) in un processo sociale, che equivale a ribadire il mancato dualismo tra gesto e idea. Da qui, la considerazione che "Una relazione diadica, percettivo-manipolatoria, tra individuo e ambiente poteva così venire inclusa nella più ampia relazione triadica tra organismo, ambiente fisico e ambiente sociale connessa alla conversazione gestuale" (Baggio 2015, 66).

Lo sviluppo di un rapporto triadico e processuale identifica un rapporto di cooperazione — espansione, che, in definitiva, si esplica in un fattore esperienziale insito nella vita umana. La direzione possibile si dispiega in un "aggiustamento delle risposte fra gli individui coinvolti in un atto sociale" (Baggio 2015, 67), attraverso le quali si evidenzia un *behaviourism* meadiano; sostanzialmente Mead, come in genere altri filosofi pragmatisti, è contrario ad ogni determinismo che presupponga condizioni della vita umana create artificialmente: l'esperienza deve essere osservazione sul campo.

Il confronto pratico con l'atto fotografico appare immediato: esso diviene un modo per un contatto diretto col sociale e con la formazione del Sé: formazione esperienziale individuale e disposizione — scambio attivo verso il mondo. Da qui lo scatto fotografico può assumere l'importanza di un atto che non si limiti ad osservare il mondo, ma ne percepisca gli stimoli. Quando si usa l'espressione *fare* una fotografia, quindi, sarebbe interessante comprendere l'atto fotografico come condizione formativa e socialmente condivisibile; tuttavia, a completamento di una tale logica, si ritiene interessante integrare questa considerazione con un'accezione barthesiana (Barthes 1980, 11), secondo la quale la foto è oggetto di tre pratiche: *fare, subire, guardare*. Non è un caso che il filosofo francese citi tre verbi in riferimento all'immagine, collegando così il fotografo —

operator - al pubblico - *spectator* - che osserva. Seguendo la logica sociale-relazionale di Mead diventa centrale per l'atto fotografico non la contingenza o, comunemente, la relazione con l'oggetto, ma anche il *fare esperienza* e il *sentire* (*to feel*); in altre parole un agire multi direzionale che forma l'individuo. Così inteso il rapporto con la macchina fotografica non si conclude in un'accezione meramente tecnologica, bensì origina un'intenzionalità umanizzante, perché gestita e agita dal fotografo e da colui che sarà consapevole del prodotto finale.

Fino a questo punto si è considerato il percorso meadiano caratterizzato dall'approccio ad una psicologia sociale che ha posto in posizione centrale l'atto come fondante per una socialità con caratteristiche processuali e continue nella triade Sé-ambiente-altro; si è inoltre, attivato un paragone pratico con l'atto fotografico inteso come fondativo di una sua possibile valenza collettiva proprio perché si esplica come contatto sociale e non solo come legame in riferimento all'oggetto[4], secondo il quale l'immagine diventerebbe primaria. Considerato come atto, il *fare* fotografia, implica una costruzione rilevante del sociale di cui la memoria può essere considerata un elemento che lo compone. In pratica, l'atto che fissa ciò che è accaduto - il gesto fotografico — esplicita la rilevanza di un'azione o un oggetto e lo "rilascia" rendendolo pubblico, ovvero, caratterizzandolo come sociale. Tale passaggio da privato a pubblico rimane un "potere" del gesto fotografico; tuttavia non è un'azione generalizzata, bensì si riferisce a quel particolare oggetto — azione che ha in sé una "qualità emergente" rispetto al generale. In altre parole, il fotografo con la sua scelta, fa *emergere* ciò che fissa nel tempo. Certamente l'atto fotografico ha in sé il potere di rendere pubblica una memoria condivisibile e altresì di espandere una generale consapevolezza di un atto che "è stato nel passato."

---

4 Il riferimento è a quelle teorie di stampo semiotico, attivatesi negli anni Settanta del Novecento, che fondavano la fotografia e gran parte dell'arte contemporanea esclusivamente sul rapporto tra artista e oggetto, riprendendo la logica dell'*Indexicality* di peirciana origine. Si veda il riferimento del pensiero di R. Barthes (1980), R. Krauss (1976), oppure il concetto di fotografia come *evidence* di S. Sontag (1977, 5).

Così intesa, l'azione fotografica come sforzo emergente e vitale diviene un elemento determinate all'interno del sociale e del cambiamento di esso.

È a questo punto che riprendere il concetto di *emergence* in Mead è essenziale, poiché egli la considera come evento che "muta ciò che delle proprie condizioni era presente nella realtà precedente" (Baggio 2015, 141). Tale approccio dinamico, concepito come flusso e non come azione immutabile, ci offre la visione di costruzione e interpretazione dell'emergenza all'interno di ogni passaggio verso il sociale.

Più in generale, se l'atto è esperienza, quindi un aprirsi al mondo, esso è un atto di *emergenza sociale*. *Emergence*, quindi, intesa come: "Anything that as a whole is more than the mere form of its parts has a nature that belongs to it that is not to be found in the elements out of which is made" (Mead 1934, 329). Un esempio citato dal filosofo americano è quello chimico delle proprietà dell'acqua, ovvero gli atomi di ossigeno e idrogeno che mescolandosi la formano. In aggiunta il filosofo americano osserva che: "Emergence involves reorganization, but the reorganization brings in something what was not there before" (Mead 1934, 198). Tale assunto è molto interessante per due ragioni: la prima è che l'*emergence* — l'affiorare — è "Part-whole relations, in which wholes at one level function as parts at the next" (Lawrence Cahoone 2019, 5); in questo senso, rimane saldamente in evidenza la considerazione della relazione parte-tutto. La seconda accezione è la dinamica della riorganizzazione, ovvero della variazione come direzione creativa di qualcosa che non esisteva prima aprendo a nuove possibilità cognitive. Tale visione è ancorata ad una creazione del futuro, perché "There is always a character which connects different phases of the passage and the earlier stage of the happening is the condition of the later stage" (Mead 1929, 235).

La semplice giustapposizione di eventi, afferma il filosofo americano, non può generare nè un passaggio nè connessioni attive: è la continuità, come condizione che combina identità e differenza, a creare il fluire dell'esperienza[5]. Mead, infatti, continua osservando che "The conditions that are involved in the continuity of passage

---

5 Riguardo il tema dell'esperienza ed esperienza condivisa dalla comunità si legga di Mead, *The Nature of Aesthetic Experience*, 1926.

are necessary. That which is novel can emerge, but conditions of the emergence are there" (Mead 1929, 235).

Non rimane fuori luogo, quindi, concepire la costruzione della memoria come una dinamica emergente non riduzionista, bensì interattiva; la costruzione del nuovo avviene grazie alla prospettiva dell'emergenza, o in altre parole, con le sue stesse proprietà: il vecchio e il nuovo si combinano, così come avviene tra gli atomi di idrogeno e ossigeno che, nonostante siano portatori di proprietà distinte, formano la molecola dell'acqua.

La funzione aggregativa che caratterizza la proprietà dell'emergenza, così, potrebbe inaugurare una *emergence evolution* — senza l'ambizione di formulare una teoresi "evoluzionistica" — una lettura dinamica e relazionale con il mondo. Il tema dell'emergenza, così inteso, diverrebbe un elemento, o meglio un fenomeno, le cui parti esistono solo a causa della loro interrelazione; in termini "fotografici" il gesto fotografico - inteso come costruttivo della memoria - ha un potere di attivazione di una visione non prettamente individualista bensì compresa all'interno - non solo - di una logica di sociabilità, ma anche di novità, che sono sinonimo di crescita. Il filosofo americano sottolinea così la situazione spazio-temporale dell'emergenza caricandola di senso: "That which is novel can emerge, but conditions of the emergence are there" (Mead 1929, 236); ciò significa che la relazione passato-presente diviene necessaria nell'approccio all'emergenza. In questo senso, quindi, la considerazione di una situazione in un certo momento può venire assunta in relazione continua e fondante per il momento successivo; ciò che prende forma è un presupposto fondamentale dell'esperienza. In quest'ottica, non appare secondario definire la condizione dell'emergenza — costruttiva del Sé sociale, dell'esperienza e della novità attraverso la continuità — come essenziale per la formazione della memoria. Tale approccio ci rende consapevoli che possiamo *vivere* e *interagire* con essa, in modo diverso non più intendendo la memoria come una *fase* esterna alla vita, bensì *agita* perché costruttiva, dinamica e possibilmente sociale. Il passato, così come da riflessione meadiana, ci appartiene come forma generalizzata di esperienza, ovvero è: "The arising of relations between an emergent and a conditioning world. Any organism maintains itself by means relationships which, extended backward as well as forward, constitute a history of the world" (Mead 1929, 242).

Gli esempi delle opere delle fotografe Tina Modotti[6] e Berenice Abbott[7], possono chiarire questo approccio; più precisamente venendo qui inteso come centrale il gesto fotografico, vengono anche messe in luce le intenzioni e l'ambito storico-sociale in cui le fotografe operarono. Non è di secondaria importanza tenere presente che la loro formazione ha caratteristiche interculturali molto interessanti: per questo motivo la scelta, ne rappresenta un profilo caratterizzante. È con questo che si apre, perciò, un percorso con caratteristiche personali molto sensibili rispetto ai cambiamenti sociali che caratterizzarono, per Modotti, il Messico della metà degli anni Venti del Novecento e per Abbott, l'evoluzione ed il cambiamento di una città come New York, durante i primi anni Trenta del Novecento. Entrambe testimoni di variazioni e nuove tendenze sociali hanno decifrato, attraverso il loro gesto fotografico, elementi e direzioni emergenti che hanno caratterizzato la collettività documentando allo stesso tempo una socialità in cambiamento che lasciava tracce indelebili e condivisibili. Assumendo questo modo di interpretare le loro pratiche fotografiche, si potrebbe certamente

---

6 Tina Modotti (Udine, 1898- Città del Messico, 1942). In questa analisi viene considerato il periodo di produzione fotografica — periodo messicano — tra il 1922 ed il 1930. In particolare questo periodo fu centrale per la vita e la formazione di Tina sia per la relazione con Edward Weston — fotografo statunitense, sia per l'ambiente artistico e politico che frequentò. La permanenza in Messico, infatti, contribuisce a costruire una esperienza "nazionale" entrando in contatto con le idee e gli oggetti culturali elaborati e condivisi dai principali artisti e intellettuali del Messico post-rivoluzionario (José Clemente Orozco, David Siqueiros, Pablo Neruda, Frida Khalo, Diego Rivera), creando una fitta rete di reciproche influenze.

7 Berenice Abbott (Springfield, 1898 - Monson, 1991). Fotografa statunitense che si formò nell'atelier fotografico di Man Ray negli anni dal 1922 al 1924. Rimase in Europa fino all'inizio degli anni Trenta del Novecento; in questo periodo pubblicò il libro *Atget, photographie de Paris*, dopo aver acquistato tutti i negativi della produzione del fotografo francese, che contribuì a rendere famoso. Da fotografa già molto conosciuta partecipò al Federal Art Project, negli Stati Uniti a metà degli anni Trenta, per la divulgazione della fotografia come arte.

considerare l'emergenza di elementi definiti come centrale nella definizione di uno sviluppo di relazione tra passato e presente, appunto attraverso un concetto di memoria abbinato a dinamiche di relazione e connessione sociale, intesa non solo come costruzione del Sé di impostazione meadiana, bensì come esperienza e memoria condivisibile originante una cultura significativa.

Il pensiero e l'azione di Modotti, ad esempio, era rivolto ai contadini sfruttati, ai soldati, agli intellettuali non servitori della borghesia; infatti, ella presentava la razza indiana-messicana come portatrice di bellezza e di valori sociali intrisi non solo di fatica quotidiana, ma anche di fierezza (figg. 1,2). Tina osservava le mani dei lavoratori, lo sguardo fiero delle donne indigene, i bambini poveri, i compagni di idee rivoluzionarie, i segni di una nascente modernità urbana, la potenza collettiva delle folle, ma in tutte le immagini mostra se stessa e la propria identità multi culturale (Agostinis 2020), aperta alla novità e sfidante nelle proposte.

fig.1. Tina Modotti,
Two women from Tehuantepec, 1929.[8]

In questa volontà di tracciare un percorso realista e a volte crudo, Modotti si rendeva conto che tali cronache avrebbero influenzato

8 Tina Modotti. Saricato da: https://commons.wikimedia.org/wiki/ File:Tina Modotti - Two Women from Tehuantepec with jicalpextle - Google Art Project.jpg Public domain, Wikimedia.commons. Accesso: dicembre 2021.

il suo carattere, esponendola ad un esterno spesso sconosciuto e sofferto, ma allo stesso tempo era troppo forte la direzione di denuncia sociale e politica, nella quale, si identificava totalmente. Questa doppia valenza — personale e popolare - originò una tra le collezioni fotografiche più coinvolgenti dei primi cinquant'anni del Novecento.

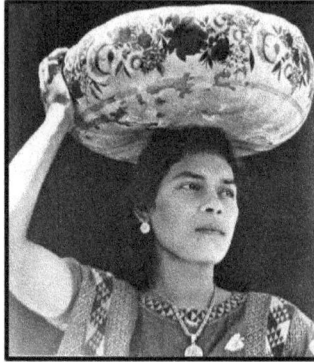

fig.2. Tina Modotti, *Frau in Tehuantepec*, 1929.[9]

La ricerca di Tina era rivolta all'apertura ad una nuova identità della fotografia che si inseriva decisamente nel suo quotidiano vivere nella società, sperimentando quel *continuum* tra vita e pratica con la decisa volontà di aprire lo sguardo a nuove frontiere della percezione comune. Un esempio è la testimonianza di Lola Alvarez Bravo[10], amica di Tina: "Tina eccellente fotografa disprezzava i trucchi: le sue fotografie sono semplici fotografie e mai pensò di mascherarle. Sapeva che la sua arte era tanto degna e tanto pura da potersi difendere da sola. La sua opera continua a parlare da sola" (Vidali 1982, 92).

---

9 Tina Modotti. Scaricato da: https://commons.wikimedia.org/wiki/File:Modotti_Frau_in_Tehuantepec.jpg Public domain, Wikimedia Commons. Accesso: dicembre 2021.

10 Lola Alvarez Bravo (1903-1993) fotografa messicana, amica di Tina Modotti. Figura chiave della cultura visiva del suo paese; nel 1964 riceve il premio *José Clemente Orozco* per i contributi alla fotografia come preservazione della cultura messicana.

Gli elementi emergenti che affiorano dall'atto fotografico di Modotti rimangono essenziali per una visione e un'indagine storico-sociale del Messico di quel periodo, ma anche testimoni di un carattere personale sensibile e aperto a nuove esperienze concretamente di visione collettiva; è questa la direzione interessante per il presente studio. In pratica, la personalità di Modotti si forma attraverso elementi che *emergono* dal suo sguardo rivolto al popolo. Tuttavia, tale accezione, potrebbe apparire una nozione troppo superficiale; risultano appropriate le parole di Agostinis (1992, 68): "Immersa nella cultura messicana che ribolle di nuovi fervori politici e artistici, Tina Modotti tenta nella forma fotografica quella sintesi, o quell'armonia, che possa alleviare il peso del suo conflitto (tra la vita che cambia continuamente) e la forma che la fissa immutabile."

L'immersione nella cultura diviene, così, anche per chi si rivolge alla pratica fotografica, un elemento positivamente pervasivo: a tale scopo, non rendere astratti elementi ed esperienze risulta essenziale per creare una forma di realismo e comprensione culturale non secondaria. In questo modo, intendere gli elementi emergenti e innovativi che caratterizzano la modulazione dell'offerta fotografica di un'artista, può essere una chiave di lettura generalizzata e condivisibile; in altre parole, attraverso di essi, si può creare una educazione allo sguardo, in ultima analisi, un ambiente di studio rivolto al sociale attraverso la memoria fotografica. D'altro canto, così come da teoria meadiana, il passato rappresenta una condizione attiva nella costruzione del presente e, in tal senso, la memoria storico-sociale offerta da Modotti giunge a rivestire una rilevanza anche per il futuro, come eredità culturale da condividere e sulla quale riflettere.

L'esempio dell'opera fotografica di Berenice Abbott, dal titolo *Changing New York* ci apre ad altri aspetti di questa analisi. Pubblicata nel 1939, tale collezione di fotografie, raccoglie tutti i cambiamenti di quella città verso la modernità (figg. 3, 4), testimoniando passo passo la costruzione di una metropoli, con la stessa attenzione ai dettagli che aveva appreso nello studio dell'opera di Eugène Atget. Differentemente da Modotti, nella visione di Abbott non si evidenzia la duplice dimensione privato-pubblico, bensì la volontà di testimoniare e insieme evidenziare la dinamicità del cambiamento per rivolgere al pubblico (Sullivan 2006), uno sguardo attento: il tempo coinvolge il cambiamento e noi ne siamo testimoni.

fig.3. Berenice Abbott, *Pike and Henry Street*, 1936.[11]

Il mezzo fotografico diviene essenziale per fissare il momento — *hic et nunc* — e la vita reale, ma è anche testimone del tempo, qui considerato, come un elemento interamente rivolto al futuro: non appare un azzardo l'espressione, un *tempo storico futuribile*. Il tema della visione del futuro, la connessione con elementi vitali *del* e *per* l'ambiente, il perseguire l'immagine intesa come momento attivo che partecipa al cambiamento della società, sono tutti i presupposti di un'indagine pragmatica che la fotografa mette in atto e nei quali crede pienamente. Il suo introdursi nella quotidianità si risolve in inquadrature dall'alto dei grattacieli in costruzione, per testimoniare il cambiamento della città e nella sua collezione di immagini *Changing New York*[12] tale direzione è ampiamente espressa. Tuttavia, il lavoro della fotografa, si completa con la consapevolezza

---

11   B. Abbott. Scaricato da: https://commons.wikimedia.org/wiki/File:Pike_and_Henry_Street_by_Berenice_Abbott_in_1936.jpg   Public   domain, wikimedia.commons. Accesso: gennaio 2022.

12   B. Abbott, *Changing New York*. Tale raccolta fu interamente finanziata dal governo statunitense con il *Federal Art Project* (*F.A.P.*) diretto a far conoscere l'arte statunitense ai cittadini americani e anche a far scoprire le realtà delle maggiori città che stavano cambiando nella modernità.

dell'interazione con la tecnologia e soprattutto con le sue eventuali influenze rispetto alla creatività. In una visione di costruzione del *Self* e dell'*Other* in senso emergente, questa visione appare molto interessante soprattutto nel periodo storico preso in considerazione. Infatti, Abbott scrive (1980, 182): "Better machine has to free the photographer creatively, instead of dominating his thinking. Many photographer spend too much time in the darkroom, with the result that creative camera work is seriously interfered with."

fig. 4. Berenice Abbott,
Seventh Avenue looking south from 35th street in Manhattan, 1935.[13]

Il fine ultimo della fotografa è quello di sensibilizzare e condurre verso una condizione consapevole e responsabile della professione acquisendo, così, un ruolo di bilanciamento nella visione di una

---

13 B. Abbott. Scaricato da: https://commons.wikimedia.org/wiki/ File:Seventh Avenue looking south from 35th Street in Manhattan by Berenice Abbott in 1935.jpg Accesso: gennaio 2022.

pratica considerata "figlia" della tecnologia. Non è la tecnologia che deve guidare l'atto fotografico, bensì l'aspetto esperienziale e fenomenologico di un *occhio allenato allo sguardo* — ovvero la possibilità di selezionare oggetti o azioni e di fissarli nel tempo — essendo questa azione selettiva ad indurre[14] senso e significato all'atto fotografico: questo è il pensiero di Abbott.

L'essere consapevole di fissare *il momento decisivo* si attiva considerando anche il medium fotografico come essenziale per la conoscenza e per la divulgazione della modernità, quasi a segnare l'inizio di una *fotografia pubblica*, ovvero sociale, rivolta alla costruzione di un futuro dinamico che possa donare al tema della memoria nuova dinamicità.

L'insegnamento che possiamo trarre dall'analisi delle opere di queste fotografe si può sintetizzare in alcuni concetti base anche per lo sviluppo della pratica fotografica in senso moderno; è l'emergere di alcuni elementi creatori di un percorso interno alla formazione della memoria a rendere consapevole sia il fotografo che il pubblico osservatore. Quindi, considerare l'atto fotografico come interazione del Sé con il sociale — come ha definito Sontag (1977, 35): "Photographic surveys constitute archives" — può divenire un *atto emergente* nella costruzione della memoria collettiva, una sorta di *heritage preservation* (Tostóes, Braga 2013). Più dettagliatamente, preservare la memoria diviene una crescita, ovvero una sensibile attenzione verso il futuro: ecco che la pratica fotografica assume contorni differenti dall'accezione secondo la quale essa sia solamente un gesto guidato dalla tecnologia e tutto questo è ben visibile nelle emozioni che a tutt'oggi si provano osservando le produzioni di Modotti e di Abbott.

---

14 Dal latino *indùcere*, determinare un comportamento, un atteggiamento. Qui, è proprio l'uso del verbo nel suo senso latino a completare il significato dell'atto fotografico.

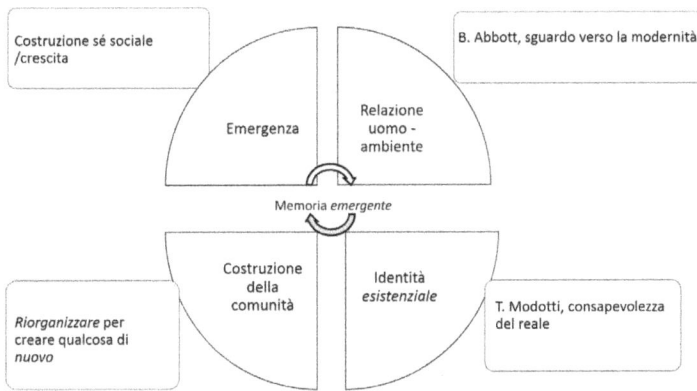

In conclusione, appare interessante per una comprensione del tema dell'emergenza all'interno dell'atto fotografico, proporre uno schema per poter definire le varie connessioni che si possono creare tra quest'ultimo - qui esplicitato dalle opere delle due fotografe - e la costruzione di una memoria e di una cultura sociale possibilmente condivise e diffuse.

In questo studio il valore del gesto fotografico vuole essere centrale — *emergente* - per un superamento della dominanza dell'immagine; per questo motivo si vorrebbe maggiormente porre in evidenza lo sviluppo della conoscenza, come in parte qui è citato: "Beyond its documentary value, another important aspect emerges: the image can draw our attention to the registered object, allowing its acknowledgment" (Tostões, Braga 2013, 83). Non dobbiamo dimenticare, quindi, che la dinamica fotografica può essere considerata come apprezzamento e appropriazione culturale, entrambi elementi costruttivi di una memoria collettiva e condivisibile. A completamento di questo percorso sul tema dell'emergenza, quindi, l'approccio alla memoria risulta non solo uno sguardo al passato, bensì una formula per mantenere la relazione passato - presente - futuro attiva all'interno di una direzione culturale che possa avere la forza della relazione e della continuità. In altre parole, un monito per non affrontare la memoria come un passato statico. In accordo con Mead, in conclusione: "The past consists of the relastions of the earlier world to an emergent affair. Relations which have therefore emerged with the affair" (Mead 1929, 242).

Bibliografia

Abbott, Berenice. "Photography at the Crossroads". *Classical Essays on Photography*, Sedwick, Me, Usa: ed.by A. Trachtenberg, Leete's Islands Books Inc, 1980: 179-185.

Abbott, Berenice. *Changing New York* (1936). New York: Edition New PR, 1999.

Abbott, Berenice, Atget, Eugène. *Atget, photographie de Paris*, (1930). New York: E. Weyhe, 2008.

Baggio, Guido. *La mente bio-sociale. Filosofia e psicologia in G. H. Mead*. Pisa: ed. ETS, 2015.

Barthes, Roland. *La chambre claire. Note sur la photograpahie.* Seuil: éditions Gallimard, 1980 (trad. it. R. Guidieri, *La camera chiara. Nota sulla fotografia.* Torino: G. Einaudi Editore, 2003).

Cahoone, Lawrence. "Mead and the Emergence of the Joint Intentional Self". *European Journal of Pragmatism and American Philosohpy* XI, 2, 2019:1-19. Accessed September, 2021.

Fabbrichesi, Rossella. "Gesture, Act, Consciousness. The Social Interpretation of the Self in George Herbert Mead". *Philosophical Readings*,7, 2, 2015: 98-118. Accessed September 2020.

Kerwin, Lee Kline. "On the Emergence of Memory in Historical Discourse". *Representations*: University of California Press, 2000:127-150. Accessed May 2020. Available on Jstore.

Mead, George Herbert. "Social consciousness and the consciousness of meaning" (1910). *Selected Writings*, Chicago: University Chicago Press, edited by A. J. Reck, 1964: 124.

Mead, George Herbert. "The Nature of Aesthetic Experience". *International Journal of Ethics*, XXXVI, 1926: 382-392.

Mead, George Herbert. "The Nature of the Past". *Esssays in Honor of John Dewey*, New York: H. Holt & Co., 1929: 235-242.

Mead, George Herbert. *Self, Mind Society from the Standpoint of a Social Behaviorist*, Chicago: University of Chicago Press,1934.

Mead, George Herbert. *Philosophy of the Act*, Chicago: University Chicago Press ed. Charles W. Morris and J. M. Brewster, A. M. Dunham, D. Miller, 1938.

Nieddu, Anna Maria. *George Herbert Mead*. Sassari: ed. Gallizzi, 1978.

Sontag, Susan. *On Photography*, London: Penguin,1977.

Sullivan, G., *Berenice Abbott, Photographer: an Independent Vision*. New York; Clarion Books, 2006.

Tina Modotti: gli anni luminosi (a cura di) Agostinis, Valentina. Pordenone: Cinemazero, 1992.

Tostões, Ana, Braga, Ana Maria. "Preserving Collective Memory through Photography". *Future Anterior: Journal of Historic Preservation, History, Theory, and Criticism*, 10, 2, 2013: 83-98.

Vidali, Vittorio. *Ritratto di donna: Tina Modotti*. Milano: ed. Vangelista, Milano, 1982.

Archeologia simbolica della memoria filmica

LA MONUMENT VALLEY E IL LINCOLN MEMORIAL

Vito Zagarrio
Università degli Studi Roma Tre

Abstract: Il paper intende affrontare il tema della memoria nelle Americhe, partendo da due luoghi fortemente simbolici — e per questo prepotentemente entrati nell'Immaginario collettivo — come la Monument Valley e il Lincoln Memorial. Uno è un prodotto della natura, l'altro un manufatto dell'uomo, ma entrambi costituiscono un filo rosso lungo il cinema americano (e non solo), diventando spesso baricentri di generi e di tipologie di racconto. La Monument è la location per eccellenza di tanti film di John Ford (*Stagecoach* e *The Searchers* su tutti), ed anche grazie a questa fama, di tanti western successivi (si pensi a *Once Upon a Time in the West* di Sergio Leone). Poi tanti road movie, da *Easy Rider* a *Thelma and Louise*, apologhi come *Forrest Gump*, action come *Mission Impossible*, parodie come *Back to the Future*. Il Lincoln Memorial è centro di tutti i film fondati sull'ideologia americana, da Frank Capra a John Ford allo stesso *Forrest Gump*. Si è radicata nell'immaginario cinematografico come location importante, per riflessioni sulla politica o sulla way of life americane: si pensi a *In the Line of Fire* di Petersen con Clint Eastwood, a *Mr. Smith Goes to Washington* di Capra, sino alle parodiche ambientazioni della fantascienza: *Planet of Apes* e *Transformers*. Si tratta insomma di due luoghi-metafora per molti possibili discorsi sulla cultura americana.

Questo saggio intende analizzare alcuni "luoghi" (nel senso di luoghi geografici ma anche di *topoi* che diventano simboli) che assumono, nella cultura nord-americana, una forte carica mitica.

Parlando di miti, devo dire che ho già avuto modo di riflettere sulla nozione di "mito" applicata all'immaginario filmico in un volume curato per il CRISA (che permette la pubblicazione anche di questo libro) sui miti a confronto tra Italia e Stati Uniti, riguardanti in particolare il cinema (cfr. Zagarrio 2019). In particolare, alla mia introduzione a quel testo e al mio saggio *L'America scoperta dentro di noi. Mito americano e mito italiano allo specchio* — accanto a quelli di ottimi studiosi che hanno contribuito al volume — farò riferimento in questo nuovo pezzo, che vuole indagare su due "luoghi", in particolare, dell'Immaginario americano: la Monument Valley e il Lincoln Memorial. Si tratta di due luoghi lontani nello spazio geografico statunitense (la Monument è al confine tra Utah e Arizona, il Memorial è nel cuore di Washington D.C.), ma molto vicini nello spazio mentale e culturale americani. Uno è uno spazio esterno, lontano dalla città più vicina, Kayenta, che si trova a 70 chilometri — situata in un altopiano desertico (il Colorado Plateau), unita alla civiltà urbana da una autostrada famosa, la Highway 163. L'altro è uno spazio esterno/interno, la nota vasca con obelisco è complementare al grande atrio con la statua di Lincoln, piazzata in mezzo alla capitale degli Stati Uniti, nel cuore della civiltà e della cultura statunitensi.

Ebbene, questi due luoghi geografici diventano delle metafore di una civiltà e allo stesso tempo metonimie di uno dei mezzi simbolici di rappresentazione di quella civiltà: il cinema. A partire dal turismo, quello tradizionale e quello che ormai è oggetto di studi (sociologici e filmologici), declinato col film, cioè il "cineturismo" (Provenzano 2014).[1] Una nozione, quella di "cineturismo", che si è fatta strada anche nell'accademia italiana: rimando al volume di Roberto Provenzano, ma anche ai tanti testi, ormai, che indagano il ruolo delle Film Commission e la loro influenza sulla produzione cinematografica. Pensando all'immaginario italiano, basti vedere il successo del turismo legato al *Commissario Montalbano* nel Sud-Est della Sicilia che, invece di essere visitata come luogo eccelso del tardo barocco, viene invasa da turisti interessati *solo* ai "luoghi di Montalbano."

Certo è che il turista che visita la Monument Valley prova un'emozione forte, che sarebbe interessante analizzare dal punto di vista delle neuroscienze (Grodal 2015; Gallese, Guerra 2015; Carocci

---

1 Per quanto riguarda le Film Commission e il loro ruolo sia nella produzione italiana che nella creazione di un Immaginari collettivo, si veda Gazzano, Parigi, Zagarrio 2013.

2018): come reagiscono i nostri neuroni specchio davanti alla bellezza mozzafiato di quel luogo, come vengono declinate/modificate le nostre categorie estetiche? Ma quella selvaggia epicità del paesaggio americano *par excellence* — uno dei più intensi al mondo — è dato anche dalla forte carica simbolica che permea quell'insostituibile scenario. E quella carica viene da un "mito culturale", che però viene enfatizzato dalla memoria di tanti film girati in quel fazzoletto di terra americana.

Il Mito americano

Non è questo il luogo per entrare nel merito della parola "Mito", e rimando in questo senso al sopracitato testo dei *Miti allo specchio* (2019); ma rimando anche, ovviamente, alle tante riflessioni che su questa nozione cruciale hanno fatto personaggi come Mircea Eliade (1966), Claude Lévi-Strauss (1980), o Roland Barthes (1994) e altri (Di Nola 1972; Galimberti 2009). Il "Mito" ha comunque — come i Miti greci — qualcosa di sacrale, di soprannaturale, di eroico. Eroico come i cowboys del western (la Monument) o come i grandi uomini della civiltà americana (Lincoln). La wilderness (la Monument Valley, come la vicina Death Valley, location famosa anche per il cinema, vedi *Zabriskie Point*) è complementare alla *civilitation* (Washington e i costruttori della democrazia statunitense), due termini che vanno di pari passo nella costruzione di una narrazione americana.

La Monument Valley — ma anche il Lincoln Memorial — sono certamente delle metonimie del "Mito americano", così come lo hanno vissuto, ad esempio, i nostri giovani intellettuali cresciuti dentro il fascismo: "Senza il cinema americano vedremmo il mondo in una luce diversa. L'America non ha bisogno di Colombo; essa è scoperta dentro di noi" (Pintor 1975, 157 e 159). L'America è quella terra "a cui si tende con la stessa speranza o la stessa fiducia dei primi emigranti e di chiunque sia deciso a difendere a prezzo di fatiche e di errori la dignità della condizione umana" (Caldiron 1965, XXXIX). Così scrive Giaime Pintor, raffinato intellettuale e partigiano morto durante la Resistenza, esponente illustre di quella generazione, nata sotto il fascismo, che impatta presto la cultura americana come simbolo di democrazia, di libertà, di spazi, di immaginario, di narrazioni. Non solo il cinema, ovviamente, ma la letteratura, la fotografia, tutto quello che costituisce il "Mito americano." L'epica dei grandi spazi del film western, la società rooseveltiana dei film di Capra e persino i rapporti interpersonali delle commedie sofisticate con Myrna Loy e William Powell[2] proiettavano un immaginario collettivo differente dall'universo fascista. L'interesse per la cultura americana impregna le riviste (in odore di "fronda") del Fascismo, da un punto di vista cinematografico e letterario (Faulkner, Steinbeck, la traduzione di Vittorini ecc.). Spesso, per la generazione di Sciascia e Bufalino, e per quella precedente di Attilio Bertolucci, il cinema viene addirittura *prima* della letteratura, perché presuppone un approccio meno colto, senza filtri, apparentemente senza sovrastrutture intellettuali, che vengono elaborate più tardi. In un momento in cui l'America rappresenta il "nemico", appaiono scorci di "miti" d'oltreoceano: Frank Capra, William Wyler, John Ford. Lo *Stagecoach* di Ford, un film arricchito oggi di sensi e segni modernissimi, si colora di significati profetici e apocalittici: le ombre rosse dell'angoscia bellica e dell'esplosione rivoluzionaria. [3]

---

2 "Ripensai a un film di tanti anni prima, al sorridevole piagnisteo del suo titolo: *Amanti senza domani*. Rividi i due su un ponte di transatlantico: William Powell, lui, un losco galante che la sedia elettrica attende alla fine della traversata, e a cui gli sbirri di scorta consentono benevolmente di passeggiare senza manette; Kay Francis, lei, spacciata dai medici, che ogni sera, per scordarsene, indossa una pelliccia più bella. S'incontrano, e ognuno sa della condanna dell'altro, ma finge di non saperlo. E ballano insieme in un grande salone deserto, e si dicono parole sotto la luna . . . Facili lacrime mie di ragazza, altera tenera Kay! Chi avrebbe mai pensato che dovesse toccarmi a mia volta, all'ombra degli stessi umidi salici, di danzare una stessa tresca d'amore e di morte, su un motivo di fiacca pianola?" (Bufalino 1981, 198; cfr. Zagarrio 1996; 1997).

3 Vedi l'editoriale "Oltre il silenzio" in *Primato* 2 (1940): "Per rendersi ragione della larghezza e dell'intensità con cui la letteratura americana si è venuta affermando in Europa, basterà ricordare i mezzi di cui s'è trovata a disporre, che vanno dal cinematografo con la sua larga popolarità, e con quella speciale forza d'attrazione che ha esercitato anche presso gli uomini di lettere più raffinati ed esigenti, a (. . .)" Per l'impatto generazionale con il cinema americano, si veda anche Pintor (1975) che sottolinea come si debba "riconoscere nel cinema americano il più grande messaggio che abbia ricevuto la nostra generazione."

Il Mito America assume per i giovani della generazione difficile una funzione di frattura interiore (coscienziale) e di rottura con le residue illusioni esteriori del fascismo. L'America e la Russia sono i "luoghi dell'anima" che contribuiscono a dare contenuto concreto allo slancio verso l'uomo.

"Il 'lungo viaggio' di molti cominciava anche dalle lande dell'America d'immaginazione" (Caldiron 1965, XL) — così scrive Orio Caldiron nel seguire passo passo il tragitto di *Cinema*, parallela a *Primato* nelle problematiche e nelle contraddizioni. In articolo di Vice su *Cinema* (1940, dietro lo pseudonimo si cela Antonioni) in cui *Ombre Rosse* diventa un simbolo di orizzonti perduti, di terre mitiche dell'anima come il vecchio West: "La vecchia America, nata dalla fusione tra lo spirito dei puritani e quello dei pionieri, la vecchia America tormentata dal bisogno di crearsi una sua verità, è in *Stagecoach* di John Ford."

"Parte la diligenza dall'Arizona, da un meraviglioso paese puritano dato con poche inquadrature, e il viaggio comincia." Insieme al *cowboy* e alla prostituta, insieme agli eroi della diligenza dell'Arizona, comincia il viaggio della generazione di Antonioni.

> Il cinema americano si impose dalla sua nascita, per quanto oscuramente, di comunicare con tutti i componenti delle platee di tutto il mondo [. . .] s'intende subito perché il film americano abbia sempre fatto più presa su pubblici di tutti i paesi, per la maggior parte rappresentati degli animi semplici delle masse, così naturalmente inclini a non mai discostarsi da quei simboli e contrasti prototipici che sono alla radice della natura umana. (De Santis, Puccini 1942)

Così scrivono nell'articolo dal titolo significativo, "L'Europa in America", due tra i maggiori esponenti del futuro, ormai prossimo, neorealismo, De Santis, e Puccini. Attraverso la letteratura americana — Steinbeck, Caldwell, Cain — alla lezione di Verga, attraverso Hollywood quella generazione approderà al Neorealismo (Zagarrio 2019).

Dunque, la cultura, la musica e il cinema americani sono sempre stati fondamentali per gli intellettuali italiani. A partire dagli anni '20, Hollywood è stato un grande modello per gli intellettuali italiani (Attilio Bertolucci); tra la fine degli anni '30 e '40 i romanzieri americani erano un modello straordinario per scrittori italiani come Vittorini, Calvino, Pavese, Sciascia, Bufalino.

Perché questo "Mito americano", non solo nella cultura italiana, e non solo in Occidente (basta pensare all'influenza di questo Immaginario in un regista come Akira Kurosawa, specie nella sua formazione giovanile)? Lo spiega bene un noto pamphlet di Jean Baudrillard:

> Indubbiamente, la città ha preceduto il sistema autostradale, ma ormai è come se la metropoli fosse venuta su intorno a questa rete di arterie. Allo stesso modo, la realtà americana ha preceduto lo schermo, ma, vedendola qual è oggi, tutto lascia pensare che sia costruita in funzione dello schermo, che sia la rifrazione di uno schermo gigantesco, non già come gioco d'ombre platoniche, bensì nel senso che tutto è come portato e aureolato dalla luce dello schermo. Insieme al flusso e alla mobilità, lo schermo e la sua rifrazione costituiscono una determinazione fondamentale dell'evento di ogni giorno. (Baudrillard 1987, 48)

Le pagine del filosofo francese sono proprio dedicate all'America.

> Il fatto che tutto il paese, anche al di fuori delle sale di proiezione, sia cinematografico, non è una delle minori attrattive dell'America. Si attraversa il deserto come un western, si percorrono le metropoli come uno schermo di segni e di formule. È la stessa sensazione che si ha uscendo da un museo italiano o olandese per immettersi in una città che sembra il riflesso stesso di quella pittura, come se da essa fosse nata, e non viceversa. Allo stesso modo, la città americana sembra nata dal cinema. Per coglierne l'essenza, non bisogna dunque andare dalla città allo schermo, ma dallo schermo alla città. Là dove il cinema non assume forme eccezionali, ma riveste la strada, la città tutta, di un'atmosfera mitica, là esso è davvero appassionante. (Baudrillard 1987, 49)

Il cinema precede quasi, dunque, la realtà. La città è costruita, pare, in funzione del cinema. È da questa rappresentazione dei paesaggi urbani e rurali, dall'irruzione dei paesaggi americani nell'immaginario collettivo che nasce il "mito americano." Quei paesaggi che penetrano nelle anime di ogni spettatore, creando dei luoghi mitici: come quella Monument Valley, appunto, che spezza il fiato a starci di fronte, non solo per la sua intrinseca, obiettiva, bellezza, ma anche perché ha contrappuntato tutto il cinema americano, da *Ombre rosse* a *Thelma e Louise*. E non è un caso che Leone faccia passare il calesse che trasporta Claudia Cardinale, appena scesa dal treno in *C'era una volta in America*, davanti alla riconoscibilissima "cartolina" di quell'indimenticabile fazzoletto di terra, grondante di emozioni.

La Monument Valley si lega soprattutto al nome di John Ford: un nome "mitico" (a sua volta) per gli studiosi e gli amanti del cinema. "My name is John Ford" — usava dire questo grande regista — "and I make westerns." Da un lato è una dichiarazione di umiltà di un regista che non si sente un intellettuale ma un "professionista", un abile mestierante dell'industria hollywoodiana (che in quell'epoca aveva i suoi *contract directors*, cioè i registi assunti da uno Studio, la Warner, la Fox, la Metro, la RKO, o la Paramount). Solo più tardi i giovani cinefili dei "Cahiers du Cinéma" daranno ai Ford, agli Hawks, ai Von Sternberg una "patente" di Autori. Ma dall'altro lato l'affermazione di Ford testimonia il suo legame con la "terra" americana, e in particolare a quella terra mitica che è la Monument Valley. Lì Ford gira molti dei suoi film western: *Ombre rosse* — che sarà il mio particolare case-study — *Sentieri selvaggi* (*The Searchers*), *Il grande sentiero* (*Cheyenne Autumn*), *Soldati a cavallo* (*The Horse Soldiers*), *Cavalcarono insieme* (*They Rode Together*) sono dei capolavori del genere western, in cui emerge sempre — lo si vede anche dai manifesti, dalla pubblicità delle pellicole — quel fatidico fazzoletto di terra. Lo skyline della Monument è facilmente riconoscibile, offre un universo "familiare", propone una *comfort zone* dove lo spettatore si accomoda sicuro.

L'esempio più lampante è, come dicevo, *Ombre rosse*, su cui conviene fare un attimo di mente locale. Ho già avuto modo di dire in due miei precedenti saggi, come *Ombre rosse* possa essere utilizzato come caso per illustrare i molti modi con cui si può pensare l'analisi di un film, e per indagare la messa in scena del film, evidenziando come il testo fordiano sia da un lato un caso esemplare del racconto "classico" hollywoodiano, ma dall'altro un testo filmico "moderno" (Zagarrio 2003; 2011). Ma qui mi interessa evidenziare come il film presenti una struttura circolare legata non solo al suo modo di produzione ma anche al suo modello di immaginario: soprattutto la Monument Valley.

La struttura di *Ombre rosse*, infatti, è perfettamente circolare, e presenta un'architettura semplice ed armonica: si comincia e si finisce con un arrivo e una partenza, e con la comune idea della "frontiera" — nella prima inquadratura l'arrivo del messaggero a cavallo che annuncia la sollevazione di Geronimo, nell'ultima la partenza del calesse che porta verso il futuro i due protagonisti, Dallas e Ringo.

Il film si basa su 20 segmenti narrativi,[4] alcuni dei quali hanno una ricorrente doppia scansione, prevalentemente dovuta a ragioni produttive, che assume però un forte valore significante. Si tratta di un'architettura semplice e perfetta: le sue fondamenta sono sei pilastri centrali attorno a cui si svolge la narrazione: a) Tonto, la town iniziale, b) Dryfork, la prima sosta, c) la seconda sosta e il parto, d) il traghetto, e) l'inseguimento degli Apache, f) Lordsburg, la town finale. Ma i fili rossi di collegamento tra questi baricentri narrativi sono i segmenti di viaggio, ossessivamente organizzati sullo stesso frammento di paesaggio: la Monument Valley. Anzi, da un punto di vista produttivo, il film è organizzato in realtà, ancora più semplicemente, in quattro blocchi logistici: a) gli episodi iniziali e finali nella cittadina di partenza e in quella di ritorno, tutti girati in teatro di posa; b) tutte le scene ambientate all'interno della diligenza, incluse le inquadrature sul predellino dei conducenti, anch'esse girate in studio, in "trasparente"; c) i due importanti blocchi narrativi nelle due stazioni di posta, essenziali dal punto di vista teorico ma abbastanza gestibili dal punto di vista della regia; d) i "passaggi" in esterno della diligenza o del convoglio, girati

---

4 I segmenti possono diventare 31 (come appare nel mio saggio citato), se si calcolano come sequenze autonome i passaggi in esterni della diligenza e della cavalleria, che qui ho preferito accorpare in coerenti sequenze di viaggio.

sempre in campo lungo e con delle controfigure in modo da non coinvolgere le pose degli attori; in questo modo le sequenze in esterno possono essere girate da una seconda unità. Unica, apparente eccezione è la sequenza dell'incontro tra la diligenza e Ringo; ma in realtà anche qui la diligenza arriva in una location non troppo spettacolare e gestibile, probabilmente vicino agli Studios, mentre l'inquadratura che introduce Ringo allo spettatore è chiaramente girata in *back projection*. Sin qui lo schema produttivo è piuttosto semplice. La sequenza davvero impegnativa, sempre con le stesse regole di alternanza tra campi medi e ravvicinati ripresi in trasparente e campi lunghi girati in location, è quella dell'inseguimento degli indiani. Qui c'è un'esplosione di mezzi: comparse, stunts, camera car, performances acrobatiche (la controfigura di John Wayne, ma lo stesso attore stavolta sul set).

Lo sviluppo della sceneggiatura di *Ombre rosse*, insomma, è estremamente lineare ed essenziale: una struttura circolare che parte dalla città e ritorna in città dopo l'attraversamento della *wilderness*, una teoria di episodi che conducono alla risoluzione finale col duello e l'*happy ending*. Ma anche la realizzazione produttiva del film è improntata alla semplicità e al risparmio. Unico "lusso" è la sequenza nella prateria, attorno a cui ruota tutta la macchina economica; per il resto è un film di interni, anche nell'"apparente" viaggio lungo il deserto, un "paesaggio trasparente", in cui si alternano una certa claustrofobia degli interni (soprattutto all'interno della diligenza, dove i personaggi sono stretti e accalcati l'uno sull'altro) e l'espansione totale degli esterni. La sensazione di claustrofobia è accentuata dal fatto che anche le riprese *in location* sono in realtà fatte in un fazzoletto di terra, in un'area ristretta e ossessivamente ripetuta e riproposta allo spettatore. Se si riguarda attentamente al film, infatti, si osserva chiaramente come il paesaggio sia sempre e solamente quello tipicamente fordiano della Monument Valley. La straniante sensazione è che la diligenza, nonostante il viaggio presunto, non avanzi mai, e giri ossessivamente su se stessa. Passa e ripassa sotto le riconoscibili guglie della Monument, sotto quei "monumenti paesaggistici" che hanno costituito il Mito americano. Lo skyline è sempre uguale a se stesso, a inizio viaggio e a fine viaggio, alla stazione di partenza e a quella di arrivo, dando un'idea di "povertà" produttiva e di ingenuità d'impianto, creando un universo "familiare" che mette a suo agio lo spettatore, e producendo al tempo stesso un senso di maniacale geometria ed anche di ieratica classicità. Così che si ha la sensazione che il viaggio sia in realtà un percorso circolare, avvolto su se stesso, nello stessa *restricted area* che pure diventa un immenso spazio dell'immaginario. Come se il paesaggio soffrisse di una "contrazione" e diventasse un "buco nero" da cui scaturiscono sogni. E incubi.

È grazie a questo territorio immaginario, attraverso questo spazio conflittuale (interno/sterno, claustrofobia versus apertura, prigione — quella da cui scappa Ringo — e libertà), attraverso quest'area familiare, questo paesaggio dell'anima, che *Ombre rosse* può anche caricarsi di simboli ideologici, di tipo antiborghese e anticapitalista Producendo una intrigante contraddizione; perché lo stereotipo di John Ford è quello del conservatore, del *right wing* re-inventore del Mito americano, appunto, che si identifica nell'uomo forte John Wayne, che celebra gli "eroi" americani nella battaglia di Midway, che sostiene il lato più reazionario di Frank Capra nella sua prefazione a *The Name Above the Title*:

> Grand'uomo e grande americano Frank Capra è una fonte di ispirazione per tutti quelli che credono nel sogno americano. . . . Avrebbe potuto anche intitolarla (la sua storia) "la terra delle grandi occasioni". Fin da giovanissimo si è dato da fare, ha lottato, ha sofferto, povero figlio di emigranti . . . Ma Frank era troppo ambizioso per rendersi conto della sua giovinezza deprivata. E le umili origini non hanno certo costituito un motivo sufficiente per non primeggiare nell'arte, nelle lettere, nelle scienze. (Ford 1971, IX)

Ombre rosse nasce da questa sorta di "schizofrenia", da questo scarto nevrotico ma appassionante tra intenti e risultati artistici, da questa stessa ambiguità del Mito americano. Di questo mito che permea a tutt'oggi la cultura occidentale (quel desiderio di spazi aperti, in senso geografico e mentale, e di nuove utopie di libertà, politica e fantasmatica), di cui il film di Ford è un crocevia fondamentale. Interessante, a questo proposito, il rapporto che il film propone nei confronti delle etnie, e la rappresentazione tutta al negativo degli "altri" (gli indiani e i messicani): qui sembra tornare il Ford tradizionale: i primi sono caratterizzati secondo i vecchi canoni come ombre, rosse sì ma senz'anima, anonimi bersagli delle pallottole dei "visi pallidi" (la cosa, del resto, cambierà solo con la New Hollywood); i secondi sono visti come ambigui e ladri quando rubano i cavalli incantando gli yankees con una serenata folklorica. Ma questo appartiene ai codici generici e al bisogno del testo filmico di stabilire un patto con lo spettatore, accordandosi con lui su una "retorica" che viene però sottilmente erosa, sino alla frantumazione dall'interno. E così *Ombre rosse* implode nel buco nero del suo paesaggio interiore, facendo penetrare i suoi molti rivoli ideologici in un terreno carsico, assorbendoli nel deserto che la diligenza attraversa. E riemerge, come grande Metonimia, il maestoso — eppur genialmente semplice — skyline della Monument Valley, che tornerà, sempre uguale, immagine rituale, in tanti altri western di Ford. Tanto da diventare, nell'immaginario collettivo, la quintessenza del cinema americano *tout court*.

È facile, allora, spiegare come mai, da Ford in poi, la Monument Valley irrompa nell'Immaginario cinematografico. Spesso in maniera citatoria, metalinguistica, autoriflessiva; nel senso che ambientare un western o una parodia di esso, o un *road movie* o qualsiasi altro genere nella Monument significa invitare a un conscio riferimento a quegli stereotipi del Mito: ecco allora l'omaggio di Leone al western fordiano nel già citato *C'era una volta il West*, ma anche la parodia di *Ritorno al futuro, parte III* (*Back to the Future Part III*) di Robert Zemeckis, in cui la macchina capace di viaggiare nel tempo, guidata da Michael Fox, si trova inseguita dagli indiani (proprio nella Monument).

Questo per quanto riguarda il western. Ma un altro genere importante della tipologia americana, il *road movie*, trova nei territori simbolici della Monument Valley un paesaggio geografico che diventa subito un paesaggio piscologico. L'esempio più importante è *Easy Rider* di Dennis Hopper, uno degli archetipi di *travel film* nella New Hollywood: in una sequenza centrale, i due protagonisti, lo stesso Hopper e Peter Fonda, viaggiano sulle loro moto con un passeggero temporaneo, Jack Nicholson, nel paesaggio riconoscibile della Monument. Un altro emblematico *travel film* è *Thelma e Louise* di Ridley Scott, dove le due trasgressive protagoniste attraversano questo scenario familiare, per poi volare con la loro macchina sin dentro al Grand Canyon.

Si potrebbe facilmente montare le scene di molti film sulla stessa location e sulla stessa inquadratura: la lunga strada che attraversa la Monument tagliandola in due. Lì corrono le moto di Hopper e Fonda, lì corre Forrest Gump nel film omonimo (*Forrest Gump* di Robert Zemeckis): in una delle scene più bizzarre ma anche più "filosofiche" del film, Forrest dopo miglia e miglia di corsa, dopo aver fatto adepti e portato con sé una piccola folla di corridori, decide improvvisamente di smettere. Non poteva che attraversare la Monument.

Ma c'è un'altra scena del film di Zemeckis, in cui Forrest, questa specie di "Zelig" che si trova accanto a personaggi illustri e a situazioni stoiche, si profila nell'altro "luogo" di cui voglio parlare: il Lincoln Memorial. Il nostro "Zelig" non poteva non fare i conti con tutti gli stereotipi americani, e quindi con le nostre due location, "turistiche" e "politiche." *Forrest Gump* fa da ponte tra la Monument Valley e il Lincoln Memorial.

E allora vediamo quest'altro "paesaggio"-emblema, stavolta urbano, stavolta nel cuore della capitale. È uno spazio architettonico dalle geometrie razionaliste: uno spazio racchiuso tra il grande obelisco e il memoriale vero e proprio (con all'interno l'incombente statua di Lincoln seduto), uniti dalla enorme vasca rettangolare. Un luogo simbolico della Storia americana, della democrazia e dei suoi valori. Non caso, si tiene lì il concerto di Marian Anderson la Domenica di Pasqua del 1939, mentre sta scoppiando la guerra in Europa;[5] e si tiene lì il famoso discorso di Martin Luther King, il 28 agosto del 1963.

È un luogo che trasuda dell'epica della civiltà americana, e qualche volta anche della retorica dei valori statunitensi, dell'American Dream,

---

5 Le immagini dell'evento si possono trovare su Youtube: https://www.youtube.com/watch?v=XF9Quk0QhSE

vuoi "di destra" che "di sinistra." Un altro *topos* forte, dunque, che diventa la location di tanti possibili generi, dalla commedia di Frank Capra (*Mr. Smith va a Washington*) alla fantascienza (*The Day the Earth Stood Still / Ultimatum alla terra* di Robert Wise, 1951), dall'action movie (*Line of Fire / Nel centro del miro* di Wolfgang Petersen con Clint Eastwood o *Olympus Has Fallen / Attacco al potere* di Antoine Fuqua) al fantasy-storico-avventura (*National Treasure / Il mistero delle pagine perdute* di John Turteltaub, con Nicholas Cage). Sino alla distopica *The Handmaid's Tale*, una serie televisiva statunitense del 2017, ideata da Bruce Miller e basata sul romanzo distopico del 1985 *Il racconto dell'ancella*, della scrittrice canadese Margaret Atwood.[6] La serie racconta di un futuro fantapolitico, in cui il tasso di fertilità umana è in calo a causa di malattie e inquinamento, e dopo una guerra civile una regime teocratico totalitario prende il comando nella zona un tempo conosciuta come gli Stati Uniti d'America: ed è divertente — anche se inquietante — vedere la sagoma familiare dell'obelisco del Lincoln Memorial trasformato in una grande croce bianca.

Sono molti altri i film che "usano" questa location convenzionale, e rimando in questo senso a un sito che li raccoglie e li classifica.[7] Ma tra tutti questi testi filmici pensati nel "Mito" del Lincoln Memorial, scelgo quello del "mythmaker" per eccellenza: Frank Capra. Il suo *Mr. Smith Goes to Washington* è una delle sue opre più famose, ed è diventato un cult movie sull'American Dream e sulla sua possibile retorica.

Se Ford era il narratore della "frontiera" (*Stagecoach*), Capra è il narratore dei "valori americani" (famiglia, buon vicinato, democrazia, Paese). E d'altra parte Ford e Capra si possono facilmente accostare; non solo per quella sopra citata prefazione di Ford a Capra per il suo *The Name Above the Title,* ma per tutta un'altra serie di parallelismi. È interessante stabilire un confronto tra le ideologie di Ford e di Capra, nei cui film la nostalgia per una irrecuperabile *golden age* contrasta ma anche si coniuga con una forte rabbia verso il presente e con una critica verso la società americana a loro contemporanea.

---

6 Alcune sequenze sono su Youtube: https://www.youtube.com/watch?v=VEQFTS1wcs8

7 Cfr. https://it.wikipedia.org/wiki/Categoria:Film_ambientati_a_Washington

Il reazionario Ford e il populista Capra hanno molto in comune: entrambi centrano le loro storie su un eroe solitario, che sia il cowboy della prateria o il *little man* del midwest, che interagisce con una ristretta comunità a lui conflittuale. Attorno all'eroe un universo di piccoli personaggi, di caratteristi che a volte i due registi si scambiano (penso ad alcuni protagonisti di *Stagecoach*, Thomas Mitchell [il dottore], Donald Meek [il rappresentante di liquori], Berton Churchill [il banchiere], che si trovano anche in alcuni noti film di Capra), *ordinary people* che costituiscono il loro universo poetico. I due registi hanno in comune anche alcuni ruoli sociali e persino mestieri: ad esempio i giocatori di baseball (*Meet John Doe* di Capra, i tv movies *Rookie of the Year* e *Flashing Spikes* di Ford), piloti (*Flight* e *Dirigible* di Capra,/*Air Mail*, *The Wings of Eagle* di Ford), palombari (*Submarine/Seas Beneath*) e giornalisti: ruolo ricorrente in Capra, mentre l'esempio maggiore in Ford è *The Whole Town's Talking*, film che però presenta molti elementi in comune con Capra (prodotto dalla Columbia come la maggior parte dei film di Capra, scritto da Joe Swerling con dialoghi di Robert Riskin, i due maggiori sceneggiatori di Capra, interpretato da Jean Arthur, tipica attrice capriana).

Sia Capra che Ford hanno ovvie origini europee e sono influenzati — Ford sottolinenandole, Capra rifiutandole — dalle loro reciproche radici, irlandese e italiana. Entrambi sono cattolici, anche se la presenza della religione è più forte in Capra (*The Miracle Woman*, *It's a Wonderful Life*, *Meet John Doe*, a fronte di *The Fugitive* e *Seven Women* in Ford). Entrambi sono patriottici e impegnati nei documentari di guerra (Capra dirige la serie *Why We Fight* e Ford firma *The Battle of Midway*). A dispetto dei generi differenti di cui sono esperti, i due registi hanno molti temi in comune: il viaggio (*It Happened One Night* di Capra e tanti film di Ford, da *Ombre rosse* a *Furore*); l'uomo forte (*The Strong Man*, *The Way of the Strong* in Capra, il cowboy di Ford), il mare (*Submarine/They Were Expendable*, *Men Without Women*), le elezioni (*State of the Union/The Last Hurrah*, entrambi con Spencer Tracy), Lincoln e il Campidoglio (*Mr. Smith Goes to Washington./The Young Mr. Lincoln*, *The Iron Horse*). In entrambi è forte il senso della comunità, che può essere familiare (*You Can't Take It With You/The Searchers, Grapes of Wrath*) o un piccolo gruppo in viaggio che divide problemi e speranze (*Lost Horizon/Stagecoach*).

Anche le due ideologie hanno molti lati in comune: *Stagecoach*, come stiamo vedendo, si fa leggere sempre più come un film trasgressivo della morale comune americana, e suggerisce metafore ancora più rivoluzionarie; ed è quasi dello stesso anno di *You Can't Take It with You* (*L'eterna illusione*, 1938), un film che oggi può essere riletto anche come una feroce satira antiborghese (il capitalista Kirby parla chiaramente dell'industria bellica come responsabile delle guerre americane, e nella famiglia Sycamore aleggia lo spettro del socialismo: parlano di rivoluzione, stampano volantini sovversivi e inneggiano a "bandiere rosse"). Ma sono soprattutto *The Grapes of Wrath* di Ford e *Meet John Doe* di Capra a proporre ritratti inquietanti della società Americana tra fine anni trenta e inizio anni quaranta; e a mettere in luce conflitti sociali che non paiono risolvibili col comune ricorso al mito del New Deal (Browne 1984; Andrew 1981-1982). Come scrive Janey Place:

> the basic unit of emotional values in John Ford's film — which is threatened and which must be affirmed during the course of the film — is some variation of the family. It is often a military family (the army in the cavalry pictures, the navy in *The Wings of Eagles* and *They Were Expendable*), sometimes a national family (the Cheyenne nation in *Cheyenne Autumn*, a combination of the Irish nation and a nuclear family in *The Quiet Man*), sometimes a makeshift family which is formed to create meaning where none exists (as in *Three Godfathers* and *Stagecoach*) . . . In *The Grapes of Wrath* the basic unit of the personal family is threatened by economic and spiritual terrors that it must overcome by transforming itself into an abstracted notion of class instead of the nuclear unit. (Place 1979)

Simili osservazioni si possono fare per Capra. Certo è che *Furore* e *Meet John Doe* dividono le stesse angosce di una società popolata di spettri, di masse che non sono più il "buon vicinato" ma una inquietante accozzaglia di zombies resi disperati dalla Depressione, una massa manipolabile e a volte incontrollabile. John Doe and Tom Joad sono eroi molto simili: sono poveri, ingenui e solitari; entrambi hanno un amico (rispettivamente interpretati da Walter Brennan e John Carradine), diventano leader loro malgrado, e alla fine abbandonano quando capiscono come funziona il gioco davvero. Tutti e due sono leggibili con una chiara simbologia cristologia: si vedano il tentativo di sacrificio di John Doe sul "Golgota" del grattacielo da cui dovrebbe suicidarsi, e il discorso finale di Tom alla madre.

Reazionari o rivoluzionari, Ford e Capra? In questo senso, sposo le tesi di Robert Ray (1985), che in un suo libro su una "certa tendenza del cinema hollywoodiano" analizza le "internal contradictions" del cinema americano e alla forbice tra "intenti" ed "effetti" in alcuni film noti della produzione statunitense:

> The split between the intent and effect of the best postwar movies was not new to the American Cinema. In fact, many of Classic Hollywood's most exciting films had manifested the same disjuncture, resulting from their inability of their displacement mechanism to efface completely the anxieties occasioning their surface melodramas. (Ray 1985, 175)

Questa "ansia" postbellica non si riflette solo nei contenuti, ma anche nelle eccezioni stilistiche alle regole grammaticali; trasgressioni che si potevano già rintracciare nel cinema classico (in particolare *Ombre rosse*, nota giustamente Ray), ma che in alcuni film del secondo dopoguerra si accentuano. Ray individua due esempi: uno è *The Man Who Shot Liberty Valance* di Ford, l'altro è *It's a Wonderful Life*. Entrambi i film manifestano il tipico gap del periodo tra effetti ed intenzioni, ed entrambi si battono per ricucirlo mentre allo stesso tempo drammatizzano la crescente incompatibilità dei valori tradizionali americani.[8]

---

8 Ambedue i film, aggiunge Ray, sfidano le convenzioni formali hollywoodiane: quello di Ford ignorando i paradigmi formali acquisiti, come ad esempio quello del miglior punto di vista da parte dello spettatore; quello di Capra rendendo

Mr. Smith Goes to Washington è uno dei momenti centrali dell'ideologia capriana: emerge da questo film famoso il "populismo" di Capra, declinato in maniera molto diversa da come lo intendiamo nella politica italiana di oggi. Il protagonista è un uomo comune (un *little man* come in molti film del regista italo-americano) che si trova improvvisamente a ricoprire l'incarico di membro del Congresso degli Stati Uniti; viene manipolato e dileggiato dai potenti senatori per la sua naïveté, ma piano piano emerge la sua statura morale che lo porta a scontrarsi con le istituzioni e la cattiveria dei singoli. In un appassionato finale, James Stewart, nel ruolo di Mr. Smith, tiene un chilometrico discorso al Parlamento in cui si batte per la libertà e la democrazia contro la corruzione dei potenti. La forza per portare avanti la sua battaglia gliela fornisce proprio il modello di Lincoln, il cui Mausoleo Smith va ritualmente a visitare per trarre la forza delle sue convinzioni.

Il Lincoln Memorial, dunque, assume la carica simbolica di un coacervo dei "valori" americani. Non solo in questa scena famosa in cui Smith va e chiedere "aiuto" a un paterno Lincoln, ma anche in un'altra — apparentemente più "leggera" — scena all'inizio del film, quando Smith, appena eletto membro del Congresso, viene portato a visitare Washington. Da questo giro turistico emergono la comica ingenuità del giovane deputato, la sua imbarazzante imbranataggine; ma dal tono della commedia emergono anche altri sapori, come la "retorica" dell'American Dream.

È interessante, a questo proposito, la lettura che fa del film Giaime Alonge (1992; 2004), che individua proprio in questo tipico testo capriano l'ideologia dell'America post-New Deal (Zagarrio 2009).

Alonge analizza in particolare la sopra citata sequenza della visita ai monumenti di Washington, in cui il protagonista "si lancia in un tour dei luoghi sacri della democrazia americana. In rapida successione, sfilano sullo schermo la Casa Bianca, il parlamento, le statue di Jefferson, Adams e Hamilton, l'obelisco dedicato a Washington, il cimitero degli eroi di guerra di Arlington e il mausoleo di Lincoln." Una sequenza che termina con il garrire al vento della

---

lo "stile visibile" invisibile.

bandiera a stelle e strisce e che Alonge apparenta al cinema di Leni Riefenstahl: le affinità sono evidenti — scrive lo studioso torinese — "la dissolvenza incrociata e la sovrimpressione sono due degli elementi stilistici più caratteristici delle opere della documentarista tedesca", la quale condivide con il regista americano la stessa *koiné* culturale, il linguaggio della "nuova politica" che informa gli anni trenta e il periodo della seconda guerra mondiale. Da qui una profonda consapevolezza autoriflessiva di Capra, che ha ben presente il ruolo e la forza del cinema: a un certo punto, durante il tour, Smith è attratto da qualcosa di strano ed esclama eccitato "Che cos'è? . . . Ah, è un cinema?" dice subito dopo smorzando l'entusiasmo.

> Per un momento — dice Alonge — il protagonista confonde una sala cinematografica con i templi della democrazia americana, quasi che Capra voglia indicare in maniera esplicita la natura spettacolare di quella "nuova politica". Capra è assolutamente consapevole del proprio *status* di "intellettuale organico" e del ruolo che il cinema gioca nelle battaglie politiche della società di massa.

Alonge insiste su *Mr. Smith* come "manifesto della visione capriana della società e della democrazia americana", lo inserisce nel suo contesto storico-culturale e lo mette in rapporto con il coevo Immaginario politico europeo.

Il cerchio, dunque, si chiude: come la Monument Valley, anche il Lincoln Memorial diventa inevitabilmente *self-reflexive*: rimanda al cinema stesso, in un gioco autoriflessivo e metalinguistico.

Analizzare queste due icone formidabili dell'Immaginario statunitense e hollywoodiano significa indagare sullo spazio e sul tempo della Nazione americana, ragionare sulla memoria e su una "archeologia" dei luoghi e dei modelli immaginari; ma significa anche, inevitabilmente, riflettere sul cinema, inteso in senso più vasto: come fotografia, video, televisione, audiovisivo in generale, e sulla sua capacità mitopoietica.

Bibliografia

Alonge, G. *Mr. Smith a Washington, ovvero il trionfo della libertà*, in *Quaderni di cinema* 52 (ottobre-dicembre 1992).

Alonge, G. *Uno stormo di Stinger. Autori e generi del cinema americano.* Torino: Kaplan, 2004.

Andrew, Dudley. *Meet John Doe*, in *Enclitic* (Autumn 1981-Spring 1982).

Barthes, Roland. *Miti d'oggi.* Torino: Einaudi, 1994.

Baudrillard, Jean, *L'America.* Milano: Feltrinelli, 1987.

Browne, N. "Meet John Doe," in Zagarrio, Vito (a cura di), *Hollywood in Progress, Itinerari Cinema Televisione.* Venezia: Marsilio, 1984.

Bufalino, G. *Diceria dell'untore.* Palermo: Sellerio, 1981.

Caldiron, Orio. *Il lungo viaggio del cinema italiano.* Venezia: Marsilio, 1965.

Carocci, E. *Il sistema schermo-mente. Cinema narrativo e coinvolgimento emozionale.* Roma: Bulzoni, 2018.

De Santis, G., Puccini, G., in *Cinema*, 10 gennaio 1942.

Di Nola, Alfonso Maria. Voce *Mito* in "Enciclopedia delle religioni", vol. IV, Firenze: Vallecchi, 1972.

Eliade, Mircea. *Mito e realtà*, traduzione e prefazione di Giovanni Cantoni, Torino: Borla 1966.

Ford, John. *Introduction*, in Capra, Frank, *The Name Above the Title.* New York: McMillan, 1971.

Galimberti, Umberto. *I miti del nostro tempo.* Milano: Feltrinelli, 2009.

Gallese, V., Guerra, M. *Lo schermo empatico. Cinema e neuroscienze.* Milano: Raffaello Cortina, 2015.

Gazzano, M.M., Parigi, S., Zagarrio, V. (a cura di). *Territori del cinema italiano. Produzione, diffusione, alfabetizzazione.* Udine: Forum, 2013.

Grodal, Torben. *Immagini-corpo. Cinema, natura, emozioni.* Parma: Diabasis, 2015.

Lévi-Strauss, Claude. *Mito e significato.* Milano: Il Saggiatore, 1980.

Pintor, Giaime. *Il sangue d'Europa (1939-1943),* a cura di Gerratana, V. Torino: Einaudi, 1975.

Place, Janey. *The Non-Western Films of John Ford.* Secaucus: Citadel Press, 1979.

Provenzano, R.C. *Al cinema con la valigia. I film di viaggio e il cineturismo.* Milano: Franco Angeli, 2014.

Ray, R. B., *A Certain Tendency of the Hollywod Cinema, 1930-1980.* Princeton: New Jersey, 1985.

Zagarrio, V. *Frank Capra. Il cinema americano tra sogno e incubo.* Venezia: Marsilio, 2009.

Zagarrio, Vito (a cura di), *Mirroring Myths. Miti allo specchio tra cinema americano e europeo,* Roma: Roma Tre Press, 2019.

Zagarrio, Vito. *Certe fatue schegge di luce. Bufalino tra letteratura e cinema;* Prefazione a G. Bufalino, *L'enfant du paradis. Cinefilie.* Comiso: Salarchi Immagini, 1996 (poi in *Lingua e Letteratura* 227-228, 1997).

Zagarrio, Vito. *L'orizzonte perduto di John Ford,* in Bertetto, Paolo (a cura di), *L' interpretazione dei film.* Venezia: Marsilio, 2003.

Zagarrio, Vito. *Ombre rosse,* in Albano, Lucilla (a cura di), *John Ford.* Venezia: Marsilio, 2011.

Rememorari, or the "Facts that Suit" Us?

ITALIAN AMERICANS AND A POLITICS OF [SELF-]OMISSION

Anthony Julian Tamburri
John D. Calandra Italian American Institute

Abstract: This essay examines how some Italian Americans have reacted to the Black Lives Matter movement and other social protests in reaction to the George Floyd murder. What becomes apparent is that certain self-proclaimed Italian-American spokespeople suffer from 1) an historical ignorance of both the United States and of Italian immigration to the U.S.; (2) a lack of empathy for the incomparable suffering of Black people in the United States; and (3) that Italian Americans should be more mindful of their history in order to be more sensitive for the suffering of other racial groups.

> "[P]eople who imagine that history flatters them (as it does, indeed, since they wrote it) are impaled on their history like a butterfly on a pin and become incapable of seeing or changing themselves, or the world."
>
> James Baldwin, "The White Man's Guilt"
> *Ebony*, 1965

> "Sei così ipocrita che come l'ipocrisia ti avrà ucciso sarai all'inferno e ti crederai in paradiso."
>
> Pier Paolo Pasolini

Introduction

I have opined — some might say *ad nauseam* — about a requisite fundamental knowledge of Italian and Italian/American history for those who see themselves as protagonists in the national discussion on Italian ethnicity in the United States.[1] In my *Re-reading Italian Americana: Specificities and Generalities on Literature and Criticism* (2014), I dealt with such notions in chapters 1 and 8, the importance of which is so vital, in my opinion, that I felt compelled to bracket my overall discussion of Italian/American literature and criticism with this exhortation. In chapter 1, I stated (2014, 4):

> [I]t is necessary that the in-group have a firm grip on the history of Italians in America: specifically, their migratory history; their development as a community herein surely through World War II; the dominant culture's treatment of Italians in America, especially before the onslaught of the 1970s' "Made in Italy." These basic literacies, I would submit, are requisite for a deeper understanding of our migratory history and its consequences for "immigration" to figure as a major rallying point. It is not enough to sing the virtues of classical Rome and Renaissance Italy to declare oneself a well-informed spokesperson of Italian America . . . . [T]o understand the Italian in the United States, one needs to possess an intimate knowledge of that history, regardless of his or her standing in the community.

It is very much knowledge of both Italy and Italian America that helps scholars better understand the challenges immigrants faced at the turn of the nineteenth and twentieth centuries and, further still, comprehend the roots of said challenges. All Italian Americans who identify as such, not just scholars of/in the field, need to educate themselves of Italian history in order to be an informed person of Italian heritage.

Given what I have just stated, and with regard to a discussion of a more performative nature — namely, when one decides to engage in any form of activism around Italian/American history and culture — I returned to the idea once more, this time in chapter 8 (2014, 152-53). There, I stated that it was "imperative that [one] have a fundamental knowledge of Italy's history and how it might relate to today's world of Italian America"; and, further still, that "the individual who claims

---

1   See Tamburri 1991 for the slash (/) in adjectival binomials of ethnicity.

to be in the forefront, who declares . . . to be the spokesperson, [s/he] needs to know all of what [Robert] Viscusi [offers his] reader in his preface and introduction [of his *Buried Caesars*]. Anything short of a solid knowledge of these facts — and how to relate them to other phenomena — is simply not acceptable." Such knowledge gaps, I continued, create negative rhetorical outcomes that are embarrassing for Italian Americans within a greater discussion of U.S. ethnicity.

These prefatory comments subtend what follows.

Case in Point

The words "Italian American life matter's [sic] as much as anyone . . ." is a phrase that appeared on Facebook, approximately two years ago (Wednesday June 24, 2020), posted by a group of Italian Americans (mostly "White" men) who see themselves — hence, self-proclaimed — as the primary protectors of Italian/American "civil rights."[2] Similarly, the editor of *The Italian Tribune*, a New Jersey regional weekly, stated the following in his "Open Letter to Governor Murphy" (June 25, 2020):

> It appears that you would rather support the activities of organizations like Black Lives Matter which truly spew hate and ignorance. They do not care about black lives because if they did the problems of Camden, Chicago, Baltimore, Detroit and too many others would not exist.

I am, to say the least, befuddled that in 2020, after weeks of protest over and the incessant showings of the murder of George Floyd at the hands of four policemen, coupled with discussions *ad infinitum* on just about every talk show positioned in the center or left of center, many people still seem not to grasp why "Black Lives Matter" is both valid and, to boot, a phrase onto itself.

---

2   While this is not the venue for a discussion on Italian/American civil rights, I suggest the following two studies: Frank Barbaro and John D. Calandra.

More than a befuddlement, there is the compound confusion of it all when one goes back fifteen months within the archives of *The Italian Tribune* and finds a front-page story entitled "The Grisly Tale of Sicilian Lynchings." In a long article decrying the "largest lynching" in the United States, which took place on March 14, 1891, and the victims were eleven Italians (a.k.a. Sicilians), the editor (the article is signed "Admin") stated the following:

> In a letter responding to an inquiry about immigration in New Orleans, then Mayor Joseph A. Shakspeare expressed the common anti-Italian prejudice, complaining that the city had become attractive to *". . . the worst classes of Europe: Southern Italians and Sicilians . . . the most idle, vicious and worthless people among us."* He claimed they were *"filthy in their persons and homes"* and blamed them for the spread of disease, concluding that they were *"without courage, honor, truth, pride, religion, or any quality that goes to make a good citizen."* (Emphasis added)

Italians were considered ". . . the worst classes of Europe [. . .] the most idle, vicious and worthless people among us." This vocabulary alone should make us stop and reflect on how our grandparents and great grandparents were treated at the turn of the twentieth century. It is, overall, a dehumanization that truly has no equal short of slavery, the treatment of Chinese and Japanese, and the Holocaust. And yet — and this is where the bewilderment and subsequent confusion arise — such rhetoric of one hundred twenty-nine years ago, which I have just cited, is no different in stridency, vituperation, enmity, or loathing than what we find in the June 2020 "Open Letter to Governor Murphy": "[They] truly spew hate and ignorance. They do not care about black lives because if they did the problems of Camden, Chicago, Baltimore, Detroit and too many others would not exist." These can only be the result from, and I repeat Mayor Shakspeare's words, ". . . the worst classes [. . .] the most idle, vicious and worthless people among us," which the editor seems to have very well channeled.

It is especially disconcerting to see such exhortations and statements coming from Italian Americans. Why, some may ask? Well, because such lack of understanding in stating "Italian American life matter's [sic] as much as anyone" only underscores (1) an historical ignorance beyond the pale of both the United States and of Italian immigration to the U.S.; and/or (2) a lack of empathy for the incomparable suffering of Black people in the United States; namely, the inability to recognize the unmitigated dehumanization of slavery and its centuries-long consequences. Of course, what we come to understand is that Italian Americans should remain consistently mindful (*re-memorari*) of their history in order to be more sensitive ("feeling") for other racial groups.[3] The very fact that the editor of *The Italian Tribune* refers to inner-city racial tensions and the violence that "spew" forth as a direct by-product of Black Lives Matter only signals his blindness to, if not ignorance of, the historical treatment of Blacks in the United States. Otherwise, he must agree with Mayor Joseph A. Shakspeare when he opined about the Italians in New Orleans.

These are the more urgent historical facts that we as a nation need to revisit, if not visit for the first time. My Pollyannaish sense of hope — *Spes ultima dea* — wants me to believe that we are speaking more of the need to "visit for the first time" and of the still persistent "ignorance of the historical treatment of Blacks," and not the need to *revisit* nor the requisite discussion of one's "blindness." The second scenario is the sadder of the two, because it speaks to a sense of choice, to the idea that one had acquired some sense of knowledge of the numerous historical phenomena in question and, in deciding not to re-adjust one's thinking, has taken the specific path of placing blame entirely on the victim.

What this scenario clearly references is Pierre Nora's concept that there are no longer any "real environments of memory," rather only "sites of memory" (7).[4] The first would be history, the second memory

---

3 Indeed, one might also wish to see a more correct articulation, however misguided the communiqué itself may be. The possessive form, "matter's," is much too fundamentally in error to ignore. Such an egregious grammatical error can only call into question the very message the individual wishes to deliver. As stated, the value of such an articulation falls flat on its face.

4 Sites of memory can be real or metaphorical. Nora in fact states: "The transformation of memory implies a decisive shift from the historical to the psychological, from the social to the individual, from the objective message to

as recollection. Memory, Nora writes, "remains in permanent evolution, open to the dialectic of remembering and forgetting, unconscious to its successive deformations." Further still, memory is "affective and magical" and "only accommodates those facts that suit it" (8).[5] History, in turn, is the "problematic and incomplete" "reconstruction" of "what is no longer" (8); it is an "intellectual and secular" act that "calls for analysis and criticism" (9).

More significant here — and relevant to the two above referenced incidents — is that we are dealing with an uncoupling of history and memory, as well as the distortion of one and the other. Nora states the following:

> On the one hand, we find an integrated, dictatorial memory — unself-conscious, commanding, all-powerful, spontaneously actualizing, a memory without a past that ceaselessly reinvents tradition, linking the history of its ancestors to the undifferentiated time of heroes, origins, and myth — and on the other hand, our memory, nothing more in fact than sifted and sorted historical traces. (8)

While Nora seems, on the surface, to distinguish between two types of memory above, I would contend that they are less distinguishable and more inter-reliant, indeed different facets of memory at large. Thus, in its "accommodate[ion of] those facts that suit it" (namely, the "sifted and sorted historical traces"), a memory uncoupled from history (that is, "a memory without a past", as we read above) lays the foundation for the creation of illogical pairings as we saw, for example, with *The Italian Tribune*'s editor's critically disjointed pieces from 2019 to 2020, the one dealing with the lynchings of the Italians in New Orleans in 1891, the other dealing with Black Lives

---

its subjective reception, from repetition to rememoration" (15).

5 The entire passage is as follows: "Memory, insofar as it is affective and magical, only accommodates those facts that suit it; it nourishes recollections that may be out of focus or telescopic, global or detached, particular or symbolic— responsive to each avenue of conveyance or phenomenal screen, to every censorship or projection. History, because it is an intellectual and secular production, calls for analysis and criticism" (8).

Matter and all that is relevant. As we move forward, we shall see how Nora's notions of "sites of memory" and all that it pertains may help us better understand the seeming contradictions that arise from an ahistorical-based defense of monuments and similar reactions to other phenomena.

In this venue, to be precise, what I am discussing is born out of the above-mentioned televised murder of George Floyd, which was clearly the proverbial straw that broke the camel's back. The list of names — those in the near past that we have read over and over — constitute only a few of the more recent names that belong to a list of close to 14,000 Blacks killed in confrontations with the police, as we shall see later.

Out of this racial and ethnic turmoil has also risen the topic of statues and their cultural valence. I mention this because my excoriation of insensitivities to Black issues is not to impugn those who defend, within this context of Italian Americans, Christopher Columbus as a positive symbol for many Italian Americans.[6] For the most part, those championing Columbus statues are well-meaning; they believe their ethnic cultural heritage is under attack. Indeed, I espouse their right to defend their desired symbol. Through profound historical research and by way of discussions with Native Americans and agreements that may come forth, they might even prevail in saving Columbus statues. But it simply cannot be done at the expense of others, especially Blacks as well as Native Americans. And I emphasize Blacks in this specific context for the very fact that there is this attempt to give corresponding value to the phrase Italian Lives Matter within the context of Black Lives Matter. Historically speaking, it simply does not equate; it is tantamount to the sifting and sorting of "historical traces" only because the Italians of 1891 suffered a similar violence that Blacks especially still suffer today.[7]

---

6 I have rehearsed elsewhere the possibility of Columbus as symbol, representation of the Italian immigrant's characteristics of courage, exploration, and perseverance (2021).

7 Kimmy Yam tells us that there were more than 3,800 Asian-American racists this past year.

And so, I wonder: What is there to say at this juncture? Where does one begin? Well, allow me to cite Sam Roberts's 2010 *New York Times* article, "New Life in US No Longer Means New Name," while leaving any sustained commentary for another time and venue:

> For many 19th- and 20th-century immigrants or their children, it was a rite of passage: Arriving in America, they adopted a new identity. [. . .]
>
> The rationale was straightforward: adopting names that sounded more American might help immigrants speed assimilation, avoid detection, deter discrimination or just be better for the businesses they hoped to start in their new homeland.

The only thing I will underscore here is that they were "19th- and 20th-century immigrants" from Europe, and hence "White," and thus, once changing their surnames and losing their accents, able to "pass." Let me also say, *en passant*, that I am aware that the notion of whiteness and Italian Americans is for many a debatable issue.[8] But that is for another time and another venue. Hence, I ask my reader to accept my exhortation, *basta per adesso* on this topic at this time, and to accept, for now, what I have herein stated elsewhere (2020a).

So, now, instead, let me start here by stating, as presumptuous as it may seem, that I, an Italian/American "White" person, having to explain why the phrase "Black Lives Matter" matters, to Italian/American "White" people, is unmitigatedly wrong in a general sense. I do so, however, only because, were I not an Italian/American "White" person, I suspect these Italian/American "White" people not only would not listen, but they might not even get past the headline. To be sure, their memory is such that the "recollections . . . may be out of focus or telescopic, global or detached, particular or symbolic," as Nora states (8), and hence susceptible to any and all forms of unintentional censorship and/or exclusion from one's desired articulation on the matter at hand.

---

8 I have dealt with this elsewhere in more detail (2020a).

For those who still need convincing, "Black Lives Matter" matters, for instance, because — and this is only one of the innumerable other centuries-old examples we can readily list here — of the approximately 1,000 police killings per year that befall Black men. This is the average since 2015, and as of June 7, 2020, we were on track to equal if not supersede said number: there were 463 deaths in the first five months of 2020. These are numbers compiled by the *Washington Post* ("Protests spread over Berman and Sullivan"); for reasons unknown, we also read that the federal government has only tracked fifty percent of these killings. Furthermore, of the 28,301 deaths caused by direct or indirect encounters with the police, as compiled by *Fatal Encounters*, 13,722 of those killed are listed as "African-American," a tad bit over 48%. Now, one need only use these two sources as a backdrop to the last two deaths that have garnered the news media here in the United States and, finally, have led to a national discussion, as best it can evolve today, in these current-day politics: George Floyd and Rayshard Brooks. As we all now know, Floyd died at the hands of a police officer who knelt on his neck for 9 minutes and 29 seconds; Brooks died when a police officer shot him twice in the back as he was, unarmed, running away.

With specific regard to the Floyd murder, his neck being the point of death, some people have called these killings a lynching. Not at all an exaggerated referent, it is indeed a *de natura* horrible allusion that has a rebarbative history at its base. In the year 2000, the New York Historical Society organized an exhibit on lynchings; I quote here from Alessandro Baricco's article in Italy's daily *la Repubblica*, "Cartoline di morte dall'America":

> Risalendo il lato occidentale di Central Park, da giù, dal ventre di Manhattan, come per puntare al Museo di Storia Naturale, anche senza volerlo si arriva alla Sede della New York Historical Society. Lì, da mesi, in una stanza neppure troppo grande, con qualche teca in mezzo e un tavolo in fondo con due computer, c'è una strana mostra: niente di artistico in senso stretto, brandelli di Storia, piuttosto, e brandelli è la parola giusta; decine di foto, spesso stampate in formato cartolina: il soggetto è

uno solo: rivoltante. Gente impiccata dopo essere stata linciata. Nella stragrande maggioranza sono neri. Nella stragrande maggioranza sono circondati da bianchi vestiti bene che guardano e si fanno fotografare. La mostra si intitola Without Sanctuary. Le foto risalgono ai decenni tra il 1870 e il 1940. Sono un pezzo, per quanto schifoso, di storia americana. Per un europeo sono intollerabili. Chissà che botta, per un americano.

Climbing up the western side of Central Park, from down below, from the belly of Manhattan, as if pointing to the Museum of Natural History, even without wanting to, one arrives at the headquarters of the New York Historical Society. There, for months, in a room not even too big, with some cases in the middle and a table at the back with two computers, there is a strange exhibition: nothing artistic in the strict sense of the word, shreds of History, rather, and shreds is the right word; dozens of photos, often printed in postcard format: the subject is only one: revolting. People hanged after being lynched. The vast majority are black. In the vast majority they are surrounded by *well-dressed white people who look and let themselves be photographed*. The exhibition is entitled Without Sanctuary. The photos date back decades, between 1870 and 1940. They're a piece, as disgusting as it is, of American history. For a European, they are intolerable. Who knows what a shock, for an American. (emphasis added)

Like many scholars of Italian/American and Italian diaspora studies, I have bemoaned the negative representation of Italian immigrants, especially at the turn of the twentieth century, as well as their progeny; namely, us. I have also shed light on the injustices of the 1891 lynching of Italian immigrants in New Orleans. Indeed, the editorial enterprise I co-direct (Bordighera Press) published a book in English by Patrizia Salvetti on the history of the lynchings of Italians in the U.S. Further still, in books, articles, and blogs over the years (in both "i-Italy" and "La Voce di New York"), I have criticized the insensitivity of United States companies that have tried to profit off of prejudices and biases against Italian Americans in their advertising campaigns. Throughout it all, however, I have tried to underscore the explicit difference between the prejudices launched against the different races and ethnicities. When questioning what might be the rallying point that might cohere Italian Americans, I stated the following (2014):

> We might say that African Americans [and] Jewish Americans . . . have that one issue, as tragic as it may be, that to some degree or another coheres the group. I have in mind, of course, *slavery and its dreadful sister of outright discrimination* that has resulted from it, for the first group; *two millennia of diasporic existence and the twentieth-century horrific holocaust,* for the second group . . .

This is the difference we Italian Americans must keep in mind — "re-memorari" — as we make our way through the dark woods of racial and ethnic prejudices and biases in the United States: "slavery and its dreadful sister of outright discrimination" and "two millennia of diasporic existence and the twentieth-century horrific holocaust" are experiences, direct or indirect, that we as Americans of Italian descent simply cannot fathom. Yes, we are asked if we are "connected." And, yes, we are asked if we know anyone in the Mafia. And, yes, there are other examples that are offensive to us. However, and I cannot underscore the *however* in this instance, we do not know what it is like to worry about being pulled over by a police officer. Indeed, we do not even have to think about that as a possibility when we leave our house. We do not know what it is like to be left standing, literally, in line, as the owner of a restaurant or store calls on the white customers who actually arrived afterwards. And while we know of the trials and tribulations of some of our immigrant ancestors — stories that are often heart-wrenching and anger us for sure — we do not know what it is like to have a history in which our grandparents or great-grandparents were sent to concentration camps and eventually killed *en masse.* It is because of these experiences of others that we Italian Americans must avoid what Nora has called memory's "unself-conscious, commanding, all powerful, spontaneously actualizing" characteristic, which "ceaselessly reinvents tradition, linking the history of its ancestors to the undifferentiated time of heroes, origins, and myths" (8). And so, in repeating myself once more, as Italian Americans — and especially as scholars, teachers, and self-appointed spokespeople — it is imperative that we engage in the requisite reading (yes, studying) of our own history, that we not depend on popularized, anecdotal accounts handed down from the immigrants, which inevitably have undergone transformations from one generation to the next.

[In]conclusion[s]

The historically correct and more detailed promotion of Italian and Italian/American history and culture is no less dependent on one's awareness of the power of memory, on instructional preparation, and on an overall education than the medical doctor who opens your chest for heart surgery. Hyperbole? Not at all if we rise above the literal in our thinking in order to arrive at the virtual! "Mens sana in corpore sano," as Juvenal wrote, for which the healthy body ("corpore sano") of an Italian/American collective cannot exist if it does not have a healthy mind ("mens sana"), one that is well-informed — educated, as I stated above — and cognizant of the differences, not at all subtle, of the historical as well as the current treatment of the races and ethnicities in the United States. To develop such "corpore sano" we will have to begin with delving into our own history and keeping in check memory's above-mentioned "all powerful, spontaneously actualizing" characteristic.

In the broadest of terms, we will need to concern ourselves with a blueprint for a national agenda that we can consider to be the "structure" of Italian America. In so doing, we need to be sure that there is indeed a foundation of sorts upon which we can then build said structure that will be efficacious for both representation and advocacy. But before we get to the representation and advocacy of Italian America, we need to be well informed of who we are and what we represent. We need to have a multi-layered program that involves, be it separately or in unison, the "academy" and the "streets": i.e., social and educational programs that will solidify a strong and informed base of individuals who can then speak to the issues of Italian America. The one process that will automatically arise is the positioning of Italian Americans within the greater ethnic mapping of the United States; as a major collective, in the end, we shall be cognizant of a U.S. ethnic cartography as never before. This, *in nuce*, will assist us in our acquisition of a healthy body politic. Such "mens sana" — I am confident — will convince us, once and for all, that we must stand with Black and Brown people who have and continue to suffer the indignities as well as the life-threatening violence that emanate from the disregard and callousness we have and continue to witness.

To return to my title, we need to engage in an act of "re-memori": we need to be consistently — "re-" — mindful — "memorari" — of our own history and how it has evolved in both its positive and negative manner. Further still, we must engage in a broadly based re-evaluation of the collective memory that has developed thus far and modify it accordingly, so that in the end we are more sensitive ("feeling") toward the history of other racial groups. Indeed, since the murders of George Floyd and Rayshard Brooks, we have initiated a discussion on white privilege. Unless we struggle to recognize our own Italian/American white privilege, which means questioning our own "moral measure of evaluation," as one scholar spoke in terms of Indro Montanelli in his article on *La Voce di New York* (Luconi), we shall fall into the trap, indeed run the risk, of seeing things always at a distance and through a semiotic lens of, here specifically, gender, ethnic, *and* racial *privilege*, which, while so doing, we do not recognize. Not to do so is not only to deny the specificities of our own history and the types of indignities that many of our ancestors endured, but it is also to fail to recognize the *factual* difference that our ancestors were always *free* and *white*. Further still, they lived to tell about it.

Works Cited

Admin. 2019. "The Grisly Tale of Sicilian Lynchings". http://italiantribune.com/the-grisly-tale-of-sicilian-lynchings/. March 25. Accessed July 15, 2020.

Barbaro, Frank. 1974. "Ethnic Affirmation, Affirmative Action, and the Italian-American." *Italian Americana* 1.1 (Autumn): 41-58.

Baricco, Alessandro. 2000. "Cartoline di morte dall'America." *la Repubblica*. July 14.

Berman, Mark and John Sullivan. 2020. "Protests spread over police killings." *Washington Post*. June 8.

Calandra, John D. 1978. *A History of Italian-American Discrimination at CUNY*. Albany, NY: New York State Senate.

Fatal Encounters. https://fatalencounters.org/. Accessed January 12, 2020.

Fortunato, Buddy. 2020. "Open Letter to Governor Murphy" in *The Italian Tribune*. June 25.

Luconi, Stefano. 2020. *La Voce di New York*, "Non fare di ogni statua un fascio-razzista: Colombo non rappresenta i valori di Rizzo" *La Voce di New York*. June 14, 2020. https://www.lavocedinewyork.com/news/primo-piano/2020/06/14/non-fare-di-ogni-statua-un-fascio-razzista-colombo-non-rappresenta-i-valori-di-rizzo/.

Nora, Pierre. 1989. "Between Memory and History: *Les Lieux de Memoire*." *Representations* 26 (Spring): 7-24.

Roberts, Sam. 2010. "New Life in US No Longer Means New Name," *The New York Times*. August 25. https://www.nytimes.com/2010/ 08/26/nyregion/26names.html#:~:text=New%20 Life%20in%20U.S.%20No%20Longer%20Means%20 New%20NameBy%20Sam %20Roberts&text=For%20 many%2019th%2D%20and%2020th,they%20adopted%20 a%20new%20identity.&text=David%2C%20former%20 chairwoman%20of%20the,the%20American%20

Immigration%20Lawyers%20Association. Accessed January 14, 2020.

Salvetti, Patrizia. 2017. *Rope and Soap: Lynchings of Italians in the United States.* Trans. Fabio Girelli Carasi. New York: Bordighera Press.

Tamburri, Anthony Julian. 2021. "Symbolizing Christopher Columbus? Reflections on Columbus and Italian Americans" in *Mediterranean Encounters and Legacies: Incontri e lasciti mediterranei.* Antonio C. Vitti and Anthony Julian Tamburri, eds. New York: Bordighera Press. 261-277.

Tamburri, Anthony Julian. 2020a. "The Semiotics of Labeling: 'Italian' to 'American,' 'Non-white' to 'White,' and Other Privileges of Choosing" in Susanna Nanni and Sabrina Vellucci, eds. *Circolazione di persone e di idee.* New York: Bordighera Press. 1-18.

Tamburri, Anthony Julian. 2020b. "Public Monuments and Indro Montanelli: A Case of Misdirected Reverence?" *La Voce di New York.* June 24. https://www.lavocedinewyork.com/en/news/2020/06/24/public-monuments-and-indro-montanelli-a-case-of-misdirected-reverence/.

Tamburri, Anthony Julian. 2014. *Re-reading Italian Americana: Specificities and Generalities on Literature and Criticism.* Madison, NJ: Fairleigh Dickinson University Press.

Yam, Kimmy. 2021. "There were 3,800 anti-Asian Racist Incidents, Mostly against Women, in Past Year." https://www.nbcnews.com/news/asian-america/there-were-3-800-anti-asian-racist-incidents-mostly-against-n1261257. March 16. Accessed 9 May 2021.

Indice dei nomi

Gli autori

CHIARA AMATO, architetto, PhD in Urbanistica, ha appena concluso un assegno di ricerca presso l'Università degli Studi Roma Tre sulle tematiche oggetto del progetto di cooperazione *"Oriental Cuba Small Historical Centres."* È esperta di modelli di mobilità e politiche infrastrutturale per il rilancio dei territori fragili. È autrice di diversi saggi e volumi, che restituiscono i risultati di progetti di ricerca e di cooperazione, tra cui si segnalano: *L'ipotesi del Contratto d'Asse per il Diritto alla mobilità* ("Urbanistica Informazioni", n° 302, 2022); *Il Diritto alla mobilità. Riequilibrio territoriale, mobilità sostenibile e inclusione sociale nelle strategie di rigenerazione urbana* (Roma, Aracne Editrice, 2021); *Percorsi di resilienza. Rilancio e riuso delle ferrovie in dismissione nei territori fragili*, con Chiara Ravagnan (Roma, Aracne Editrice, 2020); *Pianificare nella Città dei Poveri. L'esperienza del Plan Maestro per il Ramal A di Zacatecoluca* (El Salvador), con Mario Cerasoli ("Urbanistica", n. 162, 2019).

LIVIA BELLARDINI è dottoranda in Lingue, Letterature e Culture Straniere presso l'Università degli Studi Roma Tre. La sua attuale ricerca esplora l'uso della temporalità nelle poetiche di Claudia Rankine ed Adrienne Rich. La sua tesi magistrale, "Reconsidering the Lyric in a Quest for Inclusivity: Claudia Rankine's *Nothing in Nature Is Private*", è risultata vincitrice del premio "Agostino Lombardo" (AISNA, 2021). Ha recentemente ricevuto una borsa di studio dalla Schlesinger Library (Radfliffe Institute for Advanced Study at Harvard) per svolgere un periodo di ricerca presso l'archivio di Adrienne Rich.

LUIS FERNANDO BENEDUZI è Professore Ordinario di Storia e Istituzioni delle Americhe all'Università Ca' Foscari di Venezia ed è membro fondatore dell'associazione internazionale AREIA (2003). Ha coordinato progetti di ricerca con finanziamenti brasiliani ed europei sui processi migratori in America Latina fra otto-novecento e sulle migrazioni latinoamericane contemporanea. Attualmente è membro di un progetto Jean Monnet sulla riconfigurazione della presenza UE in America Latina (EUinLAC). Fra le sue pubblicazioni si dà risalto alla monografia *Os fios da nostalgia: perdas e ruínas na construção de um Vêneto imaginário,* Porto Alegre: Editora da UFRGS, 2011.

STEFANO MARIA CASELLA insegna letteratura inglese e anglo-americana (Università IULM). Ha pubblicato svariati saggi su T.S. Eliot, Ezra Pound, Modernismo, letteratura comparata (inglese-italiana: Dante, Montale, Luzi), *environmental literature* ed *eco-criticism* (H. Beston). Visiting Fellow a Clare Hall College (Cambridge); Heythrop College (Londra); The Bogliasco Foundation (Genova-New York). È membro di varie associazioni internazionali e *peer reviewer* per Oxford U.P.

MARIO CERASOLI è Professore Associato di Urbanistica presso il Dipartimento di Architettura dell'Università degli Studi Roma Tre. È Direttore del Master ReUHREF Recovery of Urban Heritage and Real Estate Finance e Responsabile scientifico del progetto di cooperazione allo sviluppo *"Oriental Cuba Small Historical Centres"* (AICS 2020). Svolge attività di ricerca sui temi della rigenerazione urbana delle periferie, delle relazioni tra infrastrutture, modelli di mobilità e territorio e della tutela, recupero e valorizzazione intelligente dei piccoli centri storici. È autore di numerosi saggi e articoli su riviste italiane e internazionali, tra cui si segnalano: An antifragile strategy for Rome post-Covid mobility, con Chiara Amato e Chiara Ravagnan ("Transportation Research Procedia", n° 60, 2022); The pilot experience of the Plan Maestro for the "Ramal A" of Zacatecoluca (El Salvador), con Chiara Amato ("Quaderni di Urbanisticatre", n° 23, 2021); Small Historical Centres: an opportunity for the "smart" revitalization of Inner Areas in the Post (post) COVID Era ("Czasopismo Techniczne", n°118, 2021); *Un futuro per i centri storici minori. Scenari possibili nell'era post-covid,* con Gianluca Mattarocci (Roma, Aracne Editrice, 2020).

EDUARDO DEL CAMPO CORTÉS es periodista, Profesor Asociado e Investigador. Doctor en Filología por la Universidad de Sevilla, licenciado en Periodismo y en Filología Hispánica. Publica sus reportajes en *El Español*. Libros: *Las guerras de Goytisolo* (2021), *Entre La Habana y Miami* (2018), *Maestros del periodismo* (2014), *Capital Sur* (2011), *De Estambul a El Cairo* (2009), *Odiseas* (2007) y *Pan americano* (1999).

ANGELA DI MATTEO è Ricercatrice (RTD-b) di Lingua e Letterature Ispanoamericane presso l'Università degli Studi Roma Tre. È autrice di *Nuovo Teatro Guadalupano. La Madonna di Guadalupe nel teatro messicano del Novecento* e di saggi dedicati al teatro e alla narrativa ispanoamericana del XX e XXI secolo. Attualmente le sue linee di ricerca comprendono lo studio dell'archivio e del repertorio materiale e simbolico (archivio fotografico, archivio tessile, performance), la violenza di genere, la trasmissione della memoria migrante e della memoria traumatica.

STEFANO FRANCESCHINI è dottorando in Lingue, Letterature e Culture Straniere presso l'Università degli Studi Roma Tre. Il suo progetto di ricerca, sotto la supervisione della Prof.ssa Sabrina Vellucci, affronta il rapporto tra letteratura e musica nei romanzi di Richard Powers. Ha vinto il premio "Caterina Gullì" (2021) dell'Associazione Italiana di Studi Nord-Americani per l'originalità della tesi magistrale su H. P. Lovecraft. Ha scritto per *L'Indice dei libri del mese* ed è autore di un articolo sul gotico americano per la rivista *Revenant* (in corso di pubblicazione).

LUIGI GUARNIERI CALÒ CARDUCCI, (Ph.D. La Sapienza, Roma) è professore ordinario di Storia dell'America Latina, Dipartimento di Studi Umanistici, Università di Roma Tre. È autore di vari studi sull'America coloniale e contemporanea: su Perù e area andina, relazioni politiche e culturali tra Italia e America latina; questione indigena. Tra i suoi studi: *Europa e America allo specchio. Studi per Francesca Cantù* (Roma, Viella, 2017); *Il Perù nella storia e nella storiografia*, (Roma, Bulzoni, 2013); *La questione indigena in Perù*

(Roma, Bulzoni, 2010); *Idolatria e identità creola in Perù. Le cronache andine tra Cinquecento e Seicento* (Roma, Viella, 2007). Presidente di AHILA, Asociación de Historiadores Latinoamericanistas Europeos, dal 2017 al 2021.

FELIPE JOANNON è Dottore di Ricerca in Letteratura Ispano-americana presso l'Université Paris VIII. Ha pubblicato articoli sul romanziere e pittore Adolfo Couve e sullo scrittore Roberto Merino in riviste accademiche cilene ed europee. Nel 2022 ha discusso la tesi di dottorato dal titolo: "Pintar frente al motivo: el mito del artista en la obra literaria de Adolfo Couve."

ENRICO MARIANI è dottorando in Lingue, Letterature e Culture Straniere presso l'Università degli Studi Roma Tre. Ha conseguito la laurea magistrale presso l'Università degli Studi di Siena con una tesi sui romanzi di John Fante. Ha pubblicato saggi e articoli su John Fante, Carlos Bulosan e John Steinbeck. I suoi interessi di ricerca principali sono gli Ethnic Studies, Italian American Studies e teoria letteraria. È membro dell'Associazione Italiana di Studi Nordamericani (AISNA).

LAURA ROSSI, dopo aver conseguito la laurea in Scienze Politiche presso l'Università di Bologna e la laurea magistrale in Scienze Filosofiche presso l'università di Ferrara, ha conseguito un dottorato di ricerca con menzione internazionale in "Pensiero filosofico contemporaneo", presso l'università di Valencia. La tesi di dottorato è uno studio sul gesto fotografico da un punto di osservazione semiotico-pragmatica. L'area di interesse della ricerca si concentra su estetica, arte, pragmatismo e antropologia.

DANIELA ROSSINI, attualmente Senior Professor dell'Università degli Studi Roma Tre, fino al 2021 è stata Ordinaria di Storia delle Americhe nella stessa università. Ha lavorato per anni presso l'Università di Harvard con cui mantiene una costante collaborazione. I suoi campi di ricerca riguardano le relazioni politiche e culturali tra Italia e Stati Uniti, la propaganda nella Grande Guerra e la storia internazionale delle donne tra Belle Époque e fascismo. Tra i volumi più recenti, ricordiamo *Woodrow Wilson and the American Myth in Italy: Culture, Diplomacy and War Propaganda* (Harvard U.P., Cambridge 2008), *Donne e propaganda internazionale* (Franco Angeli, Milano 2015) e la co-curatela *1917. L'inizio del secolo americano* (Viella, Roma 2018).

CINZIA SCHIAVINI insegna Letteratura Angloamericana all'Università degli Studi di Milano. Oltre a *Strade D'America. L'autobiografia di viaggio statunitense contemporanea*, 2011, e *Leggere Twain*, 2013, ha scritto saggi su Herman Melville, sul nature e sul travel writing (Barry Lopez, William Least Heat-Moon, Jonathan Raban), e sul reportage (David Foster Wallace, Dale Maharidge). I suoi interessi di ricerca si concentrano sul teatro Arab-American contemporaneo, sulla letteratura etnica post 9/11 e sul racconto della Grande Recessione.

ANTHONY JULIAN TAMBURRI è Preside del John D. Calandra Italian American Institute (CUNY) e Distinguished Professor of European Languages and Literatures. Già presidente dell'Italian American Studies Association e dell'American Association of Teachers of Italian, è autore di diversi libri sia in inglese che in italiano che includono: *Un biculturalismo negato: La scrittura "italiana" negli Stati Uniti* (2018); *Signing Italian/American Cinema: A More Focused Look* (2021).

GIULIANO SANTANGELI VALENZANI ha conseguito un dottorato in Storia degli Stati Uniti presso l'Università degli Studi di Roma Tre. I suoi interessi di ricerca si concentrano principalmente sulla storia del Sud degli Stati Uniti e sulla storia del turismo americano. Ha pubblicato con Roma Tre-Press il libro "Great Times Down South: Promozione turistica nel Deep South statunitense." Recentemente ha contribuito anche ai volumi "Ex-Centric South: Reimagining Southern Centers and Peripheries on Page and Screen", e "Le Politiche dell'odio nel Novecento Americano." Ha scritto di storia del turismo americano su riviste italiane e straniere.

Attualmente è docente a contratto di Storia degli Stati Uniti presso l'Università degli Studi Roma Tre.

CHIARA VANGELISTA, già Professoressa Ordinaria di Storia e Istituzioni delle Americhe presso l'Università degli Studi di Genova, si occupa della storia latino-americana dal Settecento al Novecento, dedicandosi alle relazioni inter-etniche come variabili della formazione storica delle società dell'America Meridionale.

SABRINA VELLUCCI è Professoressa Associata di Letteratura Anglo-Americana presso l'Università degli Studi Roma Tre. Tra i suoi interessi di ricerca vi è il rapporto tra letteratura e cinema, a cui ha dedicato diversi articoli. Di recente, ha curato insieme a Susanna Nanni il volume *Circolazione di persone e di idee. Integrazione ed esclusione tra Europa e Americhe* (2020). È co-direttrice dell'Italian Diaspora Studies Summer Seminar e vicepresidente dell'Associazione Italiana di Studi Nord-Americani (AISNA).

VITO ZAGARRIO è Professore Ordinario presso l'Università degli Studi Roma Tre; ha conseguito un PhD alla New York University e un diploma di regia al Centro Sperimentale di Cinematografia. Tra i massimi esperti di cinema italiano, dal periodo del fascismo al neorealismo sino alla commedia all'italiana, in particolare monitora da sempre — anche grazie alle sue competenze di cineasta — il "nuovo cinema." Tra le pubblicazioni recenti: *Nouvelle vague italiana: Il cinema del nuovo millennio* (Marsilio 2021); *Eppure cinema. Appunti di un regista irregolare* (Sabinae 2021); *Francis Ford Coppola. Un sogno lungo il cinema* (Rubbettino 2020); *Le storie del cinema. Dalle origini al digitale*, co-curato con Christian Uva (Carocci 2020).

Saggistica

Taking its name from the Italian—meaning essay, essay writing, or nonfiction— Saggistica is dedicated to essay writing in its many forms, from the polemic and personal to the scholarly.

Vito Zagarrio
> *The "Un-Happy Ending": Re-viewing The Cinema of Frank Capra.* 2011. ISBN 978-1-59954-005-4. Volume 1.

Paolo A. Giordano, Editor
> *The Hyphenate Writer and The Legacy of Exile.* 2010. ISBN 978-1-59954-007-8. Volume 2.

Dennis Barone
> *America / Trattabili.* 2011. ISBN 978-1-59954-018-4. Volume 3.

Fred L. Gardaphè
> *The Art of Reading Italian Americana.* 2011. ISBN 978-1-59954-019-1. Volume 4.

Anthony Julian Tamburri
> *Re-viewing Italian Americana: Generalities and Specificities on Cinema.* 2011. ISBN 978-1-59954-020-7. Volume 5.

Sheryl Lynn Postman
> *An Italian Writer's Journey through American Realities: Giose Rimanelli's English Novels. "The most tormented decade of America: the 60s."* 2011. ISBN 978-1-59954-034-4. Volume 6.

Luigi Fontanella
> *Migrating Words: Italian Writers in the United States.* 2012. ISBN 978-1-59954-041-2. Volume 7.

Peter Covino & Dennis Barone, Editors
> *Essays on Italian American Literature and Culture.* 2012. ISBN 978-1-59954-035-1. Volume 8.

Gianfranco Viesti
> *Italy at the Crossroads.* 2012. ISBN 978-1-59954-071-9. Volume 9.

Peter Carravetta, Editor
> *Discourse Boundary Creation (LOGOS TOPOS POIESIS): A Festschrift in Honor of Paolo Valesio.* 2012. ISBN 978-1-59954-036-8. Volume 10.

Antonio Vitti and Anthony Julian Tamburri, Editors
Europe, Italy, and the Mediterranean. 2012. ISBN 978-1-59954-073-3.
Volume 11.

Vincenzo Scotti
Pax Mafiosa or War: Twenty Years after the Palermo Massacres. 2012.
ISBN 978-1-59954-074-0. Volume 12.

Anthony Julian Tamburri, Editor
Meditations on Identity. Meditazioni su identità. ISBN 978-1-59954-
082-5. Volume 13.

Peter Carravetta, Editor
*Theater of the Mind, Stage of History. A Festschrift in Honor of Mario
Mignone.* ISBN 978-1-59954-083-2. Volume 14.

Lorenzo Del Boca
*Italy's Lies. Debunking History's Lies So That Italy Might Become A "Normal
Country"* ISBN 978-1-59954-084-9. Volume 15.

George Guida
*Spectacles of Themselves. Essays in Italian American Popular Culture and
Literature.* ISBN 978-1-59954-090-0. Volume 16.

Antonio Vitti and Anthony Julian Tamburri, Editors
Mare Nostrum: prospettive di un dialogo tra alterità e mediterraneità.
ISBN 978-1-59954-100-6. Volume 17.

Patrizia Salvetti
Rope and Soap. Lynchings of Italians in the United States. ISBN 978-1-
59954-101-3. Volume 18.

Sheryl Lynn Postman and Anthony Julian Tamburri, Editors
Re-reading Rimanelli in America: Six Decades in the United States. ISBN
978-1-59954-102-0. Volume 19.

Pasquale Verdicchio
Bound by Distance. Rethinking Nationalism Through the Italian Diaspora.
ISBN 978-1-59954-103-7. Volume 20.

Peter Carravetta
After Identity. Migration, Critique, Italian American Culture. ISBN 978-
1-59954-072-6. Volume 21.

Antonio Vitti and Anthony Julian Tamburri, Editors
The Mediterranean As Seen by Insiders and Outsiders. ISBN 978-1-59954-107-5. Volume 22.

Eugenio Ragni
After Identity. Migration, Critique, Italian American Culture. ISBN 978-1-59954-109-9. Volume 23.

Quinto Antonelli
Intimate History of the Great War: Letters, Diaries, and Memoirs from Soldiers on the Front. ISBN 978-1-59954-111-2. Volume 24.

Antonio Vitti and Anthony Julian Tamburri, Editors
The Mediterranean Dreamed and Lived by Insiders and Outsiders. ISBN 978-1-59954-115-0. Volume 25.

Sabrina Vellucci and Carla Francellini, Editors
Re-Mapping Italian America: Places, Cultures, Identities. ISBN 978-1-59954-116-7. Volume 26.

Stephen J. Belluscio
Garibaldi M. Lapolla: A Study of His Novels. ISBN 978-1-59954-125-9. Volume 27.

Antonio Vitti and Anthony Julian Tamburri, Editors
The Representation of the Mediterranean World by Insiders and Outsiders. ISBN 978-1-59954-113-6. Volume 28.

Philip Balma and Giovanni Spani, Editors
Translating for (and from) The Italian Screen: Dubbing and Subtitles. ISBN 978-1-59954-141-9. Volume 29.

Antonio Vitti and Anthony Julian Tamburri, Editors
The Representation of the Mediterranean World by Insiders and Outsiders. ISBN 978-1-59954-142-6. Volume 30.

Anthony Julian Tamburri, Editor
Interrogations into Italian-American Studies. The Francesco and Mary Giambelli Foundation Lectures. ISBN 978-1-59954-143-3. Volume 31.

Susanna Nanni and Sabrina Vellucci, Editors
Circolazione di idee e di persone: Integrazione ed esclusione tra Europa e Americhe. ISBN 978-1-59954-155-6. Volume 33.

Sian Gibby, Joseph Sciorra, and Anthony Julian Tamburri, Editors
This Hope Sustains the Scholar: Essays in Tribute to the Work of Robert Viscusi. ISBN 978-1-59954-167-9. Volume 34.

Antonio Vitti and Anthony Julian Tamburri, Editors
Mediterranean Encounters and Clashes. Incontri e scontri mediterranei. ISBN 978-1-59954-171-6. Volume 35.

Wendy Pojmann
Espresso. The Art and Sould of Italy. ISBN 978-1-59954-168-6. Volume 36.

Paolo Giordano and Anthony Julian Tamburri, Editors
Il miglior fabbro. Essays in Honor of Joseph Tusiani. ISBN 978-1-59954-184-6. Volume 37

Antonio Vitti and Anthony Julian Tamburri, Editors
Mediterranean Encounters and Legacies. Incontri e lasciti mediterranei. ISBN 978-1-59954-142-6. Volume 38.

www.ingramcontent.com/pod-product-compliance
Lightning Source LLC
Chambersburg PA
CBHW020824270326
41928CB00006B/428